面向共识的群体评价理论与方法

董庆兴　著

科　学　出　版　社
北　京

内 容 简 介

本书对面向群体共识的群体评价问题进行归纳及提炼，针对研究问题体系内的具体研究问题，分别给出相应的评价方法和工具。全书共分 9 章：第 1 章为绪论，第 2 章对本领域文献做了一些科学计量分析；第 3 章梳理了相关概念与理论；第 4 章介绍了基于群体共识的协作式群体评价方法；第 5 章和第 6 章介绍了复杂决策环境下的群体评价共识达成方法；第 7 章和第 8 章介绍了基于观点动力学的大群体评价共识达成方法；第 9 章梳理了已有成果并对未来研究进行了展望。本书所提到的每一种方法均辅以详细的流程描述和算例分析。

本书适用于高等学校管理科学与工程、图书情报与档案管理、工商管理、系统工程及信息传播等领域从事教学科研的师生及相关专业研究人员；也可供政府部门相关决策者，企事业单位管理人员及其他对评价问题感兴趣的相关人员参考。

图书在版编目（CIP）数据

面向共识的群体评价理论与方法 / 董庆兴著 . —北京：科学出版社，2022. 1

ISBN 978-7-03-069418-8

Ⅰ. ①面…　Ⅱ. ①董…　Ⅲ. ①群体社会学-研究　Ⅳ. ①C912

中国版本图书馆 CIP 数据核字（2021）第 146440 号

责任编辑：林　剑 / 责任校对：樊雅琼

责任印制：吴兆东 / 封面设计：无极书装

科 学 出 版 社 出版

北京东黄城根北街 16 号

邮政编码：100717

http://www.sciencep.com

北京虎彩文化传播有限公司 印刷

科学出版社发行　各地新华书店经销

*

2022 年 1 月第　一　版　开本：720×1000　1/16

2022 年 1 月第二次印刷　印张：12 1/4

字数：280 000

定价：138.00 元

（如有印装质量问题，我社负责调换）

前　言

在现实生活当中，人们往往需要对大小、难易、优劣、缓急等一系列问题作出判断，这个过程就是评价。涉及多方利益、背景复杂、评价结果具有深远影响的复杂评价问题，往往需要不止一人提供评价结论——也就是通过群体评价的方式来解决。群体评价能够集结来自不同方面的评价意见，成为人们面对复杂评价问题时的重要评价手段，在人们的政治、经济和日常生活中有着广泛的现实需要。群体评价以经济学、管理科学、心理学和社会学等多学科研究为基础，在众多学界同仁的努力下，已经形成了专门的理论体系和研究方法，成为综合评价领域的一个重要研究分支。

在日常生活中，不同的个体针对同一事物的评价结论可能是不一致的。这种观点上的冲突使得完美的群体评价几乎不存在。如果群体内部冲突较大，共识程度较低，那么这个群体评价只能是多个具有不同观点的孤立个体的组合，无法形成整体上的合力以更好地完成评价任务。因此，群体评价要在尊重个体意见的同时，调和各类观点，从而达到群体共识。在这一过程中，往往还需要参与评价的各方能够相互协作。在群体评价环境中，群体共识代表的是群体成员意见的一致性，群体协作则是群体成员之间的相互合作。群体协作和群体共识是衡量群体评价结果合理与否的一个重要指标。能否形成有效共识是考量群体评价过程成功与否的关键要素，面向共识是现实评价问题对群体评价理论和方法研究的必然要求。针对异质群体协作、动态群体评价环境和大规模群体评价中的观点传播这三大现实问题，本书借鉴已有经典群体评价方法在复杂性方面的拓展成果，建立了相应的群体评价方法和共识达成模型。

群体评价中的共识作为一个重要研究方向，尽管多个学科科研人员付出了巨大的努力，也取得了很多成果，但是群体共识领域的研究发展与现实应用之间还有巨大的缺口。为了帮助解决上述问题，本书梳理了相关研究的进展，也介绍了一些基本的概念与理论，希望能增进读者对这个领域的了解。本书由 9 章组成，包含绪论、研究现状、异质群体协作、复杂决策环境下群体共识达成、大群体环境下观点演化、总结与展望等 6 个部分。

本书的写作，是我在东北大学读书期间就有的想法。在我的导师郭亚军老师的指导下，我对综合评价有了一定了解，对群体评价这一问题产生了研究兴趣，开始了对综合评价及群体评价的研究。没有郭老师的指引，就不会有这本书的出现。在美国匹兹堡大学联合培养期间，也得到了 Thomas L. Saaty 教授对这个研究选题的肯定，以及他对我相关论文写作的耐心、深入的指导。感谢我的两位老师。

本书的完成需要感谢我的研究生周欣、杨明、盛琦、王雪、朱美奇、杜紫鹃、宋志君、张倍思、王雪宁、吴诗苑，她们参与了本书的撰写、修订、校对和作图等工作，为本书的最终出版付出了非常多的时间与精力。此外，感谢我的夫人，她为本书的校对做了大量的工作。在作者自己的成果之外，本书还参考了国内外许多学者的论文与著作，在此向学界同仁们致以诚挚的谢意。

本书的完成获得了国家自然科学基金项目（71871102）、中国科协青年人才托举工程项目（2018QNRC001）、中国博士后科学基金特别资助项目（2018T110808）、中国博士后科学基金面上项目一等资助（2017M610489）等项目的支持，在此特向上述资助单位表示感谢。

由于作者水平和能力有限，书中难免存在不足之处，恳请广大读者批评指正。

董庆兴

2021 年 10 月于武汉珞桂小区

目录

1 绪 论

1.1 评价与群体评价

在现实生活当中，人们总是要对大小、难易、优劣、缓急等一系列问题作出判断，这个过程就是评价。一般而言，评价是指“从被评价对象主体中提取本质属性，使之转换成主观价值尺度，并用以度量被评价对象行为的过程”，是“根据确定的目标来测定被测对象的属性，并将这种属性变成客观定量的计值或主观效用的行为”（易平涛，2006）。对于一些简单的问题（如人的胖瘦、高矮），人们可以快速地作出评价。但随着人类社会的发展，人们面临的评价问题越来越复杂，评价问题涉及的领域也越来越广泛。评价方法也逐步呈现出从简单到复杂、从直觉到理性、从定性到定量的发展趋势（Saaty，2010）。有限方案决策的正确性直接取决于对各个方案综合评价的科学性与合理性。对于涉及多方利益、背景复杂、评价结果具有深远影响的复杂评价问题，人们往往采用群体评价的方式去解决。

作为一种协调多人的看法和偏好，以集结为群体看法和偏好的评价机制，群体评价因其多样化的视角、广泛的利益表达、丰富的知识背景及密切的成员协作，成为人们面对复杂评价问题时的重要评价手段，被广泛应用于现实评价问题。如今群体评价在人们的政治、经济和日常生活中有着广泛的应用背景和现实需要，已经成为经济学、管理科学、心理学和社会学等多学科研究的交叉点，主要涉及公共选择、综合评价、群体评价方法与技术、群决策支持系统等研究分支。例如，在人力资源管理问题中，对人的管理是企业管理的基础，是企业赢得持续竞争优势的关键（苏珊·E. 杰克逊和兰德尔·S. 舒勒，2006）。人力资源管理实践中的员工考核标准、人岗匹配制度、员工激励政策的制定和落实等实务都需要多个职能部门、不同领域的专家和领导通过讨论以取得最终的评价意见。因此，面对此类需要多种专业知识的人力资源决策问题，引入不同背景的专家进行群体评价能够有效地提升评价效果。群体评价因其能够避免单人评价的信息缺失和视角偏好，已经被广泛应用于现实生活当中，也取得了一系列经典的研究成果（苏为华和张崇辉，2016）。

1.2 群体评价与群体决策

群体决策研究可以追溯至18世纪一批学者在社会选举领域的研究。其中，Borda于1781年提出了群体决策中的Borda规则——每个选民在选票上对所有候选人进行排序，每个候选人按照不同的排序名次获得相应的波达数或积分，积分最高的候选人赢得选举。同简单多数规则相比，Borda规则较难选出有争议的人士，且投票结果较容易受策略选举的影响。Condorcet于1785年提出了陪审团定理（Mueller，2003）。此后，群体决策更多地与福利经济学及社会选择问题联系在一起。Arrow于1951年提出了著名的不可能定理：没有能够同时满足5个可信的公理条件的社会福利函数（阿罗，1987）。群体选择规则公理体系和不可能定理的发表，为群体决策的研究奠定了理论基础。Black于1958年首次提出“群体决策”这一概念（Black，et al.，1958）。Hwang于1987年给出定义：群决策是把不同成员的关于方案集合中各方案的偏好按某种规则集结为一致或妥协的群体偏好序（Hwang and Lin，1987）。

在管理科学领域，针对企业管理运营方面的群体决策方法随着多属性决策方法的产生进一步发展，在层次分析法（AHP）、理想点法（TOPSIS）、多属性效用理论等的基础上开发出了群体AHP（Ramanathan and Ganesh，1994；Van Den Honert and Lootsma，1997；Dyer and Forman，1992）、群体TOPSIS（Roghanian et al.，2010；Shih，2008；Shih et al.，2007；Yue，2011）、群体效用理论（Yu，1973；Keeney and Kirkwood，1975；Dyer and Sarin，1979；Keeney，1976）等面向企业实际问题的群体决策方法。随着科技进步，尤其是信息技术的进步，网络环境下的群体决策方法和群体决策支持系统成为当前研究的热点。研究人员已经开发出了大量群体决策支持系统（GDSS）以支持群体决策（陈晓红，2009）。这些群体决策系统能够很好地实现专家异地通信、探讨和观点分析。

事实上，群体决策是在群体评价的基础上作出选择的过程，群体决策是否正确直接取决于群体评价是否科学、合理。而群体评价与群体决策的最根本区别在于群体评价面对过去已发生的环境，而群体决策面向未来尚未发生的环境（郭亚军，2007）。

上述对群体评价与群体决策作了较为明确的区分，但在本领域的相关研究中，群体评价和群体决策几乎被等同使用，具体使用哪一个概念，视学者的学术背景及所针对问题的适用程度而定。

1.3　群体评价下的共识与协作

群体评价问题通常以从专家给出的意见中选择出一个或一组最优可行方案结束（Roubens，1997）。群体评价问题一般由 5 个要素组成，包含被评价对象、评价专家、个体偏好表达、群体成员权重的分布和集结模型。

1）被评价对象：群体评价问题的对象，同类被评价对象数目要大于 1，因为如果评价对象只有一个就没有判断的必要。

2）评价专家：评价专家在评价过程中起着重要作用，评价目的、评价指标、权重系数等的确定都与评价专家有关。

3）个体偏好表达：个体偏好指的是各评价专家对被评价对象的偏好程度。个体偏好的收集、处理和集合是共识达成过程的基础。将个体偏好集结为群体偏好是经典群体评价研究最为深入的一个领域。偏好集结过程中涉及个体偏好表达、群体成员权重分布和信息集结算子这三个要素。

4）群体成员权重的分布：由于专家们的领域背景、知识水平等不同，因此各专家的话语权重是不相同的，其重要程度可以用权重系数来表达。在个体偏好集结为群体偏好的过程中，群体成员权重的分布是一个敏感而重要的问题。专家权重的合理与否也会影响群体评价的合理性。对群体成员赋权的手段有主观赋权法和客观赋权法两种。

5）集结模型：群体评价问题通过集结各评价专家的个体偏好得到集体观点，根据不同的个体偏好可以选择不同的集结模型。在群体评价中，最常用的信息集结算子是加权算术平均算子。而在以 AHP 为基础的群体评价方法中，由于互反判断矩阵的特殊性质，通常采用加权几何平均算子集结个体判断矩阵。

群体评价的过程是一个信息流动的过程，如图 1.1 所示。群体评价过程包括两个阶段：①观点集结阶段——将专家们的个体意见集结为集体偏好得到最终的结果；②开发利用阶段——从集结的结果中选择最有效的一个（组）可选方案来解决评价问题。

群体偏好由个人偏好形成，群体内成员的意见经常难以保持一致。若无法形成有效共识意见，那么群体评价只能是多个具有不同观点的孤立个体的组合，无法形成整体上的合力以更好地完成评价任务。群体评价过程中群体成员个体会受

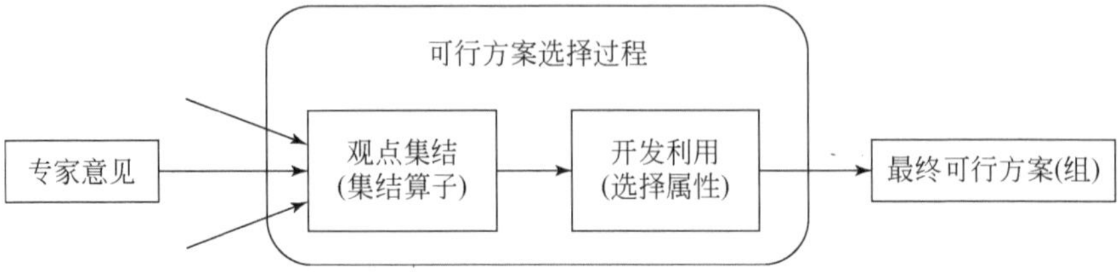

图 1.1　经典群体评价模式（Dong et al., 2019）

到群体影响，修改自身观点，从而使得群体意见趋于一致。群体评价的任务是尊重个体意见的同时，调和各类观点，从而达到群体共识。在这一过程中，往往还需要参与评价的各方相互协作。根据《现代汉语词典》，所谓共识（consensus），是指共同的认识，而协作（collaboration）则是指若干人或若干单位互相配合来完成任务。这一类寻求群体评价过程中群体共识的问题被称为共识达成问题，这一过程被称为共识达成过程。在群体评价环境中，群体共识代表的是群体成员意见的一致性，群体协作则是群体成员之间的相互合作。群体协作和群体共识是衡量群体评价结果合理与否的一个重要指标。能否形成有效共识是考量群体评价过程成功与否的关键要素，面向共识是现实评价问题对群体评价理论和方法研究的必然要求。

而在群体评价过程中，用于解决群体内成员意见不一致的一个常用方案是应用共识达成过程来使得专家之间的初始观点在不断交互过程中得以修正、演化，并使个体向群体中其他成员靠近，达到预先要求的共识程度后形成集体共识。群体内成员的观点经过集结得到最终的评价结果。然后由于绝对意义上的共识和一致难以达到，因此通常采用模糊多数来表征群体的共识，并且基于群体意见与个体意见之间的距离（相似性），或者个体意见间的距离（相似性）来衡量群体共识程度。如果群体共识程度不能满足评价问题和评价环境的要求，则需要采用一些促进群体形成共识的方法来帮助群体达成共识。因而在群体评价理论和方法研究中，度量群体共识程度，促进群体成员间的协作，以及引导群体意见从发散走向一致是非常重要的研究课题。

经典的共识达成模型（Herrera-Viedma et al., 2014；Palomares et al., 2014；朱佳俊和郑建国，2009）包括协调人组织的多轮次观点交互过程，以减小专家间的意见分歧。如图 1.2 所示，共识达成过程包含如下几个模块：①个体偏好收集——引导专家给出各自的意见；②确定共识程度——由协调人来计算群体的共识水平；③共识达成控制——在计算了整体共识水平后，将其与所要求的共识水平进行对比。如果当前的共识水平已达到要求，就进入方案选择阶段，否则安排专家们进一步交流协商；④生成反馈信息——群体共识达成过程中，群体成员意见的修改直接影响共识达成的速度和方向。反馈信息的产生一般有决策协调人推荐和自动反馈机制两种方式。反馈信息确定之后，协调人寻找最矛盾的观点，并向持有这对观点的专家提供观点修正意见，接着进入新一轮的协商，或者根据自动反馈机制进行调整。

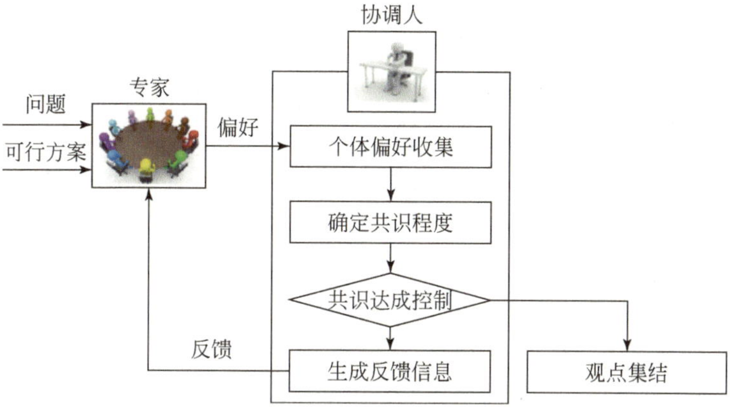

图 1.2　经典共识达成过程（Dong et al.，2019）

随着决策问题复杂度的提高及信息技术的发展，群体成员规模、群体成员关系和群体成员间的交互模式等因素呈现出各种不确定性和复杂性，使得经典共识达成问题面临新的机遇和挑战。

1.4　群体评价领域的现实问题

在现实群体评价过程中，群体成员由于其身份、知识背景、利益诉求及信息获取等方面的差异，群体共识与群体协作仍然难以实现，造成群体评价结果缺乏有效的一致性。此外，经济全球化导致的企业竞争加剧和管理理念提升，使企业管理实践对群体评价的需求发生了巨大变化；而随频现的突发事件而来的信息持续涌现和应急管理工作导致群体评价动态化，从而使得群体评价各要素呈现出多种复杂性；同时技术的发展使得收集大规模专家群体意见变得可能，但在大规模专家群体的复杂群体评价场景下，存在着专家数量多，共识达成时间成本高昂甚至难以达成的问题……这些随着时代发展而出现的挑战给群体评价提出了新的要求。下面将对上述问题进行详细阐述。

1.4.1 问题一：异质群体协作

与群体成员被视作同质的传统群体评价不同，在企业管理实践中往往需要多个职能部门、多种知识背景和身份的成员共同参与决策，而且决策群体成员必须按照其具体类型区别对待。如在评价维度多元的360度绩效考核中，需要将被考核人的领导、同事、协作者、顾客及其本人的评价意见纳入决策过程（London and Beatty，1993）。被考核人通过自身评价对自己作出评估，同事和协作者互评使得被考核人可以从人际沟通等方面来全面了解自身。领导评价让考核人可以更清楚地认识到公司和上级对自己的期望及目前存在的差距。360度绩效考核打破了由上级考核下属的传统考核制度，来自多方的反馈使得管理层的信息更加准确、全面，有助于被考核人多方面能力的提升。但由于群体成员的身份和代表的利益不同，在评价同一事物的时候所提供的信息可能大相径庭。例如，在对某个特定员工的责任心的评价中，领导可能认为其责任心强，而其协作者在协作过程中深入了解他后认为其责任心中等，顾客从自身角度认为该员工的责任心较差。这种信息差异会给决策造成困难。因此，需要科学合理的群决策机制以甄别不同类型群体成员所提供的信息。

现实的群决策过程中经常出现的群体成员间的分歧，包括身份、利益的差别和群体意见的发散，就是群体评价过程中的群体成员异质化问题。针对群体成员异质化问题，本书提出了基于群体共识的协作式群体评价问题体系，包含如下两个问题。

1）主客体协作式群体评价问题。由于大量的现实群体评价问题需要考虑群体成员异质性，因此异质群体评价是一类值得关注的科学问题。在群体评价环境下，当群体内部成员由于其知识背景、利益关系和身份的不同，不能将群体内部成员当作同质的个体进行简单的信息集结以得到群体偏好，应该视乎具体情况应对：在被评价对象可以表达偏好时，需要考虑双方意见的分布区域以赋予相应的话语权重；在被评价对象无法表达偏好时，需要考虑如何提取被评价对象的意见并检验双方信息。

2）异质群体信息集结。目前关于群体评价的研究多将群体成员视为同质的，从而采用经典的群体评价流程和集结手段即可得到群体评价结果。然而，在实际群体评价问题中往往存在着群体成员的知识背景、决策地位和利益相关性的区别，很难将群体成员视作类似的个体进行简单集结。当决策群体由不同类型的成员构成时，需要达成合适的手段区分群体成员并考虑成员之间的相互协作。如何给出科学、合理并且易于掌握的异质群体信息集结流程是本书研究的关键问题之一。

1.4.2 问题二：动态群体评价环境下达成共识

近年来，群体评价各要素呈现出多种复杂性。例如，2015 年元旦跨年夜，上海“1231”外滩踩踏悲剧发生，36 个年轻的生命痛别人间。事件发生后，上海市政府紧急成立了调查组以判断事件的性质、评价各方面的责任并总结经验教训。调查组由来自各领域的共计超过 100 名专家组成。在 20 天的调查过程中，调查组先后访谈了 51 位政府工作人员及 96 位受伤人员、值勤民警、市民游客、地铁工作人员，试图还原事件发生经过，调取查看了来自外滩区域的 36 个监控探头的累计时长约 70 小时的视频录像，并以此类非结构化数据为依据进行群体评价（李泓冰，2015）。类似的，2019 年 9 月的澳大利亚丛林大火，是澳大利亚史上最严重的火灾之一。截至 2020 年 2 月 4 日，过火面积约 1200 万公顷。林火造成 33 人死亡，烧毁 3000 多所房屋。世界自然基金会估计，有超过 10 亿只动物在此次林火中丧生，其中很多是澳大利亚代表性物种，比如考拉。澳大利亚总理莫里森 2 月 20 日宣布，将成立皇家委员会（澳大利亚最高级别的公开调查形式），包括前联邦法院法官安娜贝・班尼特、首席环境律师安德鲁・麦金托什、前澳大利亚国防军局长马克・宾斯金等委员会成员负责对此次林火灾害展开最高级别调查，并需要在 2020 年 8 月 31 日拿出群体评价后的调查结果（岳东兴和白旭，2020；康彦龙和王敬东，2020）。

但是，突发事件发生后评价过程中评价群体成员、被评价对象和评价属性等要素一直在动态演变，导致调查组面临的评价环境十分复杂。同时，随着专业分工的发展，群体成员间的意见产生分歧的可能性越来越高。群体意见发散往往导致无法取得一个有效的、让各方满意的群决策结果。但这种意见上的发散并不一定会稳固存在于群体之中。经过群体内各位专家的充分交流之后，大家的意见可能会趋向于一致，也可能趋向于分裂为几个意见团体。

因此，建立科学合理的群体评价机制引导群体成员达成共识是群体评价的重要任务。为此，本书提出了基于动态群体评价环境下共识达成的问题，针对不同类型的群决策问题涉及的机制设计、共识测量、共识引导等关键问题展开研究。

1.4.3 问题三：大规模群体评价中观点传播

在经典群体评价理论与方法的基础上，学界进行了关于大规模群体评价方法的研究以支持现实中的重大评价和决策问题。由于现实评价问题复杂度的上升，学者们在经典群体评价理论和方法的研究中放松了某些严格假设，使得经典群体评价方法也能适应某些复杂环境。而在复杂决策环境下，观点和成员关系的协同演化会涌现出不同群体行为和群体偏好，大规模群体内观点的演化和传播机制作为一种新的舆论传播机制，对群体共识的形成和演化有重要影响，因此需要进一步的研究。

当前市场营销、公共关系管理和信息行为领域非常关注的网络口碑问题就是一个典型例子。网络口碑是指消费者通过论坛（BBS）、博客和视频等网络渠道，与其他消费者分享其对商品、产品及服务等的个人体验和评价，是通过互联网传播的公众对商品所持的有较强影响力、倾向性的言论和观点（张晓飞和董大海，2011）。比起传统的线下口碑网络，网络口碑传播具有匿名性，消费者能更自由地分享自身对产品或服务的正面或负面的想法。且网络口碑的形式和传播渠道具有多样性，消费者可以通过网页、虚拟社区等多元途径获取文字、图片和视频等不同形式的网络口碑。消费者可以不受时间与空间的限制，随时随地在网络世界里搜寻商品信息或发表自己的意见。随着互联网络的极大普及，比起传统评价结论，网络口碑传播范围更加广泛。网络口碑减少了潜在消费者对产品信息的不确定性，是消费者获取商品信息的一种重要途径，能影响消费者的购买决策。良好的口碑会提升产品的销售。因此，口碑营销成为商家的重要宣传手段。此外，意见领袖及网络平台中关系网络的强弱会影响网络口碑的发展，使得网络口碑相对可控。研究大规模群体观点演化规律有助于及早判断网络口碑的走向和规模，为商家进行网络口碑营销，及时改进商品和服务提供支持。

本书提出了大规模群体评价背景下群体观点传播的问题：基于观点动力学和复杂网络传播动力学理论与方法，通过研究观点与关系协同演化的传播机制和共识涌现规律，构建群体偏好的动态预测与控制模型，开发复杂决策环境下更为快速、有效的共识达成方法，形成群体评价研究的新框架。分析观点和成员关系的协同演化模式，建立复杂数据环境下的群体偏好演化预测分析模型，对建立有效的群体偏好引导、干预和控制机制具有重要意义，也能为复杂决策环境下快速共识达成方法研究提供理论指导。

复杂决策环境下的群体评价方法除了应对大规模群体和评价过程动态等问题，还要面对海量多源异构数据、群体成员异质化和评价要素动态演变等多种特殊因素。因此，根据复杂决策环境下的群体评价问题的关键要素，借鉴已有经典群体评价在复杂性方面的拓展成果，建立相应的群体评价方法和共识达成模型，是解决复杂决策环境下的群体评价问题的关键。

1.5　如何阅读本书

本书针对上述需要研究的问题，对基于群体共识的群体评价问题进行归纳及提炼，形成结构化的研究问题体系。针对本体系内的具体研究问题，分别给出相应的评价方法和工具，确保其科学、合理。在理论层面，通过对基于群体共识的群体评价问题体系的归纳和分类，给出典型问题的形式化描述，形成基于群体共识的群体评价问题体系。然后通过理论分析为进一步研究奠定理论基础，并为类似研究提供理论方向上的指导。在方法层面，针对异质群体参与的群体评价问题，给出主客体协作式群体评价方法；针对偏好以 AHP 判断矩阵形式给出的群体评价问题，给出基于群体 AHP 的共识达成方法；针对偏好为语言信息模式的群体评价问题，给出基于语言信息的群体共识达成方法；针对大规模下的群体观点演化问题，给出面向潜在共识达成的群体偏好演化分析方法。

本书结构如图 1.3 所示，共由 9 章组成。其中包含了 6 个部分：绪论、研究现状、异质群体协作、复杂决策环境下群体共识达成、大群体环境下观点演化、总结。

第一部分（第 1 章）：介绍群体评价的研究背景，归纳基于共识的群体评价问题，提炼出具有科学价值的研究问题。对本书所探讨的问题、研究思路和研究方法进行介绍，并给出本书的内容安排。

第二部分（第 2 ~ 3 章）：第 2 章介绍、总结群体评价领域的文献进行计量分析并展示结果。第 3 章介绍、总结群体评价下共识达成和观点动力学的理论基础与现有研究。

第三部分（第 4 章）：第 4 章针对群体成员异质化问题，提出了基于群体共识的协作式群体评价问题，并给出两种群体评价方法。一方面，针对被评价对象能够表达自己意见的情况，提出了基于赋权策略选取的主客体协作式群体评价方法。在确定被评价对象能够提供决策信息的情况下，该方法主要研究了主客体协作式群体评价的模式，以及异质群体偏好分布和对成员赋权的策略选取问题。另

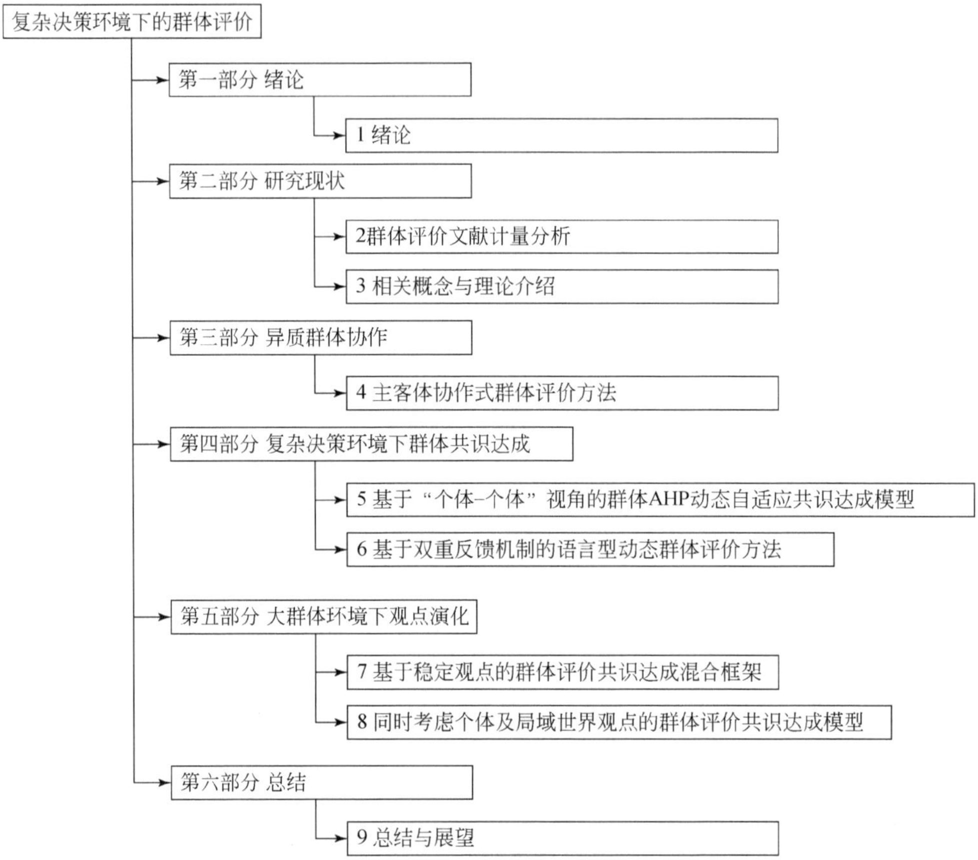

图 1.3　本书逻辑结构

一方面，针对被评价对象不能表达自己意见的情况，提出了基于话语赋权的主客体协作式群体评价方法。该方法主要研究了被评价对象无法提供决策信息情况下的主客体协作式群体评价模式，以及如何有效提取被评价对象的决策信息、如何检验主客体双方信息及如何确定决策群体成员的话语权。

第四部分（第 5 ~6 章）：针对复杂决策环境下群体共识达成问题，第 5 章提出基于“个体-个体”视角的群体 AHP 共识达成方法，并在第 6 章提出基于双重反馈机制的语言型动态群体评价方法。基于“个体-个体”视角的群体 AHP 共识达成方法主要研究如何确定“个体-个体”视角下的群体共识测度标准，提出了群体内专家的权重确定方法和共识达成算法流程，并分析了算法特性。基于双重反馈机制的语言型动态群体评价方法提出了包括专家观点反馈机制和专家权重反馈机制的自动化双重反馈机制，并利用该机制引导专家达成共识，完成动态群体评价。

第五部分（第 7 ~ 8 章）：针对大群体环境下观点演化的群体共识达成问题，提出了两个大规模群体共识达成模型。第 7 章提出一个在不强迫专家改变自身观点的情况下，面向潜在共识达成的群体偏好演化模型。该模型可以有效地消除专家间可消除的分歧。第 8 章在社会网络下考虑动态社会网络演变过程，基于观点动力学提出参考个体及局域世界观点的大规模群体共识模型。

第六部分（第 9 章）：归纳本书已取得成果，并对进一步需要研究的问题进行了展望。

本书使用的符号、变量和参数比较多。为不致引起误解，本书对每章不同的研究问题用到的参数和变量均进行重新定义。在同一章节的同一研究问题中，表示各参数和变量的数学符号都有一致的含义，不同研究问题之间的符号则没有联系。

此外，本书中的“专家”或“决策者”均指参与决策分析，对备选方案提供评价信息（又称之为偏好、判断或意见）的个体。“决策协调人”或“决策主持人”是决策分析的组织者或管理者，本身并不提供评价信息。“群体共识”在群决策研究中也称作“群体一致性”，由于“一致性”这一概念在判断矩阵中经常用作个体判断内部或前后的统一，所以本书提到的“一致性”一律指个体判断矩阵的一致。本书将群体成员间的一致性一律称作“群体共识”。

本章参考文献

陈晓红 . 2009. 复杂大群体决策方法及应用［M］. 北京：科学出版社 .

郭亚军 . 2007. 综合评价理论、方法及应用［M］. 北京：科学出版社 .

康彦龙，王敬东 . 2020. 澳大利亚派皇家委员会调查林火灾难侧重于未来防范［OL］. https://baijiahao. baidu. com/s? id=1659040721180963899&wfr=spider&for=pc. 2020［2020-10-30］.

肯尼斯・约瑟夫・阿罗 . 1987. 社会选择和个人价值［M］. 丁建峰，译 . 成都：四川人民出版社 .

李泓冰 . 2015. 五问外滩踩踏事件谁之过：问责是否到位依据何在 . http://x. hnr. cn/read/news. hnr. cn/gnxw/201501/t20150121_1802218_1. html.

苏珊・E. 杰克逊，兰德尔・S. 舒勒 . 2006. 管理人力资源：合作伙伴的责任、定位与分工（第 7 版）［M］. 欧阳袖，张海容，等译 . 北京：中信出版社 .

苏为华，张崇辉 . 2016. 两阶段子群群组评价机制的设计［J］. 系统工程理论与实践，36（3）：760-767.

易平涛 . 2006. 多属性综合评价的理论与应用研究［D］. 哈尔滨：东北大学博士学位论文 .

岳东兴，白旭 . 2020. 澳总理宣布对林火灾害展开最高级别调查［OL］. https://baijiahao.baidu.com/s? id=1659064971568964640&wfr=spider&for=pc［2020-10-30］.
张晓飞，董大海 . 2011. 网络口碑传播机制研究述评［J］. 管理评论，23（2）：88-92.
朱佳俊，郑建国 . 2009. 群决策理论、方法及其应用研究的综述与展望［J］. 管理学报，6（8）：1131-1136.
Black D，Newing R A，McLean I，et al. 1958. The theory of committees and elections［J］. Operations Research，20（2）：115-122.
Dong Q，Zhou X，Martínez L. 2019. A hybrid group decision making framework for achieving agreed solutions based on stable opinions［J］. Information Sciences，490：227-243.
Dyer J S，Sarin R K. 1979. Group preference aggregation rules based on strength of preference［J］. Management Science，25（9）：822-832.
Dyer R F，Forman E H. 1992. Group decision support with the analytic hierarchy process［J］. Decision Support Systems，8（2）：99-124.
Herrera-Viedma E，Cabrerizo F J，Kacprzyk J，et al. 2014. A review of soft consensus models in a fuzzy environment［J］. Information Fusion，17：4-13.
Hwang C L，Lin M J. 1987. Group Decision Making Under Multiple Criteria：Methods and Applications［M］. Berlin：Springer-Verlag.
Keeney R L，Kirkwood C W. 1975. Group decision making using cardinal social welfare functions［J］. Management Science，22（4）：430-437.
Keeney R L. 1976. A group preference axiomatization with cardinal utility［J］. Management Science，23（2）：140-145.
London M，Beatty R W. 1993. 360-degree feedback as a competitive advantage［J］. Human Resource Management，32（2-3）：353-372.
Mueller D C. 2003. Public Choice III［M］. Cambridge：Cambridge University Press.
Palomares I，Martinez L，Herrera F. 2014. A consensus model to detect and manage noncooperative behaviors in large-scale group decision making［J］. IEEE Transactions on Fuzzy Systems，22（3）：516-530.
Ramanathan R，Ganesh L S. 1994. Group preference aggregation methods employed in AHP：An evaluation and an intrinsic process for deriving members' weightages［J］. European Journal of Operational Research，79（2）：249-265.
Roghanian E，Rahimi J，Ansari A. 2010. Comparison of first aggregation and last aggregation in fuzzy group topsis［J］. Applied Mathematical Modelling，34（12）：3754-3766.
Roubens M. 1997. Fuzzy sets and decision analysis［J］. Fuzzy Sets and Systems，90（2）：199-206.
Saaty T L. 2010. Principia Mathematica Decernendi：Mathematical Principles of Decision Making：Generalization of the Analytic Network Process to Neural Firing and Synthesis［M］. Pittsburgh：

Rws Publications.

Shih H S，Shyur H J，Lee E S. 2007. An extension of TOPSIS for group decision making [J]. Mathematical and Computer Modelling，45 (7-8)：801-813.

Shih H S. 2008. Incremental analysis for MCDM with an application to group TOPSIS [J]. European Journal of Operational Research，186 (2)：720-734.

Tower E. 2006. The encyclopedia of public choice [M]. New York：Springer Science & Business Media.

Van Den Honert R C，Lootsma F A. 1997. Group preference aggregation in the multiplicative AHP the model of the group decision process and pareto optimality [J]. European Journal of Operational Research，96 (2)：363-370.

Yu P L. 1973. A class of solutions for group decision problems [J]. Management Science，19 (8)：936-946.

Yue Z. 2011. An extended TOPSIS for determining weights of decision makers with interval numbers [J]. Knowledge-Based Systems，24 (1)：146-153.

2 群体评价文献计量分析

文献计量学于1969年由英国著名情报学家阿伦·普理查德首次提出。作为图书情报“三计学”中的重要分支，文献计量学已成为图书情报学的一项重要组成部分。它利用数学与统计学的方法，对文献进行定量与定性分析，以数据来描述和揭示文献的数量特征与变化规律，从而达到一定的研究目的（邱均平，1988）。常用的文献计量分析工具有 Citespace、Pajek、Vosviewer、BibExcel、Bibliometric 文献计量在线分析平台等（肖明等，2013）。为了更好地了解群体评价领域的研究概况，本章将对 Web of Science 核心合集数据库中群体评价领域的相关文献进行检索，并利用 Excel、Citespace、Bibliometric 文献计量在线分析平台对这些文献记录进行计量分析及结果展示。

2.1 文献来源

在对文献进行计量分析之前，需要对检索后导出的文献记录进行文献剔除和预处理，具体步骤如下。

1）在 Web of Science 检索页面，选择高级检索方式，以 TI = ("group consensus") OR TI = ("decision making" AND "consensus") OR TI = ("group decision" AND "consensus") OR AK = ("group consensus") OR AK = ("decision making" AND "consensus") OR AK = ("group decision" AND "consensus") NOT SU = (Arts Humanities AND Life Sciences Biomedicine) 作为检索式。

2）利用上述检索式在 Web of Science 核心合集下的四大引文索引，包括 Science Citation Index Expanded (SCI-EXPANDED)、Social Sciences Citation Index (SSCI)、Conference Proceedings Citation Index-Science （CPCI-S）、Conference Proceedings Citation Index-Social Sciences & Humanities (CPCI-SSH) 中检索，时间范围选取在 1978 ~ 2020 年，检索时间为 2020 年 7 月 7 日，检索结果导出内容为“全记录与引用的参考文献”，导出格式为“纯文本”和“制表分隔符”（Win，UTF-8）。最后得到两份不同格式的文件，每份文件都包括 1284 篇文献记录。格

式为纯文本的文件用于 Citespace 分析，格式为制表分隔符（Win，UTF-8）文件用于 Bibliometric 分析。

3）得到上述文献记录后，再剔除不相关的文献记录 357 篇，剩下 927 篇。具体的剔除步骤为：①因为检索结果中有相当部分的文献记录是关于医学的，因此通过关键词“Mayo Clin”“hospital”“oncology”“cancer”“medicine”“surgery”“clinical”“nursing”等搜索文献记录后，再通过查看记录的出版物名称、文献的题目的形式，剔除文献 163 篇，剩下 1121 篇。②在剩下的 1121 篇文献中，通过人工浏览文献的题目、出版物名称、作者关键词、摘要的方式剔除不相关文献记录 194 篇，剩 927 篇。

4）文献记录预处理。文献记录包括很多字段标识，如“TI”即文献标题，“SO”即文献出版物名称，“DT”即文献类型，“DE”即作者关键词，“AB”即摘要，“AU”即作者简称，“AF”即作者全名，“C1”即作者地址，“CR”即引用的参考文献，“PY”即文献出版年份，等等。这些字段标识的内容存在不规范、不统一等问题，需要进行预处理。

在完成文献记录的剔除和预处理后，开始对文献进行计量分析。本章研究内容一共有五大部分，具体包括：①文献记录的基本情况分析，包括文献的类型分布和时间分布；②影响力分析，包括作者影响力、期刊影响力、机构影响力分析；③合作关系分析，包括不同国家、研究机构、学者之间的合作分析；④关键词分析；⑤引文分析。

2.2 文献基本情况分析

2.2.1 文献类型分布

927 个文献记录包括 Article、Book Review、Editorial Material、Letter、Meeting Abstract、Note、Proceedings Paper、Review 这 8 种文献类型。其中 673 篇为 Article，3 篇为 Book Review，6 篇为 Editorial Material，2 篇为 Letter，2 篇为 Meeting Abstract，1 篇为 Note，238 篇为 Proceedings Paper，2 篇为 Review。其构成情况如图 2.1 所示。

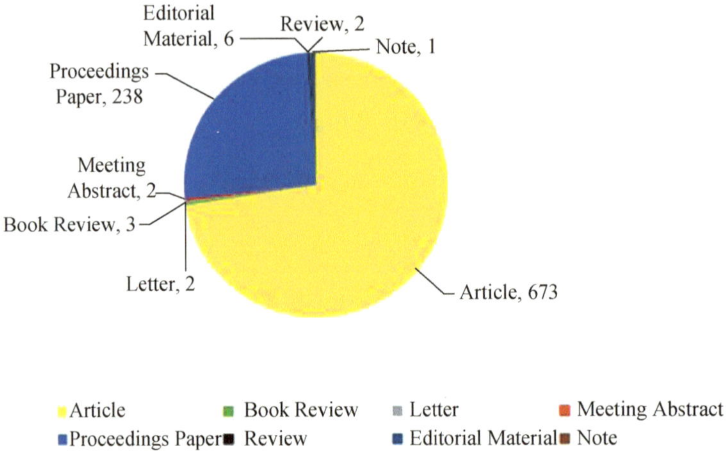

图 2.1　各类型文献数量

在这些文献记录中，Article 占比约 72.60%，Proceedings Paper 占比约 25.67%，其他类型的文献占比较小。此外，因为 Meeting Abstract、Letter、Book Review、Note、Review 这 5 类文献要么篇幅较小，要么通常不会提供相应主题的新信息，所以在后面的分析中也将这 5 类文献剔除。本章将对 673 篇 Article、238 篇 Proceedings Paper 以及 6 篇 Editorial Material 共 917 篇文献记录进行计量分析。

2.2.2　文献时间分布

在 917 篇文献记录中，有 12 篇文献记录没有字段标识“PY”（出版年份），只有字段标识“EA”（在线发表日期）。7 篇 2020 年发表，5 篇 2019 年发表。所以将这 12 篇文献记录剔除，留下 905 篇文献记录进行时间分布分析。

又因检索结果是截至 2020 年 7 月 7 日系统收录的数据，2020 年的数据不全可能导致分析偏差，因而再将 2020 年的 61 篇文献记录剔除，只分析 1978～2019 年间每年的文献出版数量。

通过图 2.2 可以发现从 2003 年开始，文献数量就开始呈明显的上升趋势。因而将 2003～2019 年的文献记录挑选出来，对这些文献记录进行分国家数量变化分析（图 2.3）。

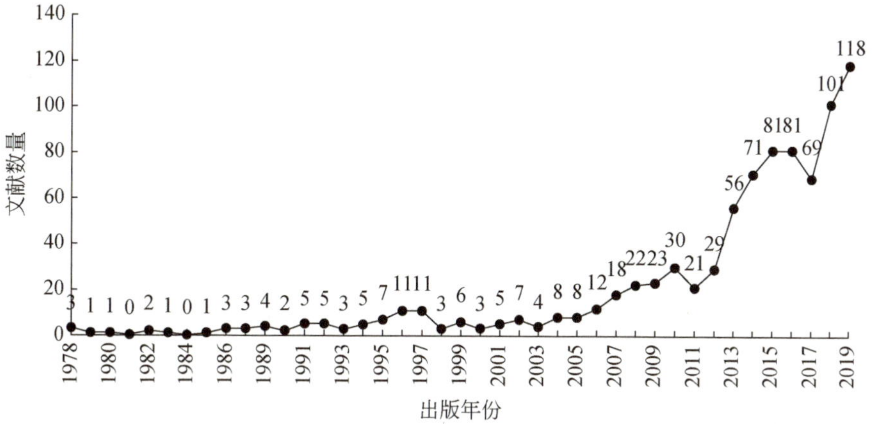

图 2.2　1978 ~ 2019 年每年文献出版数量

图 2.3 列出了 2003 ~ 2019 年间每年发表文献数量均排名前十的国家，包括中国、西班牙、美国、英国、沙特阿拉伯、澳大利亚、意大利、日本、加拿大和法国。可以发现在 2003 ~ 2019 年这 17 年内，每年发表文献总数均排在前五的国家有中国、西班牙、英国、美国和沙特阿拉伯。

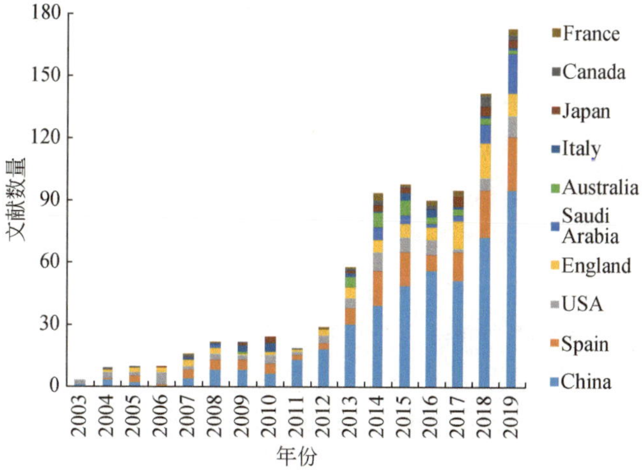

图 2.3　2003 ~ 2019 年分国家文献数量变化

此外，2008 ~ 2019 年这 12 年内，中国每年发表的文献数量一直排名第一，且从 2015 年开始，中国每年发表的文献数量均超过了余下 9 个国家发表的文献数量之和。2013 ~ 2019 年这 7 年内，西班牙每年发表的文献数量一直排名第二，且从 2017 年开始，西班牙每年发表的文献数量接近美国和英国每年发表的文献数量之和。2014～2019 年这 6 年内，沙特阿拉伯发表的文献总数为 45，仅次于中国、西班牙、英国，排名第四。

2.3 影响力分析

本小节利用 Bibliometric 文献计量在线分析平台对这些文献记录进行学者影响力、期刊影响力、机构影响力分析。分析主要围绕文章总数、第一作者总数、文章总被引用次数、第一作者总被引用次数、文章平均被引次数、第一作者平均被引次数等指标展开。

2.3.1 作者影响力分析

利用 917 篇文献记录的字段标识“AU”（即作者简称），借助 Bibliometric 文献计量在线分析平台，按照作者文章总数排序并选取排名前 30 的作者信息（作者的文章总数包括以第一作者、第二作者、通讯作者等所有作者身份发表的文章），将作者名替换为作者全名，并按文章总数从高到低的顺序进行排列，如表 2.1 所示。

这 30 位学者分别来自 7 个国家，其中有 18 位学者来自中国，6 位学者来自西班牙，2 位学者来自英国；其他 4 位学者中，Janusz Kacprzyk 来自波兰，Witold Pedrycz 来自加拿大，Mario Fedrizzi 来自意大利，Hamido Fujita 来自日本。在来自中国的这 18 位学者中，有 5 位来自四川大学，4 位来自中南大学，3 位来自河海大学。来自四川大学的有 Dong Yucheng、Xu Zeshui、Xu Jiuping、Wu Zhibin 以及 Liao Huchang，且他们的文章总数均排名前 16。来自西班牙的 6 位学者中，有 4 位来自格拉纳达大学，包括 Enrique Herrera-Viedma、Francisco Herrera、Francisco Javier Cabrerizo 及 Sergio Alonso；余下的 2 人中，Luis Martinez 来自哈恩大学，Ignacio Javier Perez 来自加的斯大学。来自英国的 2 位学者中，Francisco Chiclana 来自德蒙福特大学，文章总数排名第 2；Ivan Palomares 来自布里斯托大学，文章总数排名第 10。

表 2.1　文章总数排序

作者名	文章总数	总被引用次数	平均被引次数	第一作者总数	第一作者被引次数	第一作者平均被引次数	通讯作者数	通讯文章被引次数
Enrique Herrera-Viedma	80	2 479	30.99	9	670	74.44	22	1 042

续表

作者名	文章总数	总被引用次数	平均被引次数	第一作者总数	第一作者被引次数	第一作者平均被引次数	通讯作者数	通讯文章被引次数
Francisco Chiclana	43	1 300	30. 23	6	186	31	8	209
Dong Yucheng	39	843	21. 62	13	438	33. 69	28	731
Luis Martinez	30	720	24	1	0	0	1	0
Francisco Herrera	29	1 027	35. 41	3	309	103	2	111
Xu Zeshui	29	336	11. 59	9	185	20. 56	20	236
Francisco Javier Cabrerizo	27	618	22. 89	13	405	31. 15	15	325
Meng Fanyong	24	93	3. 88	14	72	5. 14	16	69
Zhang Hengjie	19	366	19. 26	8	114	14. 25	2	30
Ivan Palomares	19	299	16. 61	12	234	19. 5	13	235
Xu Jiuping	18	352	19. 56	3	82	27. 33	10	292
Xu Yejun	18	157	8. 72	14	125	8. 93	15	104
Tang Jie	18	44	2. 44	7	20	2. 86	2	2
Wu Zhibin	17	346	20. 35	13	264	20. 31	7	47
Gong Zaiwu	17	105	6. 18	10	90	9	12	98
Liao Huchang	16	138	8. 63	5	92	18. 4	9	65
Sergio Alonso	15	617	41. 13	5	174	34. 8	4	108
Mario Fedrizzi	14	249	17. 79	5	20	4	5	20
Janusz Kacprzyk	13	177	13. 62	6	167	27. 83	5	124
Witold Pedrycz	13	82	6. 31	3	13	4. 33	3	13
Hamido Fujita	13	159	12. 23	0	0	0	0	0
Liu Jun	12	34	2. 83	6	20	3. 33	1	0
Ji Lianghao	12	40	3. 33	6	21	3. 5	9	27
Yu Junyan	12	212	17. 67	7	193	27. 57	8	194
Wu Jian	12	259	21. 58	7	223	31. 86	6	137
Ignacio Javier Perez	12	409	34. 08	5	134	26. 8	3	103
Chen Xiaohong	11	128	11. 64	0	0	0	0	0
Wang Jianqiang	10	29	2. 64	2	0	0	10	29
Wang Huimin	10	84	8. 4	0	0	0	0	0
Xu Yinfeng	10	280	28	1	0	0	1	0

与表 2.1 的分析步骤相同，按照文章总被引用次数排名并选取排序前 30 的作者信息，如表 2.2 所示。这 30 位学者分别来自 6 个国家，其中有 13 位学者来自中国，12 位学者来自西班牙，2 位学者来自英国，余下 3 位学者分别来自波兰、意大利和日本。在来自中国的这 13 位学者中，有 5 位来自四川大学，2 位来自河海大学，2 位来自西安交通大学。在来自西班牙的 12 位学者中，有 7 位来自格拉纳达大学，2 位来自哈恩大学。

表 2.2　总被引用次数排序

作者名	总被引用次数	文章总数	平均被引次数	第一作者总数	第一作者被引次数	第一作者平均被引次数	通讯作者数	通讯文章被引次数
Enrique Herrera Viedma	2 479	80	30.99	9	670	74.44	22	1 042
Francisco Chiclana	1 300	43	30.23	6	186	31	8	209
Francisco Herrera	1 027	29	35.41	3	309	103	2	111
Dong Yucheng	843	39	21.62	13	438	33.69	28	731
Luis Martinez	720	30	24	1	0	0	1	0
Francisco Javier Cabrerizo	618	27	22.89	13	405	31.15	15	325
Sergio Alonso	617	15	41.13	5	174	34.8	4	108
Ignacio Javier Perez	409	12	34.08	5	134	26.8	3	103
Francisco Mata	390	9	43.33	3	136	45.33	3	136
Zhang Hengjie	366	19	19.26	8	114	14.25	2	30
Xu Jiuping	352	18	19.56	3	82	27.33	10	292
Wu Zhibin	346	17	20.35	13	264	20.31	7	47
Xu Zeshui	336	29	11.59	9	185	20.56	20	236
Jose Luis Verdegay	309	3	103	0	0	0	0	0
Ivan Palomares	299	19	16.61	12	234	19.5	13	235
Xu Yinfeng	280	10	28	1	0	0	1	0
Wu Jian	259	12	21.58	7	223	31.86	6	137
Mario Fedrizzi	249	14	17.79	5	20	4	5	20
Yu Junyan	212	12	17.67	7	193	27.57	8	194
Zhang Guiqing	206	6	34.33	2	98	49	0	0
Wang Long	199	6	33.17	0	0	0	1	12
Janusz Kacprzyk	177	13	13.62	6	167	27.83	5	124

续表

作者名	总被引用次数	文章总数	平均被引次数	第一作者总数	第一作者被引次数	第一作者平均被引次数	通讯作者数	通讯文章被引次数
Jose LuiGarcia-Lapresta	168	6	28	4	7	1.75	4	7
Hamido Fujita	159	13	12.23	0	0	0	0	0
Xu Yejun	157	18	8.72	14	125	8.93	15	104
Maria Jose DelMoral	153	7	21.86	4	20	5	1	1
Juan Miguel Tapia Garcia	146	5	29.2	2	52	26	1	1
Liao Huchang	138	16	8.63	5	92	18.4	9	65
Chen Xiaohong	128	11	11.64	0	0	0	0	0
Juan Manuel Moreno	127	2	63.5	0	0	0	0	0

按第一作者总数排序选取排名前 30 的作者信息，如表 2.3 所示。这 30 位学者分别来自 6 个国家，其中有 19 位学者来自中国，5 位学者来自西班牙，2 位学者来自英国，2 位学者来自意大利，余下 2 位学者分别来自波兰和澳大利亚。在来自中国的这 19 位学者中，有 4 位来自四川大学，2 位来自河海大学，2 位来自中南大学。在来自西班牙的 5 位学者中，有 4 位来自格拉纳达大学，1 位来自加的斯大学。

第一作者总数排名前 10 的学者中，有 7 位来自中国，2 位来自西班牙，1 位来自英国。在这 30 位学者中，中国学者的第一作者总数为 157 篇，约占这 30 位学者第一作者总数和的 67.09%。西班牙学者的第一作者总数为 36 篇，所占比例约为 15.38%。

表 2.3　第一作者总数排序

作者名	第一作者总数	文章总数	总被引用次数	平均被引次数	第一作者被引次数	第一作者平均被引次数	通讯作者数	通讯文章被引次数
Xu Yejun	14	18	157	8.72	125	8.93	15	104
Meng Fanyong	14	24	93	3.88	72	5.14	16	69
Francisco Javier Cabrerizo	13	27	618	22.89	405	31.15	15	325
Wu Zhibin	13	17	346	20.35	264	20.31	7	47
Dong Yucheng	13	39	843	21.62	438	33.69	28	731

续表

作者名	第一作者总数	文章总数	总被引用次数	平均被引次数	第一作者被引次数	第一作者平均被引次数	通讯作者数	通讯文章被引次数
Ivan Palomares	12	19	299	16.61	234	19.5	13	235
Gong Zaiwu	10	17	105	6.18	90	9	12	98
Enrique Herrera Viedma	9	80	2 479	30.99	670	74.44	22	1 042
Xu Zeshui	9	9	336	11.59	185	20.56	20	236
Zhang Hengjie	8	19	366	19.26	114	14.25	2	30
Yu Junyan	7	12	212	17.67	193	27.57	8	194
Shang Yilun	7	8	35	4.38	35	5	7	35
Wu Jian	7	12	259	21.58	223	31.86	6	137
Zhang Zhiming	7	9	28	3.11	25	3.57	5	19
Zhang Bowen	7	8	76	9.5	76	10.86	0	0
Tang Jie	7	18	44	2.44	20	2.86	2	2
Francisco Chiclana	6	43	1 300	30.23	186	31	8	209
Janusz Kacprzyk	6	13	177	13.62	167	27.83	5	124
Liu Jun	6	12	34	2.83	20	3.33	1	0
Ji Lianghao	6	12	40	3.33	21	3.5	9	27
Chen Shyi-Ming	6	9	40	4.44	38	6.33	7	38
Gleb Beliakov	6	7	11	1.57	9	1.5	3	0
Fu Chao	6	7	61	8.71	61	10.17	7	61
Antonio Maturo	6	6	5	0.83	5	0.83	5	3
Sergio Alonso	5	15	617	41.13	174	34.8	4	108
Mario Fedrizzi	5	14	249	17.79	20	4	5	20
Liao Huchang	5	16	138	8.63	92	18.4	9	65
Tian Zhangpeng	5	5	13	2.6	13	2.6	5	13
Ignacio Javier Perez	5	12	409	34.08	134	26.8	3	103
Maria Jose Del Moral	4	7	153	21.86	20	5	1	1

按照第一作者被引次数排序并选取排名前 30 的作者信息，如表 2.4 所示。这 30 位学者分别来自 7 个国家，其中 16 位学者来自中国，7 位学者来自西班牙，2 位学者来自英国，2 位学者来自美国，余下 3 位学者分别来自波兰、巴西和意大利。

在这 30 位学者中，中国学者的第一作者被引次数总计 2242 次，约占这 30 位学者第一作者被引次数总和的 44.61%。西班牙学者的第一作者被引次数总计 1880 次，所占比例约为 37.41%。英国学者的第一作者被引次数总计 420 次，所占比例约为 8.37%。

表 2.4　第一作者被引次数排序

作者名	第一作者被引次数	文章总数	总被引用次数	平均被引次数	第一作者总数	第一作者平均被引次数	通讯作者数	通讯文章被引次数
Enrique Herrera- Viedma	670	80	2 479	30.99	9	74.44	22	1 042
Dong Yucheng	438	39	843	21.62	13	33.69	28	731
Francisco Javier Cabrerizo	405	27	618	22.89	13	31.15	15	325
Francisco Herrera	309	29	1 027	35.41	3	103	2	111
Wu Zhibin	264	17	346	20.35	13	20.31	7	47
Ivan Palomares	234	19	299	16.61	2	19.5	13	235
Wu Jian	223	12	259	21.58	7	31.86	6	137
Yu Junyan	193	12	212	17.67	7	27.57	8	194
Francisco Chiclana	186	43	1300	30.23	6	31	8	209
Xu Zeshui	185	29	336	11.59	9	20.56	20	236
Sergio Alonso	174	15	617	41.13	5	34.8	4	108
Janusz Kacprzyk	167	13	177	13.62	6	27.83	5	124
Francisco Mata	136	9	390	43.33	3	45.33	3	136
Ignacio Javier Perez	134	12	409	34.08	5	26.8	3	103
David Ben-Arieh	126	2	126	63	2	63	2	126
Xu Yejun	125	18	157	8.72	14	8.93	15	104
Zhang Hengjie	114	19	366	19.26	8	14.25	2	30
Zhang Guiqing	98	6	206	34.33	2	49	0	0
Liao Huchang	92	16	138	8.63	5	18.4	9	65
Gong ZaiWu	90	17	105	6.18	10	9	12	98
Xu Jiuping	82	18	352	19.56	3	27.33	10	292
Zhang Bowen	76	8	76	9.5	7	10.86	0	0

续表

作者名	第一作者被引次数	文章总数	总被引用次数	平均被引次数	第一作者总数	第一作者平均被引次数	通讯作者数	通讯文章被引次数
Roberta Oliveira Parreiras	76	2	76	38	2	38	2	76
Meng Fanyong	72	24	93	3.88	14	5.14	16	69
Xu Xuanhua	71	8	81	10.13	4	17.75	2	1
Gloria Bordogna	64	1	64	64	1	64	1	64
Fu Chao	61	7	61	8.71	6	10.17	7	61
Li CongCong	58	5	105	21	3	19.33	0	0
Juan Miguel Tapia Garcia	52	5	146	29.2	2	26	1	1
Noel Bryson	51	5	53	10.6	4	12.75	3	47

将该领域文章总数和第一作者总数均在前30的学者挑选出来，共得到21位学者的信息，然后对这些学者的发表文章数量、影响力作对比分析。通过图2.4

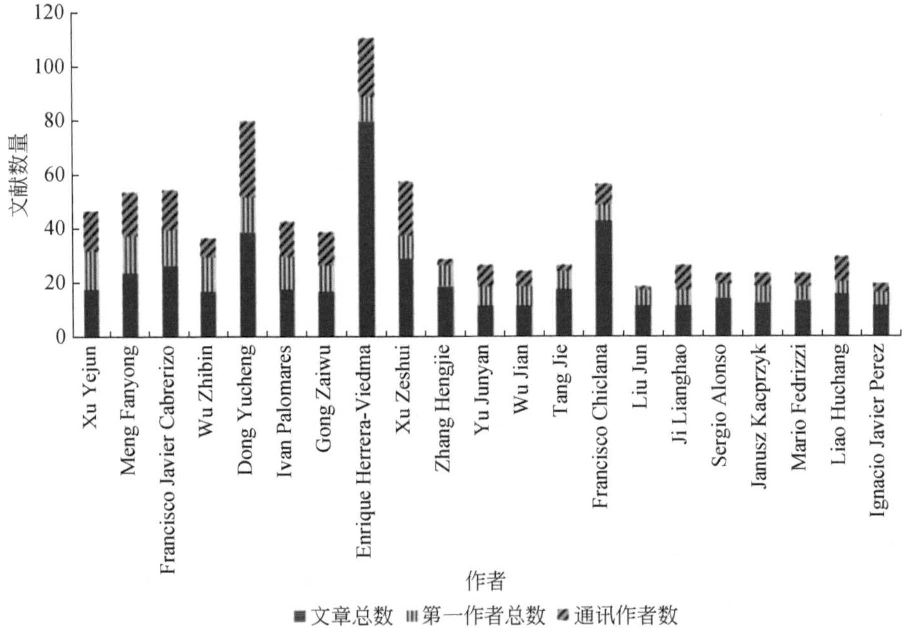

图2.4　发表文章数量对比

可以发现，在这 21 位学者中，文章总数由高到低排名前 5 的学者有 Enrique Herrera Viedma、Francisco Chiclana、Dong Yucheng、Xu Zeshui 和 Francisco Javier Cabrerizo。第一作者总数由高到低排名前 5 的学者有 Meng Fanyong、Xu Yejun、Dong Yucheng、Francisco Javier Cabrerizo 和 Wu Zhibin。其中，Dong Yucheng 和 Francisco Javier Cabrerizo 的文章总数和第一作者总数均排名前 5。

此外，在这 21 位学者中，第一作者率（即一作总数/文章总数）由高到低排在前 5 的学者有 Xu Yejun、Wu Zhibin、Ivan Palomares、Gong Zaiwu、Meng Fanyong。在我们分析的文献记录中，Xu Yejun 的文章总数为 18，第一作者总数为 14，第一作者率接近 77. 78%；Wu Zhibin 的文章总数为 17，第一作者总数为 13，第一作者率接近 76. 47%；其他 3 位学者的第一作者率均超过了 50%。

如图 2. 5 所示，在这 21 位学者中，Enrique Herrera Viedma、Dong Yucheng、Francisco Javier Cabrerizo 的文章总被引用次数、第一作者被引次数、通讯文章被引次数均排名前 5。进一步可以发现，在这 21 位学者中，Dong Yucheng 和 Francisco Javier Cabrerizo 不仅文章总数和一作总数均排名前 5，而且他们的文章总被引用次数、第一作者被引次数、通讯文章被引次数也均排名前 5。

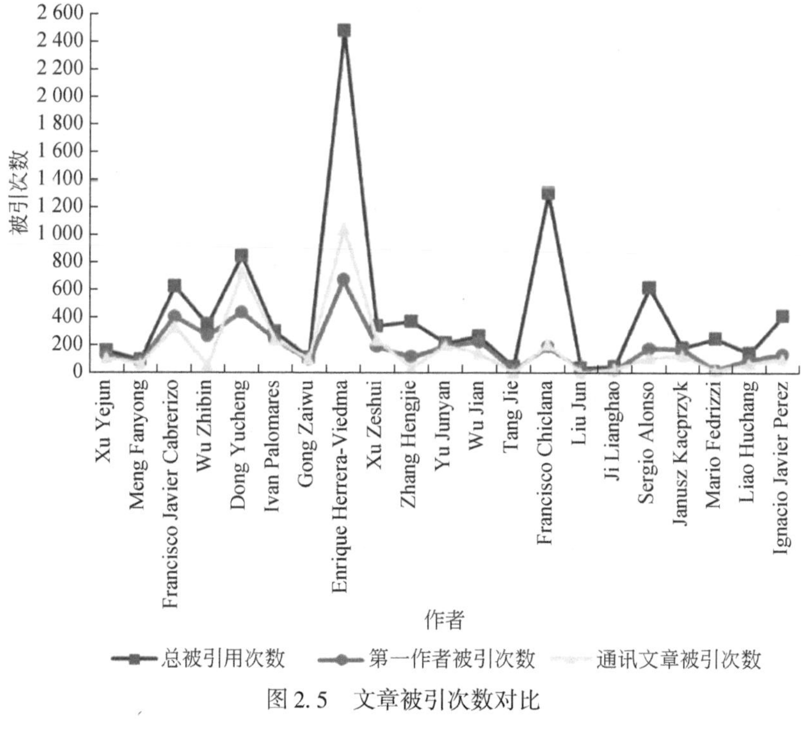

图 2. 5　文章被引次数对比

如图2.6所示，在这21位学者中，文献的平均被引次数由高到低排名前5的学者有Sergio Alonso、Ignacio Javier Perez、Enrique Herrera Viedma、Francisco Chiclana、Francisco Javier Cabrerizo。第一作者平均被引次数由高到低排名前5的学者有Enrique Herrera Viedma、Sergio Alonso、Dong Yucheng、Wu Jian、Francisco Javier Cabrerizo。可以发现在这21位学者中，Enrique Herrera Viedma、Sergio Alonso、Francisco Javier Cabrerizo的文章平均被引次数和第一作者平均被引次数均排名前5。

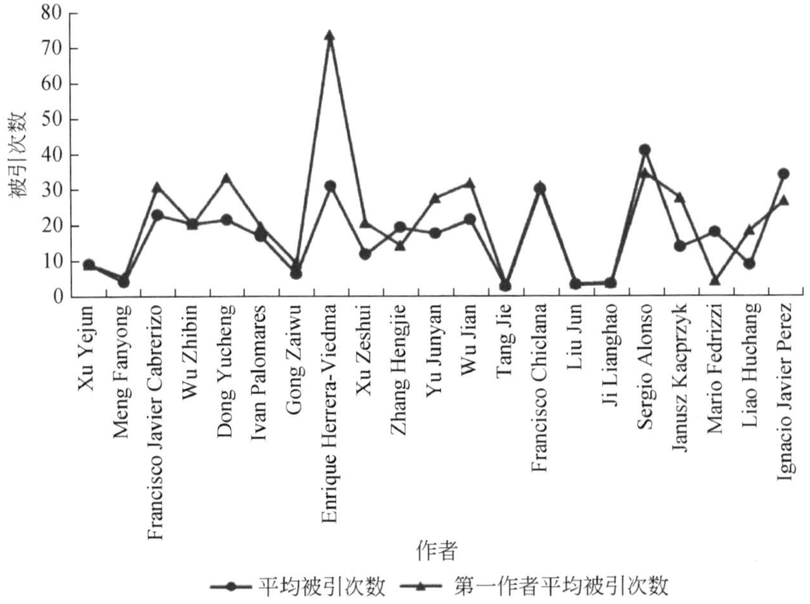

图2.6　文章平均被引次数对比

2.3.2　期刊影响力分析

利用917篇文献记录的字段标识“SO”即文献出版物名称，借助Bibliometric文献计量在线分析平台，按照文章总数排序并选取文章总数排名前20的期刊，如表2.5所示。发表在这20个期刊上的文章总数为385篇，约占总数的41.98%。

表 2.5　期刊文章总数排序

排序	期刊名	文章总数	总被引用次数	平均被引次数
1	KNOWLEDGE-BASED SYSTEMS	54	697	12.91
2	INFORMATION SCIENCES	34	596	17.53
3	GROUP DECISION AND NEGOTIATION	31	161	5.19
4	INFORMATION FUSION	29	563	19.41
5	APPLIED SOFT COMPUTING	29	262	9.03
6	IEEE TRANSACTIONS ON FUZZY SYSTEMS	22	748	34
7	COMPUTERS & INDUSTRIAL ENGINEERING	22	183	8.32
8	EUROPEAN JOURNAL OF OPERATIONAL RESEARCH	21	224	10.67
9	IEEE ACCESS	18	13	0.72
10	EXPERT SYSTEMS WITH APPLICATIONS	17	129	7.59
11	JOURNAL OF INTELLIGENT & FUZZY SYSTEMS	15	80	5.33
12	NEUROCOMPUTING	14	115	8.21
13	SOFT COMPUTING	13	255	19.62
14	DECISION SUPPORT SYSTEMS	12	403	33.58
15	FUZZY SETS AND SYSTEMS	11	540	49.09
16	INTERNATIONAL JOURNAL OF FUZZY SYSTEMS	10	29	2.9
17	INTERNATIONAL JOURNAL OF UNCERTAINTY FUZZINESS AND KNOWLEDGE-BASED SYSTEMS	9	125	13.89
18	OMEGA-INTERNATIONAL JOURNAL OF MANAGEMENT SCIENCE	8	156	19.5
19	INTERNATIONAL JOURNAL OF INFORMATION TECHNOLOGY & DECISION MAKING	8	120	15
20	INTERNATIONAL JOURNAL OF INTELLIGENT SYSTEMS	8	37	4.63

如图 2.7 所示，在这 20 个期刊中，文章总数由高到低排在前三的期刊有 KNOWLEDGE-BASED SYSTEMS、INFORMATION SCIENCES、GROUP DECISION AND NEGOTIATION。文章平均被引次数由高到低排在前三的期刊有 FUZZY SETS AND SYSTEMS、IEEE TRANSACTIONS ON FUZZY SYSTEMS、DECISION SUPPORT SYSTEMS。

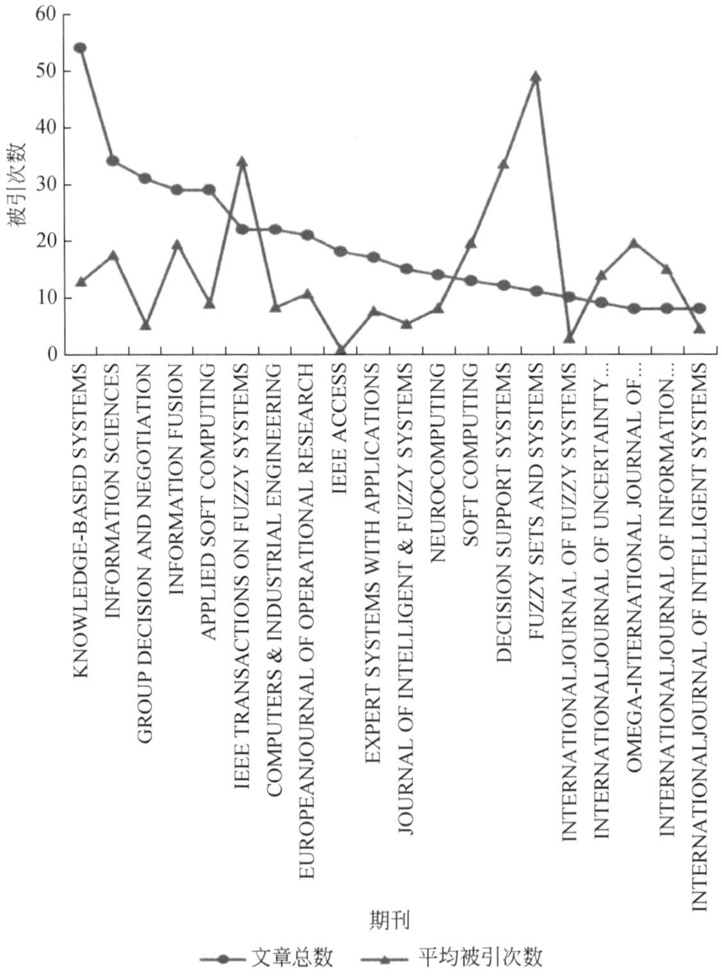

图 2.7 期刊对比

2.3.3 机构影响力分析

利用 917 篇文献记录的字段标识“C1”即作者地址，借助 Bibliometric 文献计量在线分析平台，按照文章总数排序并选取排名前 20 的机构，如表 2.6 所示。在这 20 个机构中，中国的机构有 13 个，西班牙的机构有 3 个，剩余 4 个机构分别是沙特阿拉伯的阿卜杜勒阿齐兹国王大学（文章总数排名第 3），英国的德蒙福特大学（文章总数排名第 4），波兰的波兰科学院（文章总数排名第 11），以及加拿大的阿尔伯塔大学（文章总数排名第 17）。

表 2.6 机构文章总数排序

排序	机构名	文章总数	总被引用次数	平均被引次数	第一作者总数	第一作者被引次数	第一作者平均被引次数
1	Univ Granada	107	3207	29.97	34	1138	33.47
2	Sichuan Univ	92	1268	13.78	66	988	14.97
3	King Abdulaziz Univ	52	840	16.15	0	0	0
4	De Montfort Univ	51	1132	22.2	8	201	25.13
5	Cent South Univ	44	207	4.7	32	171	5.34
6	Nanjing Univ Informat Sci & Technol	37	267	7.22	15	98	6.53
7	Univ Jaen	32	737	23.03	19	432	22.74
8	Hohai Univ	28	340	12.14	23	200	8.7
9	Southeast Univ	20	180	9	12	117	9.75
10	Univ Elect Sci & Technol China	18	65	3.61	15	48	3.2
11	Polish Acad Sci	18	167	9.28	7	80	11.43
12	Xi An Jiao Tong Univ	15	312	20.8	8	240	30
13	Chinese Acad Sci	15	33	2.2	7	23	3.29
14	Chongqing Univ Posts & Telecommun	14	49	3.5	12	25	2.08
15	Xidian Univ	14	77	5.5	9	42	4.67
16	Hebei Univ	14	47	3.36	10	35	3.5
17	Univ Alberta	13	81	6.23	3	12	4
18	Tianjin Univ	12	66	5.5	10	54	5.4
19	Distance Learning Univ Spain	12	432	36	4	192	48
20	Hefei Univ Technol	11	96	8.73	10	90	9

按照第一作者总数排序并选取第一作者总数排名前 20 的机构，如表 2.7 所示。在这 20 个机构中，中国机构有 16 个，西班牙机构有 2 个即格拉纳达大学和哈恩大学。剩余的 2 个机构分别是德蒙福特大学和波兰科学院，其第一作者总数排名分别为第 16、第 18。在这 20 个机构中，中国机构的第一作者总数为 254 篇，约占这 20 个机构第一作者总数的 78.88%；西班牙机构的第一作者总数为 53 篇，所占比例约为 16.46%。

表 2.7 机构第一作者总数排序

排序	机构名	第一作者总数	文章总数	总被引用次数	平均被引次数	第一作者被引次数	第一作者平均被引次数
1	Sichuan Univ	66	92	1268	13.78	988	14.97
2	Univ Granada	34	107	3207	29.97	1138	33.47
3	Cent South Univ	32	44	207	4.7	171	5.34
4	Hohai Univ	23	28	340	12.14	200	8.7
5	Univ Jaen	19	32	737	23.03	432	22.74
6	Nanjing Univ Informat Sci & Technol	15	37	267	7.22	98	6.53
7	Univ Elect Sci & Technol China	15	18	65	3.61	48	3.2
8	Southeast Univ	12	20	180	9	117	9.75
9	Chongqing Univ Posts & Tele-commun	12	14	49	3.5	25	2.08
10	Hefei Univ Technol	10	11	96	8.73	90	9
11	Tianjin Univ	10	12	66	5.5	54	5.4
12	Hebei Univ	10	14	47	3.36	35	3.5
13	Xidian Univ	9	14	77	5.5	42	4.67
14	Shanghai Univ	9	18	32	1.78	16	1.78
15	Natl Univ Def Technol	9	9	15	1.67	15	1.67
16	De Montfort Univ	8	51	1132	22.2	201	25.13
17	Xi An Jiao Tong Univ	8	15	312	20.8	240	30
18	Polish Acad Sci	7	18	167	9.28	80	11.43
19	Nanjing Univ Sci & Technol	7	9	75	8.33	65	9.29
20	Chinese Acad Sci	7	15	33	2.2	23	3.29

将群体评价领域作者的文章总数和第一作者总数均排在前 20 的机构挑选出来，共得到 16 个机构的信息，然后对这些机构的发表文章数量、影响力作比较分析。

如图 2.8 所示，在这 16 个机构中，文章总数由高到低排名前 5 的机构有格拉纳达大学、四川大学、德蒙福特大学、中南大学、南京信息工程大学。第一作者总数由高到低排名前 5 的机构有四川大学、格拉纳达大学、中南大学、河海大学、哈恩大学。可以发现，格拉纳达大学、四川大学、中南大学的文章总数和第一作者总数均排名前 5。

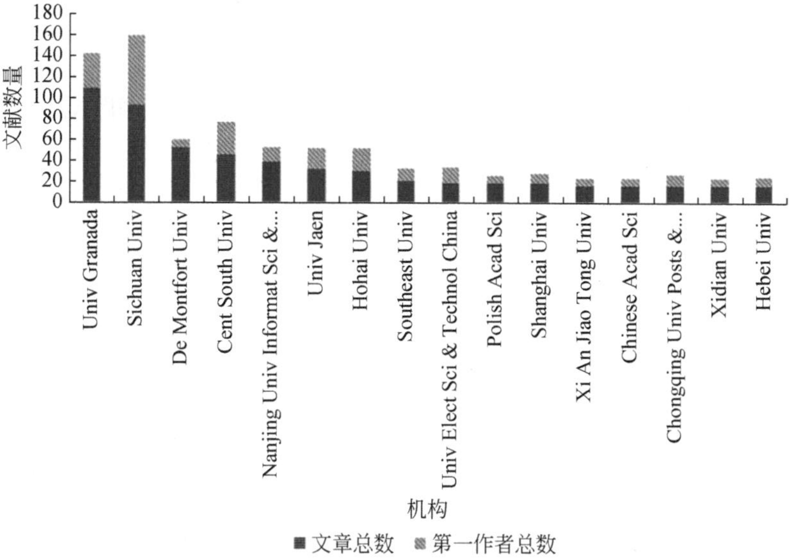

图 2.8　机构发表文章数量对比

如图 2.9 所示，在这 16 个机构中，文章总被引用次数由高到低排名前 5 的

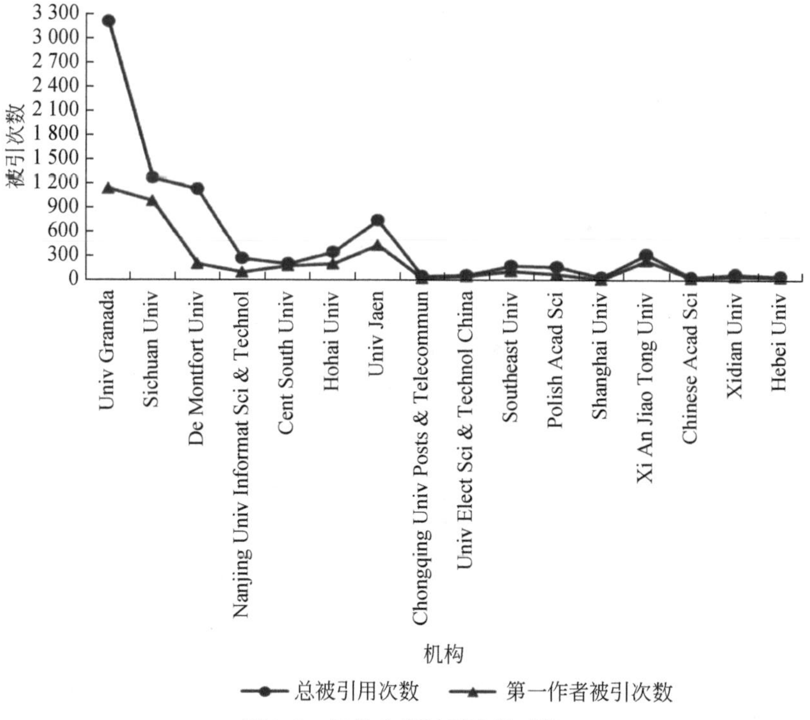

图 2.9　机构文章被引次数对比

机构有格拉纳达大学、四川大学、德蒙福特大学、哈恩大学和河海大学。第一作者被引次数由高到低排名前5的机构有格拉纳达大学、四川大学、哈恩大学、西安交通大学和德蒙福特大学。从中可以发现格拉纳达大学、四川大学和德蒙福特大学和哈恩大学的文章总被引用次数、第一作者被引次数均排名前5。进一步可以发现，在这16个机构中，格拉纳达大学和四川大学不仅文章总数和第一作者总数均排名前5，而且它们的文章总被引用次数、第一作者被引次数也均排名前5。

如图2.10所示，在这16个机构中，格拉纳达大学、哈恩大学、德蒙福特大学、西安交通大学和四川大学的文章的平均被引次数和第一作者平均被引次数均排名前5。

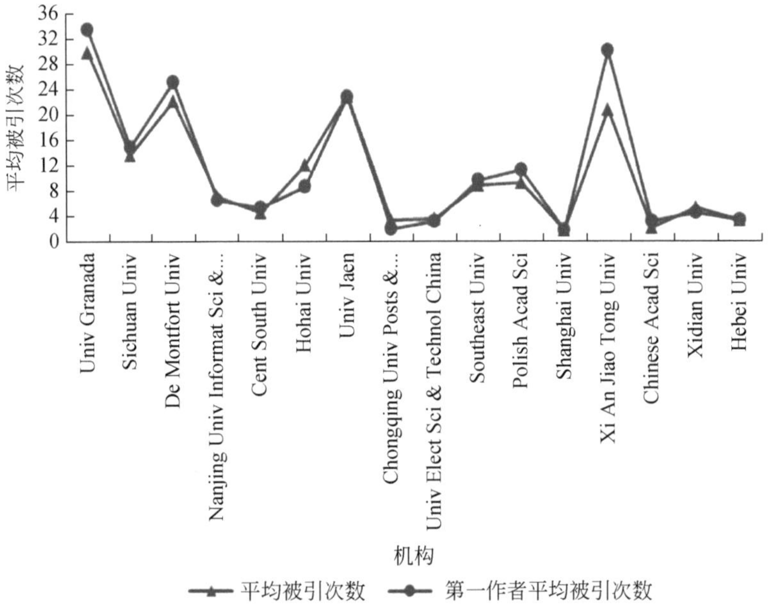

图2.10 机构文章平均被引次数对比

2.4 合作关系分析

本小节主要利用Citespace对国家、机构、学者之间的合作关系进行文献计量分析（陈悦等，2015）。在Citespace合作网络中，节点可以为国家、机构、学者。节点的大小反映了其发表文献数量的高低。节点越大，则该节点发表的文献越多。此外在合作网络中中介中心性不小于0.1的节点被以紫色圈标注出来（李杰和陈超美，2017）。中介中心性是由美国社会学家林顿·弗里曼教授提出来的概念，它衡量了一个人作为媒介的能力，即这个人处于其他两人连接通道上的重要位置上。如果他拒绝作为桥梁，另外两人的无法沟通就无法实现。一个人占据这样的位置越多，那他的中介中心性也就越高（罗家德，2005）。Citespace 使用中介中心性指标来发现和衡量节点的重要性，具有高中介中心性的节点通常是连接两个不同节点的关键枢纽。

2.4.1 国家之间合作分析

1978～2020 年间，中国发表的文献总数为 511 篇，西班牙发表的文献总数为 154 篇，美国为 113 篇，英国为 91 篇，沙特阿拉伯 53 篇。利用 Bibliometric 文献计量在线分析平台生成的国家合作关系如图 2.11 所示，可以发现在该研究领域，中国学者和西班牙、英国、沙特阿拉伯、美国的学者合作较为密切。

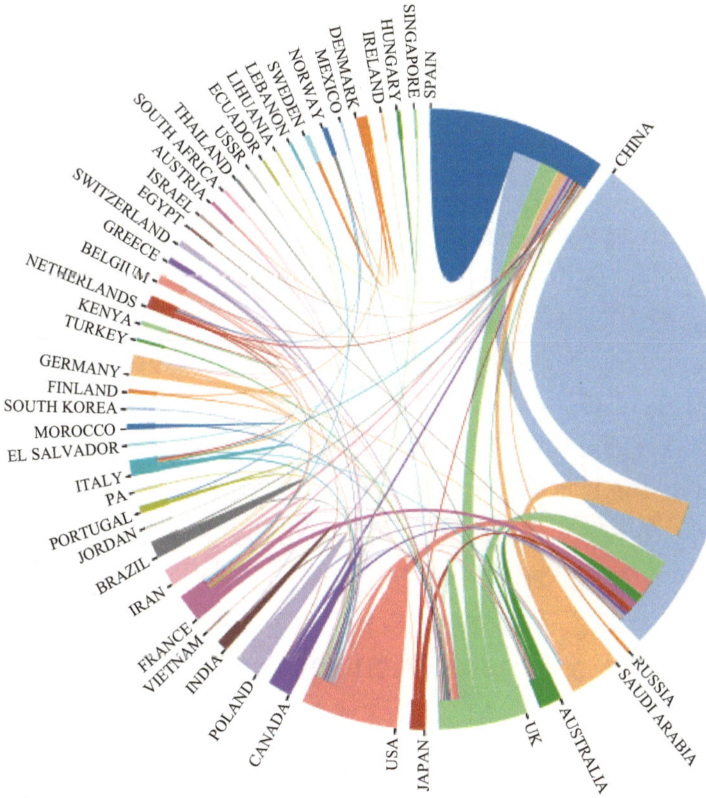

图 2.11　1978～2020 年 7 月 7 日国家合作网络

为了更深入地了解国家间的合作关系，利用 Citespace 对这些文献进行国家合作分析。图 2.12 ~ 图 2.15 分别展现了不同国家在 2016 年、2017 年、2018 年和 2019 年的合作关系。

2016 年，一共有 24 个国家在该领域发表了文献，发表文献总量为 81 篇（某些文章为多个国家的作者合著，本章一律重复计算），如图 2.12 所示。其中，发表文献数量超过 3 篇的国家有 5 个：中国、西班牙、美国、英国、意大利。中国学者在该领域共发表了 56 篇文献，西班牙 8 篇，美国 7 篇，英国 6 篇，意大利 4 篇。节点的中介中心性不小于 0.1 的国家有 9 个：西班牙、中国、美国、荷兰、意大利、英国、伊朗、法国和南非。其中，西班牙的中介中心性为 0.41，中国为 0.28，美国为 0.26。和中国合作的国家有 6 个：西班牙、美国、南非、英国、沙特阿拉伯、澳大利亚。

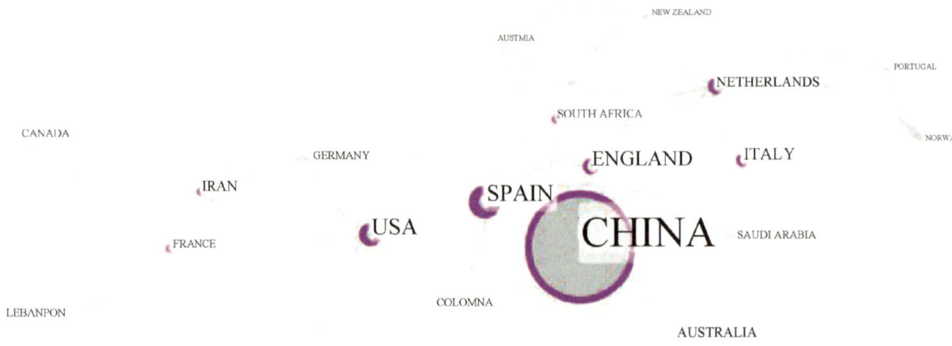

图 2.12　2016 年国家合作网络

2017 年，一共有 18 个国家在该领域发表了文献，发表文献总量为 69 篇（图 2.13）。其中，发表文献数量超过 2 篇的国家有 4 个：中国、西班牙、英国、日本。中国学者在该领域共发表了 51 篇文献，西班牙 14 篇，英国 13 篇，日本 5 篇。节点的中介中心性不小于 0.1 的国家有 3 个：西班牙、中国、英国。西班牙的中介中心性为 0.60，中国为 0.50，英国为 0.19。和中国合作的国家有 8 个：法国、澳大利亚、美国、日本、西班牙、英国、沙特阿拉伯、俄罗斯。

2018 年，一共有 25 个国家在该领域发表了文献，发表文献总量为 101 篇（图 2.14）。其中，发表文献数量超过 2 篇的国家有 8 个，即中国、西班牙、英国、沙特阿拉伯、加拿大、美国、日本、澳大利亚。中国学者在该领域共发表了 72 篇文献，西班牙 23 篇，英国 17 篇，沙特阿拉伯 9 篇，加拿大和美国均 6 篇，日本 4 篇。节点的中介中心性不小于 0.1 的国家有 5 个：西班牙、英国、中国、

图 2.13　2017 年国家合作网络

美国、比利时。西班牙的中介中心性为 0.38，英国为 0.30，中国为 0.25。和中国合作的国家有 9 个：意大利、日本、美国、波兰、英国、加拿大、沙特阿拉伯、西班牙、澳大利亚。

图 2.14　2018 年国家合作网络

2019 年，一共有 26 个国家在该领域发表了文献，发表文献总量为 118 篇（图 2.15）。其中，发表文献数量超过 3 篇的国家有 6 个：中国、西班牙、沙特阿拉伯、英国、美国、日本。中国学者在该领域共发表了 95 篇文献，西班牙 26 篇，沙特阿拉伯 19 篇，英国 11 篇，美国 10 篇，日本 4 篇。节点的中介中心性不小于 0.1 的国家有：中国、西班牙、沙特阿拉伯、英国、波兰。中国的中介中心性为0.33，西班牙为0.24，沙特阿拉伯为0.20。中国同西班牙、日本、英国、沙特阿拉伯、美国、法国、波兰、巴基斯坦、加拿大、澳大利亚、俄罗斯、埃及等国家有合作。

图2.15　2019年国家合作网络

总之，在这4年内，中国每年发表的文献数量一直排名第1，西班牙一直排名第2。且在2016~2018年这三年内，西班牙每年的中介中心性一直排名第1，2019年排名第2，由此可见，在这一时间段内，西班牙是连接两个不同国家的关键枢纽。此外在这4年内，中国每年都与西班牙、美国、英国、沙特阿拉伯发生合作。

2.4.2　机构之间合作分析

在917篇文献中，一共涉及687个机构，机构数较多，因而从2个时间段来对机构之间的合作关系进行分析。

在2011~2015年这5年内，一共有252个机构在该领域发表了文献，发表文献总量为258篇。其中发表文献数量超过8篇的机构有6个：四川大学发表文献总数为29篇，格拉纳达大学发表文献总数为25篇，哈恩大学发表文献总数为14篇，德蒙福特大学发表文献12篇，迪肯大学、阿卜杜勒阿齐兹国王大学发表文献总数均为9篇。节点中介中心性不小于0.1的机构有3个：四川大学（0.18），格拉纳达大学（0.13），上海交通大学（0.10）。通过图2.16可以发现，四川大学和格拉纳达大学、阿卜杜勒阿齐兹国王大学、上海交通大学、迪肯大学、华南理工大学、东南大学和西安交通大学等机构均有合作。此外，格拉纳达大学还和波兰科学院、阿卜杜勒阿齐兹国王大学、加的斯大学、西班牙国立远程教育大学、德蒙福特大学、阿尔伯塔大学和南京信息工程大学等机构均有合作。

2016~2020年7月7日这4年半多的时间内，一共有373个机构在该领域发表了文献，发表文献总量为430篇，其中发表文献数量超过11篇的机构有8个。

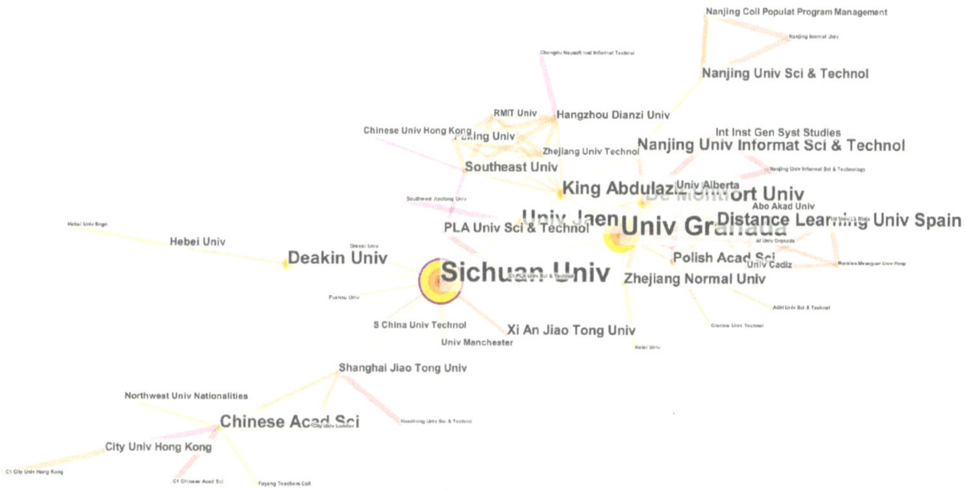

图 2.16　2011 ~ 2015 年机构合作网络

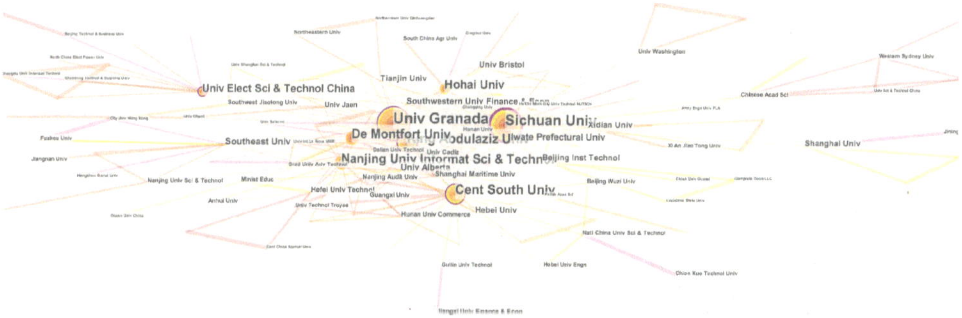

图 2.17　2016 ~ 2020 年 7 月 7 日机构合作网络

其中格拉纳达大学发表文献总数为 61 篇，四川大学发表文献总数为 59 篇，阿卜杜勒阿齐兹国王大学发表文献总数为 38 篇，中南大学 38 篇，南京信息工程大学 31 篇，德蒙福特大学 30 篇，河海大学 25 篇，电子科技大学 19 篇。节点的中介中心性不小于0.1 的机构有 4 个：四川大学（0.19），格拉纳达大学（0.13），中南大学学（0.11），阿卜杜勒阿齐兹国王大学（0.10）。通过图 2.17 可以发现，与前 5 年比，机构之间的合作更加密切了。

2.4.3　学者之间合作分析

在 917 篇文献中，一共涉及 1481 个学者，因而与机构之间合作分析类似，本小节从 2 个时间段来对学者之间合作关系进行分析。

2011～2015 年这 5 年间，一共有 495 个学者在该领域发表了文献，发表文献总量为 258 篇，学者间合作关系如图 2.18 所示。其中发表文献数量超过 9 篇的学者有 5 个：Enrique Herrera Viedma（19 篇），Dong Yucheng（14 篇），Luis Martinez（13 篇），Ivan Palomares（12 篇），Xu Zeshui（10 篇）。Enrique Herrera Viedma 同 Francisco Javier Cabrerizo、Francisco Chiclana、Janusz Kacprzyk、Witold Pedrycz、Ignacio Javier Perez、Dong Yucheng、Wu Jian、Gong Zaiwu、Zhang Hengjie 等学者均有合作。

图 2.18　2011～2015 年学者合作网络

2016～2020 年 7 月 7 日这 4 年半多的时间内，一共有 830 个学者在该领域发表了文献，发表文献总量为 430 篇，学者间合作关系如图 2.19 所示。其中发表文献数量超过 9 篇的学者有 12 个。发表文献数量排名前五的学者有 Enrique Herrera Viedma（37 篇），Francisco Chiclana（26 篇），Meng Fanyong（23 篇），Dong Yucheng（21 篇），Tang Jie（18 篇）。且与前 5 年比较，学者之间的合作更加密切了。

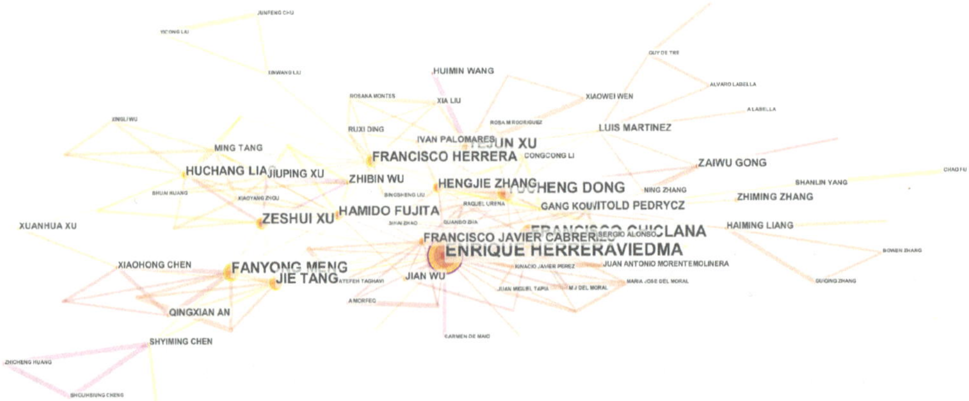

图 2.19　2016～2020 年 7 月 7 日学者合作网络

2.5 关键词分析

1978～2020 年 7 月 7 日间，作者关键词分布情况如图 2.20 所示。

2011～2020 年 7 月 7 日这将近 10 年的时间内，该领域一共发表了 688 篇文献。这些文献一共包含了 1533 个作者关键词，其中频次大于 4 的作者关键词有 73 个，频次排名前 20 的作者关键词如表 2.8 所示。

表 2.8 作者关键词频次统计

排序	频次	作者关键词
1	246	group decision making
2	229	consensus
3	101	group consensus
4	43	consistency
5	38	decision making
6	36	multi-agent system
7	30	consensus reaching process
8	28	consensus measure
9	19	multiplicative consistency
10	14	consensus model
11	14	consensus reaching
12	14	feedback mechanism
13	12	consensus process
14	12	large-scale group decision making
15	11	programming model
16	11	social network
17	11	fuzzy preference relation
18	11	consensus decision making
19	10	intuitionistic fuzzy preference relation
20	10	additive consistency

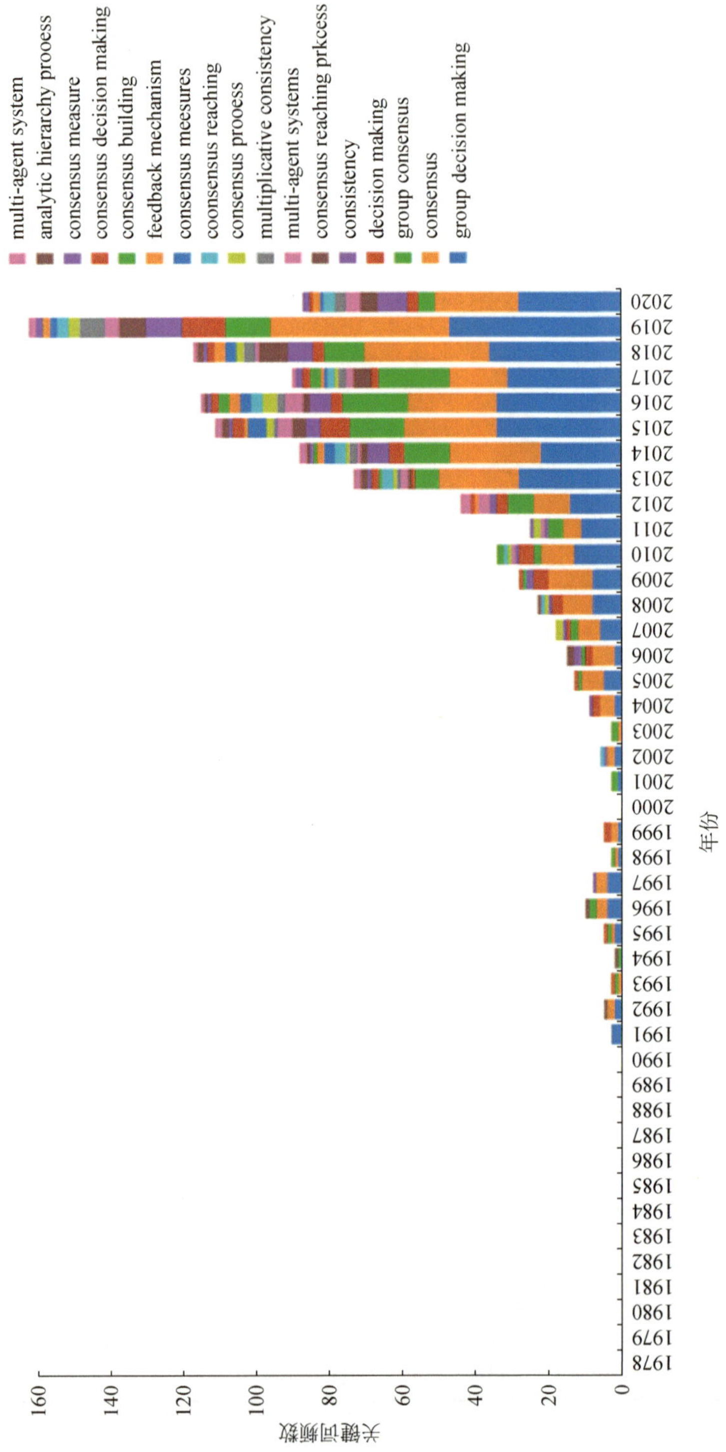

图 2.20 作者关键词数量变化

2.6 引文分析

本小节主要利用 Citespace 对这些文献记录进行引文分析。2011 ~ 2020 年 7 月 7 日这将近 10 年的时间内，被引次数排名前 15 的文章如表 2.9 所示。在这些文章中，西班牙学者的文章一共有 8 篇，中国学者的文章一共有 4 篇，英国学者的文章一共有 3 篇。此外，Enrique Herrera Viedma、Ignacio Javier Perez、Ivan Palomares、Sergio Alonso 均有 2 篇文章出现在表 2.9 里。在这 15 篇文章中，有 3 篇文章发表在 IEEE TRANSACTIONS ON FUZZY SYSTEM 期刊上。被引次数最高的文章 *A review of soft consensus models in a fuzzy environment* 由 Enrique Herrera Viedma、Francisco Javier Cabrerizo、Janusz Kacprzyk、Witold Pedrycz 所写，曾被 Dong Yucheng、Meng Fanyong、Zhang Hengjie、Ivan Palomares 等多次引用。

表 2.9　文献被引次数

被引次数	发表日期	作者	期刊	标题
155	2014	Enrique Herrera Viedma	INFORMATION FUSION	A review of soft consensus models in a fuzzy environment
103	2010	Francisco Javier Cabrerizo	SOFT COMPUTING	Analyzing consensus approaches in fuzzy group decision making：advantages and drawbacks
92	2014	Ignacio Javier Perez	IEEE TRANSACTIONS ON SYSTEMS MAN CYBERNETICS-SYSTEMS	A New Consensus Model for Group Decision Making Problems With Non-Homogeneous Experts
88	2013	Francisco Chiclana	INFORMATION SCIENCES	A statistical comparative study of different similarity measures of consensus in group decision making
79	2010	Yu Junyan	SYSTEMS & CONTROL LETTERS	Group consensus in multi-agent systems with switching topologies and communication delays
77	2009	Francisco Mata	IEEE TRANSACTIONS ON FUZZY SYSTEMS	An Adaptive Consensus Support Model for Group Decision-Making Problems in a Multigranular Fuzzy Linguistic Context
75	2014	Ivan Palomares	IEEE TRANSACTIONS ON FUZZY SYSTEMS	A Consensus Model to Detect and Manage Noncooperative Behaviors in Large-Scale Group Decision Making

续表

被引次数	发表日期	作者	期刊	标题
72	2010	Sergio Alonso	INFORMATION SCIENCES	A web based consensus support system for group decision making problems and incomplete preferences
71	2014	Ivan Palomares	INFORMATION FUSION	Consensus under a fuzzy context: Taxonomy, analysis framework AFRYCA and experimental case of study
65	2013	Sergio Alonso	APPLIED SOFT COMPUTING	A linguistic consensus model for Web 2.0 communities
64	2015	Wu Jian	APPLIED SOFT COMPUTING	Trust based consensus model for social network in an incomplete linguistic information context
64	2010	DongYucheng	DECISION SUPPORT SYSTEMS	Consensus models for AHP group decision making under row geometric mean prioritization method
64	2010	Ignacio Javier Perez	IEEE TRANSACTIONS ON SYSTEMS MAN AND CYBERNETICS PART A- SYSTEMS AND HUMANS	A Mobile Decision Support System for Dynamic Group Decision-Making Problems
63	2012	Wu Zhibin	DECISION SUPPORT SYSTEMS	A consistency and consensus based decision support model for group decision making with multiplicative preference relations
62	2007	Enrique Herrera Viedma	IEEE TRANSACTIONS ON FUZZY SYSTEMS	A consensus model for group decision making with incomplete fuzzy preference relations

2.7 本章小结

根据前面的分析可以发现，群体评价领域的文献类型以 Article 为主，文献数量从 1978 年开始呈递增趋势，且从 2011 年开始增幅急速增加。该领域具有较高影响力的国家有中国和西班牙，在 2013 年到 2019 年这 7 年内，中国每年发表的文献数量一直排名第 1，西班牙排名第 2。此外，中国和西班牙在该领域拥有的高影响力学者数也最多。文章总数排名前 30 的学者中，有 18 位学者来自中国，6 位学者来自西班牙；文章总被引用次数排名前 30 的学者中，有 13 位学者来自中国，12 位学者来自西班牙；第一作者总数排名前 30 的学者中，有 19 位学者来自中国，5 位学者来自西班牙；第一作者被引次数排名前 30 学者中，有 16 位学者来自中国，7 位学者来自西班牙。该领域具有较高影响力的机构有格拉纳大学和四川大学，两个机构的文章总数、第一作者总数、文章总被引用次数、第一作者被引次数均排名前 2。该领域具有较高影响力的学者有 Enrique Herrera Viedma、Francisco Herrera、Francisco Javier Cabrerizo、Francisco Chiclana、Dong Yucheng、Xu Zeshui、Meng Fanyong 等。2016 ~ 2020 年 7 月 7 日，中国每年都与西班牙、美国、英国、沙特阿拉伯有合作，且不同机构和学者之间的合作与前 5 年相比也越来越密切。

本章参考文献

陈悦，陈超美，刘则渊，等. 2015. CiteSpace 知识图谱的方法论功能 [J]. 科学学研究，33 (2)：242-253.

李杰，陈超美. 2017. CiteSpace 科技文本挖掘及可视化（第二版）[M]. 北京：首都经济贸易大学出版社.

罗家德. 2005. 社会网分析讲义 [M]. 北京：社会科学文献出版社.

邱均平. 1988. 文献计量学 [M]. 北京：科学技术文献出版社.

肖明，邱小花，黄界，等. 2013. 知识图谱工具比较研究 [J]. 图书馆杂志，32 (3)：61-69.

3 相关概念与理论介绍

3.1 群体共识达成的基本框架

群体评价是管理科学、数学、政治学、经济学和心理学等多个学科的交叉领域，主要涉及公共选择、综合评价、群决策支持系统等研究分支。本章将对群体评价的偏好表达方式、偏好集结方法、共识度计算、群体共识达成机制及群体观点动力学等与本研究密切相关的领域的研究现状进行梳理和总结。

3.1.1 偏好表达

群体评价是通过构建群组以实现对被评价对象进行整体判断的一种综合评价形式（陈骥和苏为华，2008）。在群体评价过程中，群体偏好是由个体偏好产生的，群体成员采用的偏好表达方式会对群体评价结果产生重要影响。因此，个体偏好如何表达是群体评价理论与方法研究中的一个重要课题。不同的偏好表达方式有不同的共识达成过程。共识达成过程中的核心要素有两个：共识度测量及反馈调整。相应地，不同的偏好表达方式具有不同的共识度测量方法及反馈调整过程。常见的群体偏好表达方式有数值型信息和语言型信息，它们分别适用于不同的评价情形。

3.1.1.1 数值型

本章用 $N=\{1, 2, \cdots, n\}$，$M=\{1, 2, \cdots, m\}$ 来表示集合中的元素，记 $D=\{d_1, d_2, \cdots, d_m\}$ 为 m 个专家的集合，$X=\{x_1, x_2, \cdots, x_n\}$ 是备选方案的有限集合，其中 x_i 表示第 i 个待选方案。各专家在群评价中可能提供效用值、序关系值、互反判断矩阵、互补判断矩阵等数字形式偏好信息。

(1) 效用值

在一些情况下专家可能直接给出自己对备选方案的评分，即用数值来表达自己的效用偏好（Herrera-Viedma et al.，2002）。专家 d_k 给出针对备选方案 X 的效用值向量：$U^k=\{u_{(1)}^k, u_{(2)}^k, \cdots, u_{(n)}^k\}$，$u_{(i)}^k$ 代表专家 d_k 对第 i 个备选方案的效用值，当 $u_{(i)}^k$ 值越大则代表专家认为该备选方案越优。可假设其归一化，即 $0\leqslant u_{(i)}^k\leqslant 1$ 且 $\sum_{i=1}^{n} u_{(i)}^k=1$。效用值形式的偏好信息是最常见的一种，它具有简单、实用且不需一致性检验等优点。

群体效用理论主要研究如何构造群体效用函数来表达群体的偏好结构，并据此作出评价（Dias and Sarabando，2012；Brock，1980；Baucells and Sarin，2003；Keeney，2013）。这一理论肇始于 Von Neumann 和 Morgenstern（2007）基于理性公理的效用理论。群体效用函数并不是简单的多数代表，它必须包含个人效用信息和人与人之间的相对比较信息。由于评价个体之间的差异，他们的偏好可能难以找到共同的基准以进行集结，但每个成员的偏好都需要在集结过程中得到体现，这样群体效用函数的构建就比较困难。一般来说就是加性或乘性的个体效用的组合形式。在个体和群体效用函数都满足：①Von Neumann-Morgenstern 公理体系，②如果每个成员都认为某两方案无差异，则群体认为这两个方案无差异，③个人效用函数独立，这三个条件，则群体效用函数可以采用加性函数。如果群体效用函数满足：①Von Neumann-Morgenstern 公理体系，②如果群体内除第 k 个成员外均认为所有方案无差异，则群体偏好等价于第 k 个成员的偏好，③如果群体内除第 k 个成员和第 l 个成员之外均认为所有方案无差异，那么群体偏好取决于第 k 个成员和第 l 个成员的偏好，这三个条件，则存在相应的乘性群体效用函数（徐玖平和陈建中，2009）。由此，可以根据评价环境，通过个体效用函数构建相应的群体效用函数。

（2）序关系

专家有时会通过序关系表达偏好，该情况下专家会对所有的备选方案由优到劣进行排序（Tanino，1984）。专家 d_k 给出针对备选方案集合的次序向量：$O^k=\{o_{(1)}^k, o_{(2)}^k, \cdots, o_{(n)}^k\}$，$o_{(i)}^k$ 代表专家 d_k 对第 i 个备选方案的位置排序，$o_{(i)}^k\in\{1, 2, \cdots, n\}$，一般当 $o_{(i)}^k$ 值越小则代表专家认为该备选方案越优。序关系能够充分反映专家对备选方案的意愿，但序关系分析法需要满足强一致性和弱一致性（陈陌等，2011）。

（3）互反判断矩阵

由于人们擅长对事物两两比较而非全部比较，Saaty（1977）在此基础上开发了层次分析法。它通过对方案的两两比较建立判断矩阵，根据判断矩阵计算权重向量，从而得出对备选方案的排序。它是用于构建评价模型，并针对一组有限的待选方案确定评价优先级的综合决策工具。通过运用层次分析法对方案的两两比较建立的矩阵称为互反判断矩阵，表达为乘法偏好关系（Dong and Cooper，2016）。乘法偏好关系的表达形式是一个 $n\times n$ 的成对判断矩阵（PCM）$\boldsymbol{A}=(a_{ij}=w_i/w_j)_{n\times n}$，其中 $a_{ij}=1/a_{ji}$ 和 a_{ij} 属于 Saaty 的 1—9 基本尺度，即 $a_{ij}^l\in[1/9, 9]$ 表示专家 l 认为方案 i 优于方案 j 的程度，当 $a_{ij}^l=1$ 时表示专家 l 认为方案 i 与方案 j 之间无明显差异，当 $a_{ij}^l=9$（或 $a_{ij}^l=1/9$）时，方案 i 绝对优于（劣于）方案 j，其中 $a_{ij}^l\cdot a_{ji}^l=1$。

（4）互补判断矩阵

加性偏好关系是另外一种成对比较的数值型偏好关系。在传统的决策理论当中，任意两个决策备选方案 x_i 和 x_j 的偏好关系需要满足以下三种可能性之一：①x_i 优于 x_j；②x_i 与 x_j 无差异；③x_j 优于 x_i。

Bezdek 等（1978）给出互补判断矩阵的定义来表示专家对于方案之间两两比较的加性偏好关系。

某方案集上的互补判断矩阵由一个矩阵 $\boldsymbol{V}=(r_{ij})_{n\times n}\in X\times X$ 表示，$\boldsymbol{V}$ 为 $n\times n$ 的矩阵，矩阵中的元素 r_{ij} 表示方案 x_i 相对方案 x_j 的优先强度。$r_{ij}=r_{ji}=1/2$ 则表明方案 x_i 和方案 x_j 没有差异性，$r_{ij}>1/2$ 则表明方案 x_i 优于方案 x_j。在极端情况下，$r_{ij}=1$（或 $r_{ij}=0$）则意味着方案 x_i 完全优于方案 x_j（方案 x_i 完全劣于方案 x_j）。互补判断矩阵中加性偏好关系 $r\in X\times X$ 的值 $\{r(x_i, x_j)=r_{ij}\}$ 作为 $V=[r_{ij}]$ 中的元素，满足：① $r_{ij}+r_{ji}=1$，$1\leqslant i\neq j\leqslant n$；② $r_{ii}=0$，$1\leqslant i\leqslant n$；③ $0\leqslant r_{ij}\leqslant 1$，$\forall i, j$。加性偏好关系不仅可以表示两种方案的相对优越性，还可以表示两种方案的优先强度。但是，这种加性偏好关系的表达方式限制了专家对备选方案的全局感知，产生了比实际所需更多的信息，因此，专家所提供的偏好可能是不一致的（Chiclana et al.，2009）。所以，有学者利用一致性补全加性偏好关系矩阵（Chiclana et al.，2009）。

3.1.1.2 语言型

不同于提供判断矩阵、偏好序和效用值等数字形式的意见，当人们描述自己的偏好时，往往使用自然语言中的词语，如“好”“一般”“差”。在群体评价中，使用语言信息表达专家的偏好是一种较为方便的做法。基于语言评价信息的群体评价理论与方法的研究受到了广泛关注。为了方便计算自然语言形式的偏好信息，有学者利用模糊语言（Yan et al.，2017）、二元语义（王中兴等，2016）、多粒度语言（张世涛等，2015）及个性化语义（Li et al.，2017）等开发了相应的群体评价方法。

对于备选方案集合 $X=\{x_1, x_2, \cdots, x_n\}$，定义一个由奇数个元素构成的有序自然语言评价集 L（或 S）。如：$S=\{s_o$：很差，s_1：差，s_2：一般，s_3：好，s_4：很好$\}$。一般要求 L（或 S）具有有序性、存在逆运算算以及化运算和极小化运算。专家需要对备选方案 X 进行多次考察甄选，用语言术语集 $S=\{s_o$：很差，s_1：差，s_2：一般，s_3：好，s_4：很好$\}$ 给出结果，如 $H_S^1=\{s_0, s_1, s_2\}$，$H_S^2=\{s_1, s_2\}$ 则分别表示两位决策者对备选方案 X 的评价结果。

语言型群体评价常采用纯语言术语表示专家的评价。这种纯语言术语的评价信息反映了专家的语言评价，但没有反映专家在群体决策中的差异性。实际上，因专家业务能力、知识水平和经验等方面的差异，不同专家在群体决策中所起的作用一般是不同的。因此在群决策中有三种不同的语言计算模型：①基于 type-1 模糊集的模型（或者 type-2 模糊集）；②基于序数标度的符号模型；③二元语义模型（Dong et al.，2015）。

3.1.2 偏好集结

在获得个体偏好表达后，则需要利用某种集结函数从个体偏好得到群体偏好，集结函数通常形式为 $G=f(\boldsymbol{w}, \boldsymbol{o})$。其中，$G$ 为群体意见，$\boldsymbol{w}$ 为群体成员权重向量，$\boldsymbol{o}$ 为个体偏好向量（矩阵），f 为集结函数。可以看出，群体偏好集结主要受群体成员权重分布和集结函数的影响。本小节将详细介绍群体成员权重分布的确定方法及常见的信息集结函数。

3.1.2.1 群体成员权重分布

群体成员权重分布的确定方法可分为主观赋权、客观赋权和主客观赋权这三种模式。主观赋权法要求一个或一组专家依据群体成员对问题的熟悉程度、知识背景、权威度等要素为其分配权重（Saaty，1994）。主观权重的确定方法，有德尔菲法（Linstone and Turoff，1975）、层次分析法（Saaty，1980）、专家调查法（镇常青，1987）。群体成员赋权是一个非常敏感且重要的问题，但很难找到有足够权威和知识的专家提供赋权意见，因此这种方法在现实环境中较难实现（Forman and Peniwati，1998）。

客观赋权法则是直接利用群体成员偏好建立某些目标和规则下的优化模型，然后通过计算给出个体权重。一般而言，客观赋权法主要包括基于个体与群体差异最小（Zhang et al.，2015）、个体差异驱动（Qi et al.，2015）、被评价对象间差异驱动（董庆兴等，2014）及专家信息质量（Chen and Zhou，2012）等原则的群体成员赋权模型。但客观赋权法主要依靠完备的数学理论和方法，从客观数据出发，忽略了决策者的主观信息，不考虑群体成员本身的差异（徐泽水和达庆利，2012）。因此，为了规避主观赋权以及客观赋权法的缺陷，主客观赋权法引起了学者们的广泛关注。

主客观赋权法，又称组合赋权法，这种方法结合主观赋权法和客观赋权法来计算成员权重。这种方法要做到：一方面，尽可能吸收专家的经验，判断各群体成员的重要程度；另一方面，使用客观赋权法挖掘客观数据中心的信息，同时具有客观性。王中兴等于 2003 年提出了一种基于优化理论的多属性组合赋权法，充分利用客观信息，来反映决策者的主观偏好。汪泽焱等于 2003 年提出了基于优化理论及 Jaynes 最大熵原理的线性组合赋权法。陈华友于 2004 年提出了基于离差最大化的组合赋权方法。宋光兴和杨德礼于 2004 年提出了一种基于决策者偏好及赋权一致性的组合赋权法。蔡晨光等于 2019 年针对不完全偏好复杂大群体提出了基于决策者信任水平和组合赋权的决策方法。

3.1.2.2 信息集结算子

在群体偏好集结过程中，算术平均算子因其计算简便成为最常用的集结函数。而以判断矩阵为基础的群体评价方法，则因判断矩阵的正互反性质而多采用几何平均算子（Dong and Saaty，2014）。此外，针对具体评价场景，学者们还提出了一系列基于幂均（PA）算子（魏翠萍和葛淑娜，2016）、希罗平均（HM）算子（Yu et al.，2016）、广义混合加权平均（GHWA）算子（Liu et al.，2016）和连续有序加权几何平均（COWGA）算子（Zhou et al.，2016）等的群体偏好集结模型。此外，数据包络分析（DEA）作为一种应用广泛的效率评价方法，其信息集结模型与群体评价中的信息集结有诸多相似之处，例如基于博弈模型（王美强和李勇军，2015）、理想点参照（李春好等，2015）、熵值模型（杨锋等，2011）、公平及效率导向的（Yang，et al.，2016）以及帕累托优化（Wu，et al.，2016）完成交叉效率评价。

3.1.3 共识度计算

如果直接将群体集结偏好作为群体的评价结果，则可能导致评价结果与群体内个体的预期相差较大而不被每一个个体所接受（吴志彬，2017）。因此，需要计算共识度以判断群体内个体是否达成共识，即能否接受群体集结偏好作为群体的评价结果。群体内个体达成共识的衡量标准通常有两种：

（1）完全共识

完全共识指群体内个体之间观点必须达到完全的共识，即每个个体与其他个体观点一致，群体内有且仅有一个观点。这个标准在现实群评价环境下过于严苛，较难实现。

（2）软共识

软共识指群体内个体间观点足够接近，满足要求即可（Herrera-Viedma et al.，2014）。此时，则需要计算共识度，以明确群体内个体观点间的接近程度。

共识度的衡量取决于个体之间的差异性和相似性。差异性通常用距离表示，常用的距离有：曼哈顿距离、欧式距离、切比雪夫距离等。差异性越高，则说明个体之间的共识度越低。相似性通常用余弦相似度来表示，相似性越高，则说明个体之间的共识度越高。

3.1.3.1 基于距离的共识度计算方法

假设 m 位决策者对 n 个决策方案进行评价，$\boldsymbol{a}_i=(a_{i1}, a_{i2}, \cdots, a_{in})$ 表示第 i 个决策者对 n 个决策方案的评价值，$i=1, 2, \cdots, m$。那么可以根据以下距离公式来计算共识度。

（1）曼哈顿距离

定义 3.1 令$\boldsymbol{a}_k=(a_{ki})_{1\times n}$和$\boldsymbol{a}_l=(a_{li})_{1\times n}$为两个评价值向量，$\boldsymbol{a}_k$ 和$\boldsymbol{a}_l$ 的曼哈顿距离可以被定义为：

$$d(\boldsymbol{a}_k, \boldsymbol{a}_l)=\sum_{i=1}^{n}|a_{ki}-a_{li}| \tag{3.1}$$

式中，当且仅当$\boldsymbol{a}_k=\boldsymbol{a}_l$ 时，$d(\boldsymbol{a}_k, \boldsymbol{a}_l)=0$。即曼哈顿距离越小，评价值向量之间越相似；曼哈顿距离越大，评价值向量之间差异越大。当 $n=1$ 时，即多个决策者对某一个决策方案进行评价时，$\boldsymbol{a}_i$ 则为单一评价值，此时，$d(\boldsymbol{a}_k, \boldsymbol{a}_l)=|a_k-a_l|$。

（2）欧式距离

定义 3.2 令$\boldsymbol{a}_k=(a_{ki})_{1\times n}$和$\boldsymbol{a}_l=(a_{li})_{1\times n}$为两个评价值向量，$\boldsymbol{a}_k$ 和$\boldsymbol{a}_l$ 的欧式距离可以被定义为：

$$d(\boldsymbol{a}_k, \boldsymbol{a}_l)=\sqrt{\sum_{i=1}^{n}(a_{ki}-a_{li})^2} \tag{3.2}$$

式中，$d(\boldsymbol{a}_k,\ \boldsymbol{a}_l)\in[0,\ 1]$，当且仅当$\boldsymbol{a}_k=\boldsymbol{a}_l$时，$d(\boldsymbol{a}_k,\ \boldsymbol{a}_l)=0$。即欧式距离越小，评价值向量之间越相似；反之欧式距离越大，评价值向量之间差异越大。

(3) 切比雪夫距离

定义 3.3 令$\boldsymbol{a}_k=(a_{ki})_{1\times n}$和$\boldsymbol{a}_l=(a_{li})_{1\times n}$为两个评价值向量，$\boldsymbol{a}_k$和$\boldsymbol{a}_l$的切比雪夫距离可以被定义为：

$$d(\boldsymbol{a}_k,\ \boldsymbol{a}_l)=\max_i\ (\ |a_{ki}-a_{li}|\ ) \tag{3.3}$$

式中，当且仅当$\boldsymbol{a}_k=\boldsymbol{a}_l$时，$d(\boldsymbol{a}_k,\ \boldsymbol{a}_l)=0$。即切比雪夫距离越小，评价值向量之间越相似；切比雪夫式距离越大，评价值向量之间差异越大。

3.1.3.2 基于相似度的共识度计算方法

同样假设m位决策者对n个决策方案进行评价，$\boldsymbol{a}_i=(a_{i1},\ a_{i2},\ \cdots,\ a_{in})$表示第$i$个决策者对$n$个决策方案的评价值，$i=1,\ 2,\ \cdots,\ m$。那么可以根据向量余弦相似度来计算共识度。

定义 3.4 令$\boldsymbol{a}_k=(a_{ki})_{1\times n}$和$\boldsymbol{a}_l=(a_{li})_{1\times n}$为两个评价值向量，$\boldsymbol{a}_k$和$\boldsymbol{a}_l$的余弦相似度可以被定义为：

$$s(\boldsymbol{a}_k,\ \boldsymbol{a}_l)=\cos\langle\boldsymbol{a}_k,\ \boldsymbol{a}_l\rangle=\frac{\sum_{i=1}^{n}a_{ki}a_{li}}{\|\ a_k\ \|\ \|\ a_l\ \|} \tag{3.4}$$

式中，$\|\ \boldsymbol{a}_k\ \|$为向量$\boldsymbol{a}_k$的模，$\|\ \boldsymbol{a}_k\ \|=\sqrt{\sum_{i=1}^{n}a_{ki}^2}$。$S(A_k,\ A_l)\in[0,\ 1]$，当且仅当$\boldsymbol{a}_k=\boldsymbol{a}_l$时，$s(\boldsymbol{a}_k,\ \boldsymbol{a}_l)=1$。即余弦相似度越大，评价值向量之间越接近；余弦相似度越小，评价值向量之间差异越大。

综上所述，大部分决策信息都可以按照上述基于距离或基于相似度的方法计算共识度。但是，由于决策信息的种类多样，不同的偏好形式会对共识度计算有不同要求，所以下面将针对互反判断矩阵、互补判断矩阵及语言型判断矩阵介绍几种常见的共识度计算方法。

互反判断矩阵是通过运用层次分析法对方案的两两比较建立的判断矩阵。考虑到判断矩阵属于绝对尺度，因此也属于比例尺度，Saaty（1994）建议使用Hadamard距离来计算两个判断矩阵的共识度。

定义 3.5 令$\boldsymbol{A}_k=(a_{ij(k)})_{n\times n}$和$\boldsymbol{A}_l=(a_{ij(l)})_{n\times n}$为两个互反判断矩阵，$\boldsymbol{A}_k$和$\boldsymbol{A}_l$的Hadamard距离可以被定义为：

$$c(\boldsymbol{A}_k,\ \boldsymbol{A}_l)=\frac{1}{n^2}\boldsymbol{e}^{\mathrm{T}}\boldsymbol{A}_k\circ\boldsymbol{A}_l^{\mathrm{T}}\boldsymbol{e}=\frac{1}{n^2}\sum_{i=1}^{n}\sum_{j=1}^{n}a_{ij(k)}a_{ji(l)} \tag{3.5}$$

式中，$\circ$ 表示两个矩阵的 Hadamard 乘积，$\boldsymbol{e}=(1, 1, \cdots, 1)^{\mathrm{T}}$。通过式（3.5），得到 $c(\boldsymbol{A}_k, \boldsymbol{A}_l)\geqslant 1$，当且仅当 $\boldsymbol{A}_k=\boldsymbol{A}_l$ 时，$c(\boldsymbol{A}_k, \boldsymbol{A}_l)=1$。即 Hadamard 距离越小，判断矩阵之间越相似；反之 Hadamard 距离越大，判断矩阵之间差异越大。

互补判断矩阵是另外一种成对比较的数值型偏好关系。针对互补判断矩阵有基于曼哈顿距离的共识度计算方法：

定义 3.6 令 $\boldsymbol{A}_k=(a_{ij(k)})_{n\times n}$ 和 $\boldsymbol{A}_l=(a_{ij(l)})_{n\times n}$ 为两个互补判断矩阵，$\boldsymbol{A}_k$ 和 $\boldsymbol{A}_l$ 的曼哈顿距离可以被定义为：

$$d(\boldsymbol{A}_k, \boldsymbol{A}_l)=\frac{1}{n(n-1)/2}\sum_{i=1}^{n-1}\sum_{j=i+1}^{n}\left|a_{ij}^{k}-a_{ij}^{l}\right| \tag{3.6}$$

式中，$d(\boldsymbol{A}_k, \boldsymbol{A}_l)\in[0, 1]$，当且仅当 $\boldsymbol{A}_k=\boldsymbol{A}_l$ 时，$d(\boldsymbol{A}_k, \boldsymbol{A}_l)=0$。即曼哈顿距离越小，判断矩阵之间越相似；反之曼哈顿距离越大，判断矩阵之间差异越大。

语言型偏好关系是表达个体偏好中固有的主观性和不确定性的一种切合实际的方式（吴志彬，2017）。针对语言型判断矩阵有基于欧式距离的共识度计算方法。

定义 3.7 令 $\boldsymbol{A}_k=(a_{ij(k)})_{n\times n}$ 和 $\boldsymbol{A}_l=(a_{ij(l)})_{n\times n}$ 为两个语言型判断矩阵，S 为预先定义的语言术语集合，$a_{ij}\in S$，表示"方案 x_i 优于方案 x_j"的偏好强度。则 $\boldsymbol{A}_k$ 和 $\boldsymbol{A}_l$ 的欧式距离可以被定义为：

$$d(\boldsymbol{A}_k, \boldsymbol{A}_l)=\sqrt{\frac{2}{n(n-1)}\sum_{i=1}^{n-1}\sum_{j=i+1}^{n}\left(d(a_{ij}^{k}, a_{ij}^{l})\right)^2} \tag{3.7}$$

其中，$d(\boldsymbol{A}_k, \boldsymbol{A}_l)\in[0, 1]$，当且仅当 $\boldsymbol{A}_k=\boldsymbol{A}_l$ 时，$d(\boldsymbol{A}_k, \boldsymbol{A}_l)=0$。即欧式距离越小，判断矩阵之间越相似；反之欧式距离越大，判断矩阵之间差异越大。

3.1.4 共识达成机制

3.1.4.1 共识达成方法

由于群体内成员的意见很难保持一致，群体共识向来是群体评价中的一个研究热点。一般有静态和动态两种共识。在静态共识达成过程中，专家不会改变他们的意见，共识等同于各个专家观点集结的结果而不做讨论（Ng and Abramson，1992）。在现实生活中，随着群体评价过程的进行，评价目标、评价方案和群体成员的偏好也会随之动态调整。因此在一些场景下，静态单阶段的群体评价观点集结不再适用。

针对动态评价问题，当前的研究主要集中在多阶段群体评价和多轮群体评价两个领域。多阶段群体评价是包含多个决策阶段的一系列关联评价，每个评价者在各阶段都给出自己的偏好信息。当前学者们主要针对不同形式的偏好研究了基于区间信息（张发明和孙文龙，2014）、前景理论（郝晶晶等，2015）和区间模糊数（徐选华等，2015）的多阶段群体共识达成方法。多轮群体评价是群体存在多轮次交互协商的一种动态群体评价机制，针对群体评价中的不同偏好表达形式，研究者们提出了一系列基于模糊信息（Xu et al.，2013）、语言信息（Xu and Wu，2013）和判断矩阵（Dong and Saaty，2014）的群体共识达成方法。在现实生活中，往往会出现专家意见和共识意见相差太多导致决策结果不尽人意的情况，如果群体共识程度不能满足评价问题和评价环境的要求，则需要采用一些引导群体形成共识的方法来帮助群体达成共识。在引导过程中，群体成员，尤其是共识程度不够高的成员需要修改自己的偏好。动态群体评价的主要特点是预先设定共识度阈值，当集结后的群体共识度不满足阈值时，反馈至群体成员并给出偏好意见使其做相应调整，调整后重新集结意见，直到群体共识度满足阈值为止。

群体共识达成过程中，群体成员意见的修改直接影响共识达成的速度和方向。修改意见的产生一般有决策协调人推荐和算法自动反馈机制这两种方式。德尔菲法（Linstone and Turoff，1975）、名义小组法（Hwang and Lin，2012）和头脑风暴法等方法都是应用广泛的决策协调人推荐的群体评价方法。Gong 等（2012）提出了一种群体共识偏离度最优模型，并且证明了决策者的共识程度会随着决策者数量的增加不断收敛。Xu 等（2013）提出了一种基于距离的共识模型，利用个体相对于群体的共识指数和群体共识指数构建了一个共识达成的迭代算法。但这些共识达成模型存在的问题是，它们均用群体集结观点作为测量个体共识水平和修改不相容个体判断的参照点，而在共识达成过程中，个体讨论和修改其观点这些环节需要花费金钱、精力等资源（Tan et al.，2018）。也就是说，这些面向中心的方法需要在每一轮协商中将个体观点集结成有代表性的群体观点，计算成本较高。

共识成本问题是共识达成研究中的重要问题。一般来说，在共识达成过程中有两种实现最小成本的方法（Cheng et al.，2018）。

（1）最小调整量法

它最大限度地减少了不同专家之间调整偏好值的直接成本（即原始观点和调整之后的观点的偏差）。基于最小调整量法，Ben-Arieh 和 Easton（2007）构建了最小成本共识模型，以最小化在共识达成过程中的共识成本，并使用线性时间算法获得最优解，可以在最低共识成本下获得最理想的调整意见。

(2) 最大化专家数量法

在成本预算有限的情况下，在可接受的共识阈值下最大化专家的数量。Ben-Arieh 等（2009）基于最小成本扩展提出基于最大化专家数量法的专家最大共识模型，可以在给定成本预算下获得最大共识。

在上述两种方法的基础上，学界开展了进一步的研究。Dong 等（2010）提出了基于语言型偏好关系的自适应最小成本共识模型，旨在尽可能保留专家的原始偏好信息。Zhang 等（2011）提出了考虑集结算子实现最小成本共识的新框架，并证明了 Ben-Arieh 和 Easton（2007）提出的模型是当选定的集结算子为有序加权算子时的特殊情况，扩展了 Ben-Arieh 的最小成本共识模型。Liu 等（2012）将最小成本共识模型扩展到模糊群体决策环境下，并设置了每个专家意见妥协的限制。Dong 等（2015）提出了基于犹豫模糊语言的两阶段共识模型，以最小化共识过程中的专家调整偏好值的数量。Zhang 等（2018）基于犹豫模糊语言提出了一种最小调整距离的共识模型，它通过将非线性规划模型转化为线性规划模型得到最小调整距离以达成共识，并证明了共识过程的收敛性。Li 等（2017）提出了一个基于不确定成本下动态交互的最小成本共识框架。Wu 等（2018）提出了一种最小调整成本的反馈机制，它通过确定反馈阶段中参数的边界值，使决策者在接受折中建议的同时实现最小调整成本。Cheng 等（2018）基于非对称成本提出了三种最小成本共识模型，并且运用妥协阈值来处理不可接受的意见。基于最大化专家数量法，在给定成本预算的情况下，Zhang 等（2013）将集结算子作为线性优化模型的约束条件之一，提出了考虑集结算子的最大化专家数量线性优化模型。

此外，群体的构成（Perez et al.，2014）和行为特征（Palomares et al.，2014）也会影响群体共识达成。另外，由于个体意见的内部判断经常存在一致性（consistency）问题，也有研究将内部一致性作为一个参考指标融入共识达成方法中（Dong，et al.，2010）。上述动态群体评价方法主要是在经典群体评价环境下，为解决多阶段评价及群体意见不一致开发的。这些研究使得群体评价研究从静态走向动态，开拓了群体评价的研究范围，具有很高的应用价值。

3.1.4.2 大规模群决策共识达成方法

随着现实生活中评价问题所需知识和利益相关方数量的上升，群体评价的成员组成越来越复杂。这种复杂体现在两个方面：一是群体规模大，二是群体成员具有异质性。与中小规模群体决策相比，大规模群体决策所包含的信息更为丰富，后者能凭借大规模群体智慧得到更为可靠的决策结果。而群体规模的扩大，使得群体评价问题的组织难度和求解难度都随之加大。因此，有学者针对大群体（large group）评价理论与方法进行了有益的尝试。

学者们从专家知识结构（杜元伟等，2017）、保护少数意见（徐选华等，2017）和小群体归属（Liu et al.，2016）等角度出发，开发了不同的大群体评价方法框架。张发明等提出了一种兼顾差异性与一致性的大规模群体评价方法。首先在最大限度体现方案间差异的基础上，以差异稳定为依据划分群体意见类别，以保证同一意见类别内不同专家之间评价结论的一致性；然后以“类影响力”为依据进行类间信息的集结，以得出一个群体可接受的一致性结论。

针对大群体中的专家权重分配问题，有学者通过将大群体拆解为小规模集团的方法，计算个体在小集团内的权重及小集团在整个大群体内的权重以得到专家权重（Liu et al.，2015）。Wu 和 Xu（2018）提出了一个用于大规模群体决策（LGDM）问题的交互式共识框架，运用聚类方法（K-means）来识别分组，用犹豫模糊元素的可能性分布（PDHFE）来表示每个聚类偏好，定义 PDHFE 的距离测量公式以计算共识度，设计了具有四个识别规则和两个方向规则的反馈策略以达成共识。这种由个体到小集团再到大群体的求解方法是当前解决大群体评价问题的主要研究范式。

在现实生活中，决策者们在达成共识的过程中有时存在不愿意调整他们的意见的非合作行为。针对大群体中的非合作行为，现有文献主要集中于共识过程中非合作行为的识别及处理（Dong et al.，2018）。通常有两种解决非合作行为的方法：①权重调整，通过降低非合作决策者的权重以达成共识；②意见调整，通过使非合作决策者的观点更接近群体意见以达成共识。Xu 等（2019）基于大规模群体决策问题提出了置信度这一概念，以综合考虑调整信息的合理程度及非合作水平。通过使用共识度最低的子群体所提供的愿意调整的区间数与群体建议调整的区间数的概率重叠度来识别非合作行为，还可以使用权重惩罚函数来修正信息以达成共识。Dong 等（2016）针对专家的非合作行为提出了一种基于多属性互评矩阵动态生成专家权重的自我管理机制。在共识达成过程中，专家之间就他人的表现（专业技能、合作倾向及公平等）提供并更新多属性互评矩阵，由多属性互评矩阵动态生成专家权重，并允许降低具有非合作行为的专家的权重以达成共识。Palomares 等（2014）在大规模决策环境下引入一种基于模糊聚类的方法来管理个体及子群体之间的非合作行为。Xu 等（2015）将非合作行为和少数意见纳入到共识模型，并提出了计算共识达成过程中最小群体共识度阈值及最大迭代次数的方法。在需要考虑紧急情况和在短时间内有效协调非合作行为的情况下能取得令人满意的结果。

在现实生活中，决策者们往往会将其他决策者的现有行为或过去的行为作为共识达成的可靠来源。因此，信任作为能够反映决策者实际声誉的要素，在共识达成中应用广泛（Artz and Gil，2007）。针对大群体中的信任行为，现有文献主要集中于基于社交网络中的大规模群体评价问题，主要用于专家权重的确定及意见反馈机制中。从专家权重角度来看，Wu 和 Chiclana（2014）通过社会模糊关系矩阵计算决策者的信任度，基于区间值模糊乘性偏好矩阵提出了结合共识度及信任度得出决策者权重的线性方法，使得决策者权重不再是事先已知。同时，随着决策者不断交互，权重随着共识度及信任度的调整而得以修正。Wu 等（2015）在不完全语言信息环境下提出了基于信任的社交网络共识模型，用新的信任传播方法从不完全连通的信任网络中推导出信任关系，从而得到信任度来估计未知的偏好值以及确定专家权重。但是，这种信任传播方法并没有考虑第三方引起的信息衰减。对此，Wu 等（2017）改进并提出了具有信任传播的视觉交互共识模型，从而保证新型双重信任传播算子能够以更加合理的方式进行信任传播。从反馈机制来看，Liu 等（2017）提出了一种依据专家之间的信任来引导反馈机制的共识模型，能让观点不一致的专家参照自身所信赖的其余专家的信息进行反馈和调整，并证明了相比传统的共识反馈机制，该模型的调整成本更小。

除了上述共识达成模型外，Zhang 等（2018）提出了同时具有个体关注度及满足感的异构大规模群体共识达成模型。该模型考虑了具有不同文化、知识、教育背景的个体，对于方案会有不同程度的关注及对于共识度阈值会有不同的接受度。另外，学者们还对大群体评价支持平台框架（陈晓红等，2008）及可视化平台（Palomares，et al.，2014）等相关的大群体评价的决策支持系统展开了研究。在应用上，出现了一系列面向突发事件应急决策（Xu，et al.，2015）、信用评估（陈晓红和杨志慧，2015）和风险型决策（耿秀丽等，2017）等具体场景的大群体评价方法。

3.2 观点动力学

观点动力学（opinion dynamics）主要研究社会经济系统中，由于个体之间决策的相互影响与外界公共信息的影响，群体内个体对特定事件所持的不同观点的形成（formation）和演化（evolution）等现象（王龙et al.，2008）。在观点动力学中，稳态下群体观点一般存在三种情况：共识、极化、分裂。第3.1节介绍的群体共识达成模型是一种工程化的方法，旨在引导群体成员达成共识。现实情况下，群体观点同时存在着极化、分裂的情况。因此，有必要探究更加符合现实决策问题的演化状态。本小节将分别介绍离散型观点和连续型观点的观点动力学模型及其拓展，最后对其进行讨论和总结。

3.2.1 离散型观点表达

在观点动力学中，观点可以简化为一个二值选择，分别用+1和−1表示，如赞同（+1）或反对（−1），此类个体观点表达为离散形式。离散型观点的经典观点动力学模型有：Ising模型、投票者模型及多数决定模型。

3.2.1.1 Ising模型

Ising模型最早由物理学家威廉·楞次在1920年提出，并由他的学生恩斯特·伊辛求得一维伊辛模型的解析解（Ising，1925）。Ising模型的提出最初是为了解释铁磁物质的相变，即磁铁被加热到一定临界温度以上会出现磁性消失的现象，而降温到临界温度以下又会表现出磁性。这种有磁性、无磁性两相之间的转变，是一种连续相变（也叫二级相变）。

随着复杂性科学的发展，Ising模型能有效地模拟二值观点的演化，因此被广泛应用于观点动力学研究中。其观点动力学模型如下：假设群体内有n个个体（物理模型中的磁矩），个体的观点表达为二值观点（物理模型中的磁矩旋转方向）$\sigma_i(t)=\pm1$，$i=1, 2, \cdots, n$，个体i的观点同时受周围邻居和整个社会趋势的影响，$\sigma_i(t+1)$以概率$p_i(t)$取值为+1，以$1-p_i(t)$取−1：

$$\begin{cases} p_i(t)=\dfrac{1}{1+\mathrm{e}^{-2\frac{I_i(t)}{K_BT}}} \\ I_i(t)=\alpha\xi(t)\dfrac{1}{n_i}\displaystyle\sum_{j=1}^{n}\sigma_j(t)+h_i\eta_i(t)r(t) \end{cases} \tag{3.8}$$

式中，K_B表示Boltzman常数，T表示个体决策中的随机因素，如噪声等。$I_i(t)$由两项组成，第1项表示个体周围邻居的影响（局部场），第2项表示社会趋势的影响（系统平均观点对个体决策的影响），α表示邻居的作用强度，h_i表示社会（系统）对个体决策作用的强度，$r(t)=\frac{1}{n}\sum_{j=1}^{n}\sigma_j(t)$，$\xi(t)$ 及 $\eta_i(t)$ 分别表示个体对周围邻居和社会（系统）反馈的确信程度，一般是介于-1 到 1 之间的非相关随机噪声。

不同学者从多个角度对经典的 Ising 模型进行了扩展研究，在理论上极大地丰富了 Ising 模型揭示的内容。Li 等（2019）基于 Ising 模型研究了符号网络中二元的观点动力学。研究结果发现符号网络中负边的比例和分布对网络的观点演化结果有巨大的影响，并且存在临界比。当网络中负边的比例超过临界比时，会出现完全不同的演化结果，而负边的分布也会影响临界比的值。Van Der Maas 等（2020）将 Ising 模型应用于研究观点形成与观点极化的交互作用中，开创了一个全新的社会动力学模型，并提出了一种新的干预方法来避免意见融合过程中出现两极分化的情况。

此外，还有学者应用 Ising 模型解决社会科学问题。Grabowski 和 Kosiński（2006）学者利用 Ising 模型研究了复杂网络中人际交互对观点形成的影响，并考虑权威性这一社会化特征，将大众媒体作为影响社会网络的外部刺激因素，以探究大众媒体对观点形成过程的影响。研究发现，在某些情况下，大众媒体可以在民众中引发关键性的意见重建。Sornette 和 Zhou（2006）利用 Ising 模型研究了金融市场中群体决策对市场价格的动态影响。研究结论表明，金融市场中回报的肥尾分布、波动性聚类、泡沫和崩溃等现象只有在个体过度自信，并将新闻对回报率的成功预测错误地归因于“羊群效应”时才会出现。此研究对应用 Ising 模型解决现实问题具有重要的参考价值。Stauffer（2008）将二维的 Ising 模型分别与经济舆论、城市隔离和语言变化这三种社会经济模型相比较，发现 Ising 模型都得到了与后者大致相同的结论，进一步说明了 Ising 模型广泛的适用范围。

3.2.1.2 投票者模型

投票者模型（voter model）是离散型观点动力学模型中较为简单的一种。该模型假设群体内有 n 个个体，个体的观点表达形式为二值观点 $\sigma_i(t)=\pm1$，$i=1$，2，…，n。个体 i 的观点将受到周围邻居的影响，更新时随机选择一个邻居的观点 $\sigma_j(t)$，并无条件采纳该邻居的观点，即 $\sigma_i(t+1)=\sigma_j(t)$。投票者模型认为个体可能会受到其邻居的影响，从而改变自己的投票选择或意见，使自身观点与邻居的投票选择或意见一致，这种局部影响会产生一个全局的集体投票结果。因此，相邻个体之间的局部影响规则是如何影响全局投票过程的是投票者模型的重点研究课题（Xia et al., 2011）。此外，由于在投票者模型中很容易写出系统不同状态之间的转移概率，因此许多问题可以通过投票者模型进行解析分析（王龙等，2008）。

近几年，随着“网络科学”的相关研究日益丰富，越来越多的学者把研究焦点转移到网络上的投票者模型中。Castellano 等（2003）研究了小世界网络的拓扑结构如何影响投票者模型，证明小世界网络上的共识并不与常规一维和二维网格一样容易达成。相反，系统最终将会达成具有多个观点簇的稳态，并且达成稳态所需的时间与系统规模有关。此外，对于完全均匀的有限规模网络，其演化所花费的时间比相同规模的规则网格结构要短。Chen 和 Redner（2005）指出，在网络上的投票行为与在规则网格上的投票行为存在显著的差异。Suchecki 等（2005）分析了网络的维数和度分布对投票者动态排序的影响，以及在无排序情况下对达成亚稳态的平均时间的影响。Yang 等（2012）提出了一个非线性投票者模型来研究观点动力学中全局共识的产生，并发现对于方格网络、随机图、小世界网络和无标度网络存在一个最优参数解使得群体能够最快地达成共识。Martins（2008）扩展投票者模型的适用范围，考虑了离散行为条件下观点连续的情况。Fernández-Gracia 等（2014）将社会背景、社会影响引入投票者模型中，把空间和人口多样性作为模型的输入，分析了社会背景范围和随机性在决策中的作用，并利用美国总统选举的统计特征对分析进行了实证检验。Yildiz 等（2013）考虑了决策群体中可能存在着能影响他人而自身观点始终保持不变的“顽固”个体，并将其推广到经典的投票者模型中，发现持相反意见的“顽固”个体的存在妨碍了共识的达成。

3.2.1.3 多数决定模型

多数决策模型（majority rule model）刻画的是群体内个体的“从众”心理（图 3.1）。该模型假设群体内有 n 个个体，个体的观点表达形式为二值观点 $\sigma_i(t)=\pm1$，$i=1$，2，…，n。个体 i 的观点同样受到周围邻居的影响，更新时将采纳周围邻居中数目占优的观点。一般地，将所有决策个体随机地组成若干局部决策小组，那么每一个局部决策小组内个体的观点将全部更新为各自局部决策小组中较多个体持有的观点（杨雷和左文宜，2012）。

Krapivsky 和 Redner（2003）将多数决定模型应用于方格网络中二值的观点动力学中，研究表明群体观点达成共识的收敛时间量级为 $\ln n$，其中 n 为群体规模，即个体数目。此外，还发现收敛时间随着网络维度的增大而缩短，但当维度

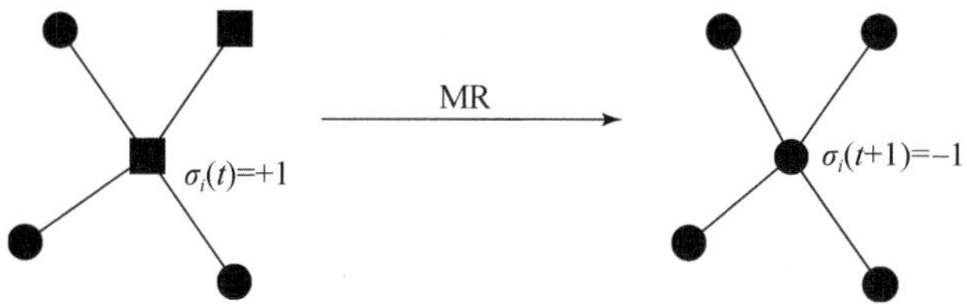

图 3.1　多数决定模型

大于4 时，将有可能出现一个临界维度使得收敛时间与群体规模 n 无关。Lambiotte 等（2009）提出了观点交互过程中存在着“延迟”。延迟是指个体在一段随机时间内，不受其他个体影响，从而保持观点不变的情况。de Oca 等（2011）基于此概念扩展了多数决定模型，提出了考虑差异性“延迟”的多数投票模型，即一种自组织的群体决策机制。Mukhopadhyay 等（2016）基于多数决定模型研究了在大规模社交网络中，个体间随机交互对网络中观点扩散的影响。首先，假设所有个体对某一种意见有“偏好”，结果表明只有对其中一种观点具有“偏好”意见的个体的初始比例高于某个阈值时，最终群体才会以较高的概率将该观点作为最终共识。并且，Mukhopadhyay 还证明了达成共识所需的平均时间是网络规模的对数。另外，假设群体中存在着从不更新意见的“顽固”个体，Mukhopadhyay 使用平均场技术描述了非顽固个体意见的平衡分布。Nguyen 等（2020）发现，在联系紧密的社交网络中，所有的个体都倾向于拥有一个统一的全局共识。然而，在弱连接网络中，稳态下观点存在分裂的情况。此外，在不同的观点演化规律下，低度节点和高度节点在系统最终稳态的形成过程中发挥着不同的作用。

3.2.2　连续型观点表达

随着 DeGroot、Deffuant、Hegselmann 和 Krause 等学者的研究工作，连续型观点也受到学者们的关注和广泛研究。其中，最著名的是 DeGroot 模型和有界置信模型，本节将详细介绍对这两种基本模型的理论及其应用。

3.2.2.1　DeGroot 模型

DeGroot 于 1974 年提出了 DeGroot 模型。该模型描述了在社会网络中，群体内的个体在某个共同的问题上通过交流达成共识的过程。在由 n 个个体组成的社会网络 $G(\boldsymbol{W})=(V, E, \boldsymbol{W})$ 中，令 $x_i(k)$ 表示个体 i 在时刻 k 的观念，其中 $k\in$

$\mathbb{N}$。则在时刻 $k+1$，个体 i 的观念由自己和邻居在时刻 k 观念的加权平均决定，具体可以表示为：

$$x_i(k+1) = \sum_{j=1}^{n} w_{ij} x_j(k) \tag{3.9}$$

式中，w_{ij}为邻接矩阵 $\boldsymbol{W}$ 中的元素，$\boldsymbol{W}$ 为随机非负矩阵，满足行和为 1。DeGroot 模型将观点融合与个体社会网络联系起来，也被称为社会影响模型。从 DeGroot 模型的观点更新机制可知，该模型是一个迭代平均模型，当网络全连通时，最终将会收敛至稳态。Beger（1981）指出，当且仅当存在一个幂指数 t，使得权重矩阵W^t 至少有一个严格正列时，DeGroot 模型将会达到共识。

关于 DeGroot 模型的扩展有很多，其中应用较为广泛的是由 Friedkin 和 Johnsen（1990）提出的 Friedkin-Johnsen（F-J）模型。在 DeGroot 模型中，个体的观点完全取决于其所在的网络中邻居的观点，也就是说个体的观点完全由社会影响所决定。而 F-J 模型则假设不同个体对自身的初始观念具有不同程度的坚持度。该模型引入了一个对角矩阵来描述个体对社会影响的敏感程度：

$$x(k+1) = \Xi W x(k) + (I-\Xi) x(0) \tag{3.10}$$

式中，$\Xi = \mathrm{diag}(\varepsilon)$，$\varepsilon = (\varepsilon_1, \varepsilon_2, \cdots, \varepsilon_n)^{\mathrm{T}} \in \mathbb{R}^n$，且满足 $\varepsilon_i \in [0, 1]$。ε_i 代表个体 i 的邻居对 i 影响的程度，相应的，$1-\varepsilon_i$ 代表个体 i 对自身初始观念的坚持程度。因此，若 $\varepsilon_i=1$，称 i 为非固执个体；若 $0<\varepsilon_i<1$，称 i 为部分固执个体；若 $\varepsilon_i=0$，称 i 为完全固执个体。部分固执个体和完全固执个体统称为固执个体。而若 $\varepsilon_i=1_n$，则 F-J 模型退化成 DeGroot 模型（王龙等，2018）。

3.2.2.2 有界置信模型

在观点动力学中，个体可以通过相互交流、协商不断更新自己的观点，理论上每个个体都有与群体中其他任意个体交流、协商的可能性。然而现实世界中，人们往往只会和与自身观点相差不大的个体交流。“有界置信模型”考虑了这一点，该模型假设专家将受到与自身观点足够接近的人的影响，该模型主要有 Deffuant 模型和 Hegselmann-Krause 模型。

（1）Deffuant 模型

2000 年 Deffuant 提出了经典的 Deffuant 模型（DW 模型），该模型假设：只有两个个体的观点差别小于某一预先给定的信任阈值时，两者才能发生交互，否则交互行为不会产生（Deffuant et al.，2000）。这表明 DW 模型中个体之间的交互受到其本身观点的影响。DW 模型随机选择个体，再判断个体间是否有交互行为的发生。具体做法为，个体观点初始随机取值，在随后的每个时刻，两两个体

随机相遇。假设个体 i 和个体 j 相遇，两者的观点差距小于预先给定的信任阈值 δ 时，即 $|O_i(t)-O_j(t)|\leqslant\delta$ 时，个体 i 和个体 j 将遵循以下规律来调整观点：

$$\begin{aligned} O_i(t+1)&=O_i(t)+\mu[O_j(t)-O_i(t)] \\ O_j(t+1)&=O_j(t)+\mu[O_i(t)-O_j(t)] \end{aligned} \tag{3.11}$$

式中，μ 称为妥协系数，表示对方观点对自身观点的影响程度，满足 $\mu\in[0, 0.5]$。Deffuant 等在其研究中指出，对于一个较大的信任阈值（如 $\delta>0.5$），所有个体最终会有同样的观点，并且达成完全共识。Fortunato（2004）进一步证明了当所有阈值超过 0.5 时，可以达到完全共识。对于 $\delta<0.5$，在演化过程中，可能会形成两个或多个的观点簇。通常，群体观点簇的数量和大小与信任阈值相关，而群体最终观点的形成时间、收敛的速度则取决于妥协系数。但是当妥协系数很小时，群体最终观点簇的数量也受其影响。

近十年来，Deffuant 等从不同角度扩展该模型，丰富了观点动力学理论体系。例如，Amblard 和 Deffuant（2004）利用该模型研究了极端主义的传播。基于此，Sobkowicz（2015）在其模型中考虑到了极端观点、高情绪和对他人观点的低容忍度之间的相关关系，发现这种相关会导致极端观点迅速占据主导地位。并根据实验结果对控制极端观点的传播提出了相应的管理建议。Ben-Naim（2005）将 Deffuant 模型与自发意见更新相结合。Chen 等（2017）将排斥机制引入 DW 模型中，研究发现当两个人的意见差异大于信任阈值时，两个人的意见将远离对方，即排斥机制可能使得相邻个体的意见产生极化。Carletti 等（2006）通过扩展 Deffuant 模型包括周期性外部扰动的情况来研究宣传的效果。Zhang 和 Hong（2013）根据是否考虑信任区间之外的个体观点，从不同方面对传统的 DW 模型进行了扩展，并利用仿真计算方法分析了个体行为规律。Lorenz（2010）研究了群体中不同个体的信任阈值存在差异的情况，认为异质性信任阈值极大地丰富了观点动力学的复杂性。

（2）Hegselmann-Krause 模型

Hegselmann 和 Krause 于 2002 年提出了 Hegselmann-Krause 模型，简称 HK 模型。HK 模型假设网络中的每个个体都具有一个信任边界（confidence bound）。不同于 DeGroot 模型，在 HK 模型中，个体的观点只被观点处于自己信任边界以内的所有其他个体所影响。令 d 代表个体的信任边界，则 HK 模型可以表示为：

$$x_i(k+1)=\frac{1}{|N_i(k)|}\sum_{j\in N_i(k)}x_j(k) \tag{3.12}$$

式中，$N_i(k)=\{j\in V: |x_j(k)-x_i(k)|<d\}$。

HK 模型和 DW 模型的演化规律类似，即随着信任边界的增大，最终意见簇的数量减少。在阈值较大的情况下，群体可以完全达成共识。Fortunato 等学者研究了 HK 模型的扩展，如 Fortunato（2004）提出离散意见表示的 HK 模型和实矢量表示的 HK 模型（Fortunato et al.，2005）。有学者研究了 HK 模型上的“扰动”扩散，即群体中一个或多个个体由于一些外部因素或事件，基于其初始随机意见急剧地改变自身的观点，以此探究这种“扰动”对群体内观点传播的影响。实验结果发现对于 BA 网络中的个体来说，在信任阈值较低的情况下，会出现“扰动”扩散的转变。此外，研究还发现存在一个信任临界值，一旦超过这个临界值，初始扰动就会影响所有其他个体。这项研究具有丰富的现实意义，例如有助于理解在哪些外部条件下特殊事件或有针对性地宣传能够影响选举结果（Fortunato，2005）。Su 等（2017）将随机噪声观点引入 HK 模型中，探究噪声强度对观点演化结果的影响，发现当噪声强度低于临界值时，观点将在有限时间内达成共识；当噪声强度高于临界值时，观点几乎可以无限次分割。Nedić 和 Touri（2012）研究了离散时间下的多维 HK 模型，利用动态系统分析了该模型的稳定性，并证明了其在有限时间内的收敛性。

3.3 讨　　论

通过回顾和分析国内外相关文献，可知当前学界关于群体评价理论与方法的研究已经从现实需求中提炼出了群体评价问题，明确了群体评价的研究范式；但是仍面临以下挑战。

目前关于群体评价的研究多将群体成员视为同质的，从而可以采用经典的群体评价流程和集结手段得到群体评价结果。然而，实际群体评价问题中往往存在着群体成员的知识背景、决策地位和利益相关程度的区别，导致很难将群体成员视作类似的个体进行简单集结。因此，如何给出科学、合理的异质群体信息集结方法将是本书的重要任务。

此外，目前关于群体共识达成算法的研究大多基于经典群体评价理论和方法，即通过某一群体聚集意见作为参考点修改群体内成员的意见以提升群体共识程度。有些算法还通过严格的数学证明说明其有效地推动了群体评价中群体共识的达成，还有些算法考虑了非合作行为、信任、共识成本等更为现实的因素，有较高的理论和应用价值。然而，在复杂的群体评价环境和评价过程中，评价群体成员、被评价对象和评价属性等要素一直在动态演变，导致群体共识很难达成，致使群体成员间的意见产生分歧的可能性越来越大。因此，如何建立科学、合理的群体评价机制来引导群体成员在复杂群体评价环境下达成共识，将同样是本书的关键问题。

目前关于观点动力学的研究大多是对经典模型适用范围的拓展。例如，考虑不同的网络拓扑结构、不同的个体属性、不同的观点交互规则等，但是这些拓展模型对现实决策问题的建模仍较为简单。正如第 1 章讨论过的，观点动力学与大规模群体评价问题的联系非常紧密。在复杂决策环境下，评价作为一种观点，在大规模群体内的演化和传播机制中对群体观点的演化和形成有着重要影响。因此，本书将着重讨论如何运用观点动力学模型解决大规模群体评价中的现实问题。

本章参考文献

蔡晨光，徐选华，王佩，等 . 2019. 基于决策者信任水平和组合赋权的不完全偏好复杂大群体应急决策方法 [J]. 运筹与管理，28 (5)：17-25.

陈华友 . 2004. 多属性决策中基于离差最大化的组合赋权方法 [J]. 系统工程与电子技术，26 (2)：194-197.

陈骥，苏为华，2008. 关于群组评价技术若干问题的探讨 [J]. 统计研究，25 (8)：79-84.

陈陌，郭亚军，于振明 . 2011. 改进型序关系分析法及其应用 [J]. 系统管理学报，20 (03)：352-355.

陈晓红，陈志阳，徐选华 . 2008. 面向复杂大群体的群体决策支持平台框架研究 [J]. 计算机集成制造系统，(09)：1796-1804.

陈晓红，杨志慧 . 2015. 基于改进模糊综合评价法的信用评估体系研究——以我国中小上市公司为样本的实证研究 [J]. 中国管理科学，23 (01)：146-153.

董庆兴，郭亚军，单翔 . 2014. 基于双重差异驱动的群体评价方法 [J]. 系统管理学报，23 (3)：451-454.

杜元伟，王素素，杨宁，等 . 2017. 考虑专家知识结构的不完备型多属性大群体决策方法 [J]. 中国管理科学，25 (12)：167-178.

耿秀丽，肖子涵，孙绍荣 . 2017. 基于双层专家权重确定的风险型大群体决策 [J]. 控制与决策，32 (5)：885-891.

郝晶晶，朱建军，刘思峰 . 2015. 基于前景理论的多阶段随机多准则决策方法 [J]. 中国管理科学，23 (1)：73-81.

李春好，苏航，佟铁杰，等 . 2015. 基于理想决策单元参照求解策略的 dea 交叉效率评价模型［J］. 中国管理科学，23（2）：116-122.
宋光兴，杨德礼 . 2004. 基于决策者偏好及赋权法一致性的组合赋权法［J］. 系统工程与电子技术，26（9）：1226-1230.
汪泽焱，顾红芳，益晓新，等 . 2003. 一种基于熵的线性组合赋权法［J］. 系统工程理论与实践，23（3）：112-116.
王龙，伏锋，陈小杰，等 . 2008. 复杂网络上的群体决策［J］. 智能系统学报，3（2）：95-108.
王龙，田野，杜金铭 . 2018. 社会网络上的观念动力学［J］. 中国科学：信息科学，48：3-23.
王美强，李勇军 . 2015. 输入输出具有模糊数的供应商评价——基于 dea 博弈交叉效率方法［J］. 工业工程与管理，20（1）：95-99.
王中兴，陈晶，兰继斌 . 2016. 基于二元语义 archimedean s-模集成算子的群决策方法［J］. 中国管理科学，24（8）：146-153.
王中兴，牟琼，李桥兴 . 2003. 多属性决策的组合赋权法［J］. 应用数学与计算数学学报，17（2）：55-62.
魏翠萍，葛淑娜 . 2016. 犹豫模糊语言幂均算子及其在群决策中的应用［J］. 系统科学与数学，36（8）：1308-1317.
吴志彬 . 2017. 群体共识决策理论与方法［M］. 北京：科学出版社 .
徐玖平，陈建中 . 2009. 群决策理论与方法及实现［M］. 北京：清华大学出版社 .
徐选华，蔡晨光，陈晓红 . 2015. 基于区间模糊数的多阶段冲突型大群体应急决策方法［J］. 运筹与管理，24（4）：9-15.
徐选华，杜志娇，陈晓红，等 . 2017. 保护少数意见的冲突型大群体应急决策方法［J］. 管理科学学报，20（11）：10-23.
徐泽水，达庆利 . 2012. 多属性决策的组合赋权方法研究［J］. 中国管理科学，（2）：84-87.
杨锋，夏琼，梁樑 . 2011. 同时考虑决策单元竞争与合作关系的 dea 交叉效率评价方法［J］. 系统工程理论与实践，31（1）：92-98.
杨雷，左文宜 . 2012. 动态群体决策：个体交互、知识学习和观点演化［M］. 北京：科学出版社.
张发明，郭亚军 . 2009. 兼顾差异性与一致性的大规模群体评价方法［J］. 东北大学学报（自然科学版），30（6）：893-896.
张发明，孙文龙 . 2014. 基于区间数的多阶段交互式群体评价方法及应用［J］. 中国管理科学，22（10）：129-135.
张世涛，朱建军，刘小弟 . 2015. 基于重要度引导偏好识别修正的多粒度语言共识模型［J］. 控制与决策，30（9）：1609-1616.
镇常青 . 1987. 多目标决策中的权重调查确定方法［J］. 系统工程理论与实践，（2）：16-24.
Amblard F，Deffuant G. 2004. The role of network topology on extremism propagation with the relative agreement opinion dynamics［J］. Physica A：Statistical Mechanics and its Applications，343：

725-738.

Artz D, Gil Y. 2007. A survey of trust in computer science and the semantic web [J]. Web Semantics: Science, Services and Agents on the World Wide Web, 5 (2): 58-71.

Baucells M, Sarin R K. 2003. Group decisions with multiple criteria [J]. Management Science, 49 (8): 1105-1118.

Ben-Arieh D, Easton T, Evans B. 2009. Minimum cost consensus with quadratic cost functions [J]. Systems, Man and Cybernetics, Part A: Systems and Humans, IEEE Transactions on, 39 (1): 210-217.

Ben-Arieh D, Easton T. 2007. Multi-criteria group consensus under linear cost opinion elasticity [J]. Decision Support Systems, 43 (3): 713-721.

Ben-Naim E. 2005. Opinion dynamics: Rise and fall of political parties [J]. EPL (Europhysics Letters), 69 (5): 671.

Berger R L. 1981. A necessary and sufficient condition for reaching a consensus using DeGroot's method [J]. Journal of the American Statistical Association, 76 (374): 415-418.

Bezdek J C, Spillman B, Spillman R. 1978. A fuzzy relation space for group decision theory [J]. Fuzzy Sets and systems, 1 (4): 255-268.

Brock H W. 1980. The problem of "utility weights" in group preference aggregation [J]. Operations Research, 28 (1): 176-187.

Carletti T, Fanelli D, Grolli S, et al. 2006. How to make an efficient propaganda [J]. EPL (Europhysics Letters), 74 (2): 222.

Castellano C, Vilone D, Vespignani A. 2003. Incomplete ordering of the voter model on small-world networks [J]. EPL (Europhysics Letters), 63 (1): 153.

Chen G, Cheng H, Huang C, et al. 2017. Deffuant model on a ring with repelling mechanism and circular opinions [J]. Physical Review E, 95 (4): 042118.

Chen H, Zhou L. 2012. A relative entropy approach to group decision making with interval reciprocal relations based on cowa operator [J]. Group Decision and Negotiation, 21 (4): 585-599.

Chen P, Redner S. 2005. Majority rule dynamics in finite dimensions [J]. Physical review E, 71 (3): 036101.

Cheng D, Zhou Z, Cheng F, et al. 2018. Modeling the minimum cost consensus problem in an asymmetric costs context [J]. European Journal of Operational Research, 270 (3): 1122-1137.

Chiclana F, Herrera-Viedma E, Alonso S, et al. 2009. Cardinal consistency of reciprocal preference relations: A characterization of multiplicative transitivity [J]. IEEE Transactions on Fuzzy Systems, 17 (1): 14-23.

DeGroot M H. 1974. Reaching a consensus [J]. Journal of the American Statistical Association, 69 (345): 118-121.

de Oca M A M, Ferrante E, Scheidler A, et al. 2011. Majority-rule opinion dynamics with differential latency: A mechanism for self- organized collective decision- making [J]. Swarm Intelligence, 5 (3-4): 305-327.

Deffuant G, Neau D, Amblard F, et al. 2000. Mixing beliefs among interacting agents [J]. Advances in Complex Systems, 3 (01n04): 87-98.

Dias L C, Sarabando P. 2012. A note on a group preference axiomatization with cardinal utility [J]. Decision Analysis, 9 (3): 231-237.

Dong Q, Cooper O. 2016. A peer-to-peer dynamic adaptive consensus reaching model for the group ahp decision making [J]. European Journal of Operational Research, 250 (2): 521-530.

Dong Q, Saaty T L. 2014. An analytic hierarchy process model of group consensus [J]. Journal of Systems Science and Systems Engineering, 23 (3): 362-374.

Dong Q, Zhü K, Cooper O. 2017. Gaining consensus in a moderated group: A model with a twofold feedback mechanism [J]. Expert Systems with Applications, 71: 87-97.

Dong Y, Chen X, Herrera F. 2015. Minimizing adjusted simple terms in the consensus reaching process with hesitant linguistic assessments in group decision making [J]. Information Sciences, 297: 95-117.

Dong Y, Xu Y, Li H, et al. 2010. The owa-based consensus operator under linguistic representation models using position indexes [J]. European Journal of Operational Research, 203 (2): 455-463.

Dong Y, Zhang H, Herrera- Viedma E. 2016. Integrating experts' weights generated dynamically into the consensus reaching process and its applications in managing non- cooperative behaviors [J]. Decision Support Systems, 84: 1-15.

Dong Y, Zhang G, Hong W-C, et al. 2010. Consensus models for ahpgroup decision making under row geometric mean prioritization method [J]. Decision Support Systems, 49 (3): 281-289.

Dong Y, Zhao S, Zhang H, et al. 2018. A self-management mechanism for non-cooperative behaviors in large- scale group consensus reaching processes [J]. IEEE Transactions on Fuzzy Systems, 26 (6): 3276-3288.

Fernάndez-Gracia J, Suchecki K, Ramasco J J, et al. 2014. Is the voter model a model for voters [J]. Physical review letters, 112 (15): 158701.

Forman E, Peniwati K. 1998. Aggregating individual judgments and priorities with the analytic hierarchy process [J]. European Journal of Operational Research, 108 (1): 165-169.

Fortunato S, Latora V, Pluchino A, et al. 2005. Vector opinion dynamics in a bounded confidence consensus model [J]. International Journal of Modern Physics C, 16 (10): 1535-1551.

Fortunato S. 2004. The krause-hegselmann consensus model with discrete opinions [J]. International Journal of Modern Physics C, 15 (7): 1021-1029.

Fortunato S. 2005. Damage spreading and opinion dynamics on scale-free networks [J]. Physica A: Statistical Mechanics and its Applications, 348: 683-690.

Friedkin N E, Johnsen E C. 1990. Social influence and opinions [J]. Journal of Mathematical Sociology, 15 (3-4): 193-206.

Gong Z W, Forrest J, Zhao Y, et al. 2012. The optimal group consensus deviation measure for multiplicative preference relations [J]. Expert Systems with Applications, 39 (14): 11548-11555.

Grabowski A, Kosiński R. 2006. Ising-based model of opinion formation in a complex network of interpersonal interactions [J]. Physica A: Statistical Mechanics and its Applications, 361 (2): 651-664.

Hegselmann R, Krause U. 2002. Opinion dynamics and bounded confidence models, analysis, and simulation [J]. Journal of artificial societies and social simulation, 5 (3): 1-33.

Herrera-Viedma E, Cabrerizo F J, Kacprzyk J, et al. 2014. A review of soft consensus models in a fuzzy environment [J]. Information Fusion, 17: 4-13.

Herrera-Viedma E, Herrera F, Chiclana F. 2002. A consensus model for multiperson decision making with different preference structures [J]. IEEE Transactions on Systems, Man, and Cybernetics-Part A: Systems and Humans, 32 (3): 394-402.

Hwang C L, Lin M J. 2012. Group decision making under multiple criteria: Methods and applications [M]. Berlin: Springer Science & Business Media.

Ising E. 1925. Beitrag zur theorie des ferromagnetismus [J]. Zeitschrift für Physik, 31 (1): 253-258.

Keeney R L. 2013. Foundations for group decision analysis [J]. Decision Analysis, 10 (2): 103-120.

Krapivsky P L, Redner S. 2003. Dynamics of majority rule in two-state interacting spin systems [J]. Physical Review Letters, 90 (23): 238701.

Lambiotte R, Saramäki J, Blondel V D. 2009. Dynamics of latent voters [J]. Physical Review E, 79 (4): 046107.

Li C-C, Dong Y, Herrera F, et al. 2017. Personalized individual semantics in computing with words for supporting linguistic group decision making. An application on consensus reaching [J]. Information Fusion, 33: 29-40.

Li L, Fan Y, Zeng A, et al. 2019. Binary opinion dynamics on signed networks based on ising model [J]. Physica A: Statistical Mechanics and its Applications, 525: 433-442.

Li Y, Zhang H, Dong Y. 2017. The interactive consensus reaching process with the minimum and uncertain cost in group decision making [J]. Applied Soft Computing, 60: 202-212.

Linstone H A, Turoff M. 1975. The delphi method [M]. Addison-Wesley Reading, MA.

Liu B, Shen Y, Chen Y, et al. 2015. A two- layer weight determination method for complex multiattribute large- group decision- making experts in a linguistic environment [J]. Information Fusion, 23: 156-165.

Liu J, Chan F T S, Li Y, et al. 2012. A new optimal consensus method with minimum cost in fuzzy group decision [J]. Knowledge-Based Systems, 35: 357-360.

Liu P, He L, Yu X. 2016. Generalized hybrid aggregation operators based on the 2- dimension uncertain linguistic information for multiple attribute group decision making [J]. Group Decision and Negotiation, 25 (1): 103-126.

Liu Y, Fan Z, Zhang X. 2016. A method for large group decision- making based on evaluation information provided by participators from multiple groups [J]. Information Fusion, 29: 132-141.

Liu Y, Liang C, Chiclana F, et al. 2017. A trust induced recommendation mechanism for reaching consensus in group decision making [J]. Knowledge-Based Systems, 119: 221-231.

Lorenz J. 2010. Heterogeneous bounds of confidence: Meet, discuss and find consensus! [J]. Complexity, 15 (4): 43-52.

Martins A C. 2008. Continuous opinions and discrete actions in opinion dynamics problems [J]. International Journal of Modern Physics C, 19 (04): 617-624.

Mukhopadhyay A, Mazumdar R R, Roy R. 2016. Majority rule based opinion dynamics with biased and stubborn agents//Proceedings of the 2016 ACM SIGMETRICS International Conference on Measurement and Modeling of Computer Science, Wuhan China: 385-386.

Nedić A, Touri B. 2012. Multi- dimensional hegselmann- krause dynamics [C] //2012 IEEE 51st IEEE Conference on Decision and Control (CDC) . IEEE,: 68-73.

Ng K C, Abramson B. 1992. Consensus diagnosis: A simulation study [J]. IEEE Transactions on Systems, Man, and Cybernetics, 22 (5): 916-928.

Nguyen V X, Xiao G, Xu X J, et al. 2020. Dynamics of opinion formation under majority rules on complex social networks [J]. Scientific Reports, 10 (1): 1-9.

Palomares I, Martinez L, Herrera F. 2014. A consensus model to detect and manage noncooperative behaviors in large- scale group decision making [J]. IEEE Transactions on Fuzzy Systems, 22 (3): 516-530.

Perez I J, Cabrerizo F J, Alonso S, et al. 2014. A new consensus model for group decision making problems with non- homogeneous experts [J]. IEEE Transactions on Systems, Man, and Cybernetics: Systems, 44 (4): 494-498.

Qi X, Liang C, Zhang J. 2015. Generalized cross-entropy based group decision making with unknown expert and attribute weights under interval-valued intuitionistic fuzzy environment [J]. Computers & Industrial Engineering, 79: 52-64.

Saaty T L. 1977. A scaling method for priorities in hierarchical structures [J]. Journal of Mathematical Psychology, 15 (3): 234-281.

Saaty T L. 1980. The analytic hierarchy process: Planning, priority setting, resource allocaton [M]. NewYork: McGraw-Hill.

Saaty T L. 1994. A ratio scale metric and the compatibility of ratio scales: The possibility of arrow's impossibility theorem [J]. Applied Mathematics Letters, 7 (6): 45-49.

Saaty T L. 1994. Fundamentals of decision making and priority theory with the analytic hierarchy process [M]. Pittsburgh: RWS Publications.

Sobkowicz P. 2015. Extremism without extremists: Deffuant model with emotions [J]. Frontiers in Physics, 3: 17.

Sornette D, Zhou W X. 2006. Importance of positive feedbacks and overconfidence in a self-fulfilling ising model of financial markets [J]. Physica A: Statistical Mechanics and its Applications, 370 (2): 704-726.

Stauffer D. 2008. Social applications of two- dimensional ising models [J]. American Journal of Physics, 76 (4): 470-473.

Su W, Chen G, Hong Y. 2017. Noise leads to quasi- consensus of hegselmann- krause opinion dynamics [J]. Automatica, 85: 448-454.

Suchecki K, Eguíluz V M, San Miguel M. 2005. Voter model dynamics in complex networks: Role of dimensionality, disorder, and degree distribution [J]. Physical Review E, 72 (3): 036132.

Tan X, Gong Z, Chiclana F, et al. 2018. Consensus modeling with cost chance constraint under uncertainty opinions [J]. Applied Soft Computing, 67: 721-727.

Tanino T. 1984. Fuzzy preference orderings in group decision making [J]. Fuzzy Sets and Systems, 12 (2): 117-131.

Van Der Maas H L, Dalege J, Waldorp L. 2020. The polarization within and across individuals: The hierarchical ising opinion model [J]. Journal of Complex Networks, 8 (2): cnaa010.

Von Neumann J, Morgenstern O. 2007. Theory of games and economic behavior (commemorative edition) [M]. Princeton university press.

Wu J, Chiclana F, Herrera-Viedma E. 2015. Trust based consensus model for social network in an incomplete linguistic information context [J]. Applied Soft Computing, 35: 827-839.

Wu J, Chiclana F. 2014. A social network analysis trust-consensus based approach to group decision-making problems with interval-valued fuzzy reciprocal preference relations [J]. Knowledge-Based Systems, 59: 97-107.

Wu J, Chu J, Sun J, et al. 2016. Dea cross-efficiency evaluation based on pareto improvement [J]. European Journal of Operational Research, 248 (2): 571-579.

Wu J, Dai L, Chiclana F, et al. 2018. A minimum adjustment cost feedback mechanism based consensus model for group decision making under social network with distributed linguistic trust [J]. Information Fusion, 41: 232-242.

Wu Z, Xu J. 2018. A consensus model for large- scale group decision making with hesitant fuzzy information and changeable clusters [J]. Information Fusion, 41: 217-231.

Wu J, Chiclana F, Fujita H, et al. 2017. A visual interaction consensus model for social network group decision making with trust propagation [J]. Knowledge-Based Systems, 122: 39-50.

Xia H, Wang H, Xuan Z. 2011. Opinion dynamics: A multidisciplinary review and perspective on future research [J]. International Journal of Knowledge and Systems Science (IJKSS), 2 (4): 72-91.

Xu J, Wu Z. 2013. A maximizing consensus approach for alternative selection based on uncertain linguistic preference relations [J]. Computers & Industrial Engineering, 64 (4): 999-1008.

Xu X H, Du Z J, Chen X H. 2015. Consensus model for multi-criteria large-group emergency decision making considering non- cooperative behaviors and minority opinions [J]. Decision Support Systems, 79: 150-160.

Xu X, Du Z, Chen X, et al. 2019. Confidence consensus-based model for large-scale group decision making: A novel approach to managing non- cooperative behaviors [J]. Information Sciences, 477: 410-427.

Xu Y, Li K W, Wang H. 2013. Distance- based consensus models for fuzzy and multiplicative preference relations [J]. Information Sciences, 253: 56-73.

Yan H-B, Ma T, Huynh V-N. 2017. On qualitative multi- attribute group decision making and its consensus measure: A probability based perspective [J]. Omega, 70: 94-117.

Yang F, Yuan Q, Du S, et al. 2016. Reserving relief supplies for earthquake: A multi- attribute decision making of china red cross [J]. Annals of Operations Research, 247 (2): 759-785.

Yang H X, Wang W X, Lai Y C, et al. 2012. Convergence to global consensus in opinion dynamics under a nonlinear voter model [J]. Physics Letters A, 376 (4): 282-285.

Yildiz E, Ozdaglar A, Acemoglu D, et al. 2013. Binary opinion dynamics with stubborn agents [J]. ACM Transactions on Economics and Computation (TEAC), 1 (4): 1-30.

Yu D, Li D F, Merigo J M. 2016. Dual hesitant fuzzy group decision making method and its application to supplier selection [J]. International Journal of Machine Learning and Cybernetics, 7 (5): 819-831.

Zhang B, Dong Y, Xu Y. 2013. Maximum expert consensus models with linear cost function and aggregation operators [J]. Computers & Industrial Engineering, 66 (1): 147-157.

Zhang B, Liang H, Zhang G. 2018. Reaching a consensus with minimum adjustment in magdm with hesitant fuzzy linguistic term sets [J]. Information Fusion, 42: 12-23.

Zhang G, Dong Y, Xu Y, et al. 2011. Minimum-cost consensus models under aggregation operators [J]. IEEE Transactions on Systems, Man, and Cybernetics-Part A: Systems and Humans, 41 (6): 1253-1261.

Zhang H, Dong Y, Herrera-Viedma E. 2018. Consensus building for the heterogeneous large-scale gdm with the individual concerns and satisfactions [J]. IEEE Transactions on Fuzzy Systems, 26 (2): 884-898.

Zhang J, Hong Y. 2013. Opinion evolution analysis for short-range and long-range deffuant - weisbuch models [J]. Physica A: Statistical Mechanics and its Applications, 392 (21): 5289-5297.

Zhang X, Xu Z, Wang H. 2015. Heterogeneous multiple criteria group decision making with incomplete weight information: A deviation modeling approach [J]. Information Fusion, 25: 49-62.

Zhou L, Merigó J M, Chen H, et al. 2016. The optimal group continuous logarithm compatibility measure for interval multiplicative preference relations based on the cowga operator [J]. Information Sciences, 328: 250-269.

4 主客体协作式群体评价方法

群体评价往往需要代表不同方面利益的评价者参与其中。针对此类异质群体评价问题，本章研究了主客体协作式群体评价方法。在员工 360 度绩效考核、公司业绩考查和各地区发展状况评比等评价问题中，被评价对象（客体）是自然人或组织，能够发出自己的声音，表达自身的利益诉求。但在某些评价问题中，客体没有能力表达自身的利益诉求。据此，本章首先给出了主客体协作式群体评价问题的具体描述，然后针对被评价对象能够表达自己意见的情况，提出了基于赋权策略选取的主客体协作式群体评价方法，最后针对被评价对象不能表达自己意见的情况提出了基于话语赋权的主客体协作式群体评价方法。

4.1 问题描述

考虑一个由 n 个被评价对象，m 个属性（指标）和 p 个外部评价者组成的多属性群体评价问题，记被评价对象集为 $O=\{o_1, o_2, \cdots, o_n\}$，评价属性集为 $C=\{c_1, c_2, \cdots, c_m\}$，外部评价者的集合为 $S=\{s_1, s_2, \cdots, s_p\}$。方便起见，记被评价对象、属性和外部评价者的下标集合分别为 $N=\{1, 2, \cdots, n\}$，$M=\{1, 2, \cdots, m\}$，$P=\{1, 2, \cdots, p\}$。评价数据矩阵为 $\boldsymbol{A}=(x_{ij})_{n\times m}$，$\boldsymbol{A}$ 中数据为 n 个被评价对象在 m 个属性（指标）下预处理后得到的规范化（即极大型、无量纲化）数据。不失一般性，设被评价对象的属性赋权矩阵 $\boldsymbol{W}=(w_{ij})_{n\times m}$，外部评价者的属性赋权矩阵 $\boldsymbol{V}=(v_{lj})_{p\times m}$。$\boldsymbol{W}$ 和 $\boldsymbol{V}$ 代表了所有被评价对象和所有外部评价者的意见。其中，$w_{ij}\geqslant 0$，$\sum_{j=1}^{m} w_{ij}=1$；$v_{lj}\geqslant 0$，$\sum_{j=1}^{m} v_{lj}=1$。

主客体协作式群体评价是一种较为特殊的群体评价模式，其最大特征是被评价对象与外部评价者同时参与评价过程。为了更好地说明问题，先给出以下 3 个假设。

假设 4.1 外部评价者作为专家参与群体评价活动时，能够诚实地给出自己的意见。

假设 4.2 被评价对象有能力表达自身意见并且参与评价过程时，能够给出自己的意见；被评价对象自身没有能力表达自身意见时，为体现被评价对象的参与，把最符合被评价对象利益的价值取向作为其自身意见。

假设 4.3 每一个外部评价者和被评价对象都独立地提供信息，成员之间没有信息沟通。

假设 4.1 和假设 4.2 是对外部评价者和被评价对象提供信息的要求；假设 4.3 是对参与者的规则约束，以避免成员之间合谋。

4.2 基于赋权策略选取的主客体协作式群体评价方法

针对被评价对象可以提供评价信息的主客体协作式群体评价问题，首先要获取被评价对象（客体）和外部评价者（主体）的意见，然后以主体和客体落在意见一致区间内的成员个数占本群体成员的比例，判断该群体应采取怎样的赋权策略，并据此给出主体和客体的话语权重，根据“差异驱动”原理综合集结来自主客体的评价信息得到最终评价结论。

4.2.1 模型和方法

4.2.1.1 确定评价群体成员话语权重

在评价群体成员提供了各自属性赋权向量之后，需要确定各成员话语权重。以往的群体评价方法在对专家意见进行赋权时大都强调“群体共识”，在大部分情况下这种思路是可取的。但是，完全强调群体共识会抹杀少数群体的意见，形成“羊群效应”；而且忽略个性化的意见也会导致评价结论不合理。因此本节首先找出被评价对象群体和外部评价者群体之间关于属性 x_j 的意见一致区间，然后根据被评价对象群体和外部评价者群体落在意见一致区间内的成员个数占自身群体成员的比例，判断该群体在属性 x_j 上应采取怎样的赋权策略（包括共识赋权策略和个性赋权策略两种），进而集成该成员在所有属性上的赋权得分，得到最终的话语权重。

对于评价对象的属性赋权矩阵 $\boldsymbol{W}=(w_{ij})_{n\times m}$，第 j 列即为所有被评价对象对属性 x_j 的赋权，其中 $w_j^+=\{\max\limits_i w_{ij} \mid j\in M\}$，$w_j^-=\{\min\limits_i w_{ij} \mid j\in M\}$，且有 $w_j^-\leqslant w_j^+$，称被评价对象群体在属性 x_j 上的赋权区间为 $\tilde{w}_j=[w_j^-, w_j^+]$。同样，外部评价者的

属性赋权矩阵 $\boldsymbol{V}=(v_{lj})_{p\times m}$ 中，第 j 列即为所有外部评价者对属性 x_j 的赋权，其中 $v_j^+=\{\max_i v_{ij} \mid j\in M\}$，$v_j^-=\{\min_i v_{ij} \mid j\in M\}$，且有 $v_j^-\leqslant v_j^+$，称被外部评价者群体在属性 x_j 上的赋权区间为 $\tilde{v}_j=[v_j^-, v_j^+]$。由此，可以给出如下两个定义。

定义 4.1 称 $\tilde{c}_j$ 为被评价对象群体与外部评价者群体关于属性 x_j 的意见一致区间，$\tilde{c}_j=\tilde{w}_j\cap\tilde{v}_j=[c_j^-, c_j^+]$，区间中点为 $n_j=(c_j^-+c_j^+)/2$。当 $v_j^->w_j^+$ 时，有 $n_j=(v_j^-+w_j^+)/2$；当 $w_j^->v_j^+$ 时，有 $n_j=(w_j^-+v_j^+)/2$。

定义 4.2 称 δ_j 为关于属性 x_j 的赋权落在属性 x_j 的意见一致区间内的被评价对象占所有被评价对象个数的比例，$\delta_j\in[0, 1]$；λ_j 为关于属性 x_j 的赋权落在属性 x_j 的意见一致区间内的外部评价者的个数占所有外部评价者的比例，$\lambda_j\in[0, 1]$。

δ_j 和 λ_j 反映了群体内部意见群落的划分，δ_j 越大说明关于属性 x_j 的赋权落在属性 x_j 的意见一致区间内的被评价对象的个数越多，λ_j 同理。

求得 δ_j 和 λ_j 之后，按照 δ_j 和 λ_j 的取值情况分别判断被评价对象群体和外部评价者群体在属性 x_j 上应采取何种赋权策略，进而求出各个成员在属性 x_j 上的赋权得分，然后集成该成员在所有属性上的赋权得分即可求得其最终话语权重。

赋权策略分为共识赋权策略和个性赋权策略两种，以被评价对象 o_i 为例，可按式（4.1）确定

$$\eta_{ij}=\frac{f_{ij}^{\mp}(\delta_j,|w_{ij}-n_j|)}{\sum_{i=1}^{n}f_{ij}^{\mp}(\delta_j,|w_{ij}-n_j|)} \tag{4.1}$$

式（4.1）中，$i\in N$，$j\in M$ 为被评价对象 o_i 在属性 x_j 上的赋权得分，$\eta_{ij}\geqslant 0$。$f_{ij}^{\mp}(\delta_j, |w_{ij}-n_j|)$ 为关于 δ_j 及 $|w_{ij}-n_j|$ 的赋权得分因子函数。根据郭亚军（2007）计算密度算子权重系数的方法，这里 $f_{ij}^{\mp}$ 采用如下形式：

$$f_{ij}^{\mp}=e^{\mp\delta_j|w_{ij}-n_j|},\quad i\in N, j\in M \tag{4.2}$$

式中，$\delta_j\in[0, 1]$，$|w_{ij}-n_j|$ 为被评价对象 o_i 对属性 x_j 的赋权与意见一致区间中点的距离。f_{ij}^- 的取值范围为 $[1/e, 1]$，f_{ij}^+ 的取值范围为 $[1, e]$。

定义 4.3 当 $f_{ij}^-=e^{-\delta_j|w_{ij}-n_j|}$ 时，η_{ij} 为共识赋权策略下被评价对象 o_i 在属性 x_j 上的赋权得分，当 $f_{ij}^+=e^{\delta_j|w_{ij}-n_j|}$ 时，η_{ij} 为个性赋权策略下被评价对象 o_i 在属性 x_j 上的赋权得分。

同理，对于外部评价者 s_l，其在属性 x_j 上的赋权得分 μ_{lj} 为

$$\mu_{lj}=\frac{f_{lj}^{\mp}(\lambda_j,|v_{lj}-n_j|)}{\sum_{l=1}^{p}f_{lj}^{\mp}(\lambda_j,|v_{lj}-n_j|)},\quad l\in P, j\in M \tag{4.3}$$

式（4.3）除将 δ_j 变为 λ_j 外，其余处理方式均与被评价对象情况相同，其共识赋权策略函数 f_{lj}^- 和个性赋权策略函数 f_{lj}^+ 也与被评价对象配置方式相同，此处不赘述。

根据 δ_j 和 λ_j 的取值情况分别判断被评价对象群体和外部评价者群体在属性 x_j 上应采取何种赋权策略，有如下几种情况：

1）当被评价对象群体和外部评价者群体都有足够成员落在意见一致区间内时，此时有 $\delta_j \geqslant \alpha_j$，$\lambda_j \geqslant \beta_j$。$\alpha_j$ 和 β_j 为根据评价问题的实际情况选取的阈值，是判断"足够"的标准。若强调"群体共识"，α_j 和 β_j 可选用较小的值；若强调"个性信息"，α_j 和 β_j 可选用较大的值；其中 $\alpha_j \in [0, 1]$，$\beta_j \in [0, 1]$（下同）。由于被评价对象和外部评价者具有不同的知识背景和信息渠道，因而当两个群体能达成足够的一致时，其一致意见也就最为可靠。此时，两个群体均采用共识赋权策略。

2）当只有一方群体有足够成员落在意见一致区间内时，此时有 $\delta_j<\alpha_j$，$\lambda_j \geqslant \beta_j$ 或 $\delta_j \geqslant \alpha_j$，$\lambda_j<\beta_j$。以 $\delta_j<\alpha_j$，$\lambda_j \geqslant \beta_j$ 的情况为例，此时外部评价者群体中有足够的成员落在意见一致区间内，说明外部评价者群体的意见具有较高的一致性，而且也得到了部分被评价对象的支持，因而外部评价者群体应该选用共识赋权策略。而对于被评价对象群体来说，有相当数量的成员没有落在意见一致区间内，这说明被评价对象群体与外部评价者群体之间有意见分歧，被评价对象对双方群体意见的共识部分认可度不高。此时，由于被评价群体中有相当数量的成员给出了偏离意见一致区间的信息，那么偏离意见一致区间的信息应当得到重视。考虑到被评价对象对评价问题有较深的了解，并且有其独特的认识，那么此时应当采用个性赋权策略，重视少数群体意见，避免因完全追求共识而丧失个性信息。当 $\delta_j \geqslant \alpha_j$，$\lambda_j<\beta_j$ 的时候，与 $\delta_j<\alpha_j$，$\lambda_j \geqslant \beta_j$ 类似处理。

3）双方都没有足够的成员落在意见一致区间内时，有 $\delta_j<\alpha_j$，$\lambda_j<\beta_j$，意味着双方都有相当数量的成员偏离意见一致区间，此时双方共识较少、分歧较大。而主客体群体评价模式应当采用个性赋权策略，避免抹杀个性信息，体现不同方面的偏好。

4）当 $\tilde{c}_j = \varnothing$ 时，有 $\delta_j = \lambda_j = 0$，双方意见完全没有交集，应平等对待各被评价对象，有 $\eta_{ij} = 1/n$，$\mu_{lj} = 1/p$。

在求得被评价对象 o_i 在各属性上的赋权得分之后，可得到其在本群体内部的话语权重为

$$\eta_i^* = \frac{\sum_{j=1}^{m} \eta_{ij}}{m}, \quad i \in N, j \in M \tag{4.4}$$

可知 $\sum_{i=1}^{n} \eta_i^* = 1$，且有 $\eta_i^* \geqslant 0$。同样的，可以得到外部评价者 s_l 在本群体内部的话语权重为

$$\mu_l^* = \frac{\sum_{j=1}^{m} \mu_{lj}}{m}, \quad l \in P, j \in M \tag{4.5}$$

由式（4.5）可知，$\sum_{l=1}^{p} \mu_l^* = 1$，$\mu_l^* \geqslant 0$。

由此，可得到被评价对象话语权向量 $\boldsymbol{\eta}^* = (\eta_1^*, \eta_2^*, \cdots, \eta_n^*)^{\mathrm{T}}$ 和外部评价者话语权向量 $\boldsymbol{\mu}^* = (\mu_1^*, \mu_2^*, \cdots, \mu_n^*)^{\mathrm{T}}$。

4.2.1.2 信息集结

信息集结过程分两步进行，首先是分别求出被评价对象群体和外部评价者群体各自的评价结果，然后依据“差异驱动”原理将两者集成为最终评价结论。被评价对象群体得到的评价结果 y_1：

$$\boldsymbol{y}_1 = (y_{11}, y_{12}, \cdots, y_{1n})^{\mathrm{T}} = \boldsymbol{A}\boldsymbol{W}^{\mathrm{T}}\boldsymbol{\eta}^* \tag{4.6}$$

式中，y_{1i} 为被评价对象群体给出的被评价对象 o_i 的综合评价值，$i \in N$。同样，外部评价者群体得到的评价结果 y_2：

$$\boldsymbol{y}_2 = (y_{21}, y_{22}, \cdots, y_{2n})^{\mathrm{T}} = \boldsymbol{A}\boldsymbol{W}^{\mathrm{T}}\boldsymbol{\mu}^* \tag{4.7}$$

式中，y_{2i} 为外部评价者群体给出的被评价对象 o_i 的综合评价值，$i \in N$。集成被评价对象群体和外部评价者群体给出的评价结果，可以得到最终评价结论 z：

$$\boldsymbol{z} = (z_1, z_2, \cdots, z_n)^{\mathrm{T}} = \boldsymbol{Y}\boldsymbol{\varphi} \tag{4.8}$$

式（4.9）中，$\boldsymbol{Y} = (y_1, y_2)$，$\boldsymbol{\varphi} = (\varphi_1, \varphi_2)^{\mathrm{T}}$，$\varphi_k$ 为待定系数，$\varphi_k > 0$，$\sum_{k=1}^{2} \varphi_k^2 = 1$，$k = 1, 2$。

评价过程本身是一个发现被评价对象间的差异，并且利用差异对被评价对象排序的过程。当被评价对象之间没有差异时，评价也就变得没有意义。根据郭亚军（2007）提出的“差异驱动”原理，设定选取 φ_k 的标准为“最能体现被评价对象间差异”，也就是 φ_k 的取值使得 n 个被评价对象综合评价值的方差最大，求解如下规划模型

$$\text{maximize } \frac{1}{n-1}\sum_{i=1}^{n}(z_i - \bar{z})^2 = \boldsymbol{\varphi}^{\mathrm{T}}\boldsymbol{H}\boldsymbol{\varphi}$$

$$\text{subject to } \begin{cases} \sum_{k=1}^{2} \varphi_k^2 = 1 \\ \varphi_k > 0, \quad k = 1, 2 \end{cases} \tag{4.9}$$

式（4.9）中，$\boldsymbol{H}=\boldsymbol{Y}^{\mathrm{T}}\boldsymbol{Y}$，$\bar{z}=\frac{1}{n}\sum_{i=1}^{n}z_i$。可得最优解 $\boldsymbol{\varphi}$ 为 $\boldsymbol{H}$ 的最大特征值所对应的特征向量（郭亚军，2007）。

4.2.2 方法流程

综合上一小节的讨论和分析，给出基于赋权策略选取的主客体协作式群体评价流程如下。

步骤 1 群体评价问题的形成：确定评价数据矩阵 $\boldsymbol{A}$ 和外部评价者集合 S，并得到被评价对象的属性赋权矩阵 $\boldsymbol{W}$ 和外部评价者的属性赋权矩阵 $\boldsymbol{V}$。

步骤 2 确定评价群体成员的话语权重：求出被评价对象群体与外部评价者群体关于属性 x_j 的意见一致区间 $\tilde{c}_j$，根据落在属性 x_j 的意见一致区间内的成员个数在本群体中的比例 δ_j 和 λ_j，判断该群体在属性 x_j 上应当采取怎样的赋权策略，并计算得到被评价对象话语权向量 $\boldsymbol{\eta}^*$ 和外部评价者话语权向量 $\boldsymbol{\mu}^*$。

步骤 3 依据“差异驱动”原理集结被评价对象群体和外部评价者群体的评价结果：按照方差最大化原则确定 φ_k，然后计算得到最终评价结论 z。

4.2.3 算例分析

某研究型大学评选优秀教师，现由校外聘请的 4 位外部评价者对该校 6 位教师进行评选，以评选出年度最优秀教师。在评选过程中从发表论文、著作数量、科研项目、教学工作量和学生满意度等 5 个指标考核，所有指标均按本校规定计算得分，所有得分均在［0，100］区间内，分别记为 x_1、x_2、x_3、x_4 及 x_5。考虑到待选教师对教育行业和本校的实际情况有较多了解，因而将被评价对象的意见引入评价过程。评价原始数据见表 4.1。

表 4.1 原始数据表

	x_1	x_2	x_3	x_4	x_5
o_1	84	83	83	90	95
o_2	90	89	80	85	87
o_3	85	90	91	87	88
o_4	91	85	83	83	85

续表

	x_1	x_2	x_3	x_4	x_5
o_5	85	85	87	89	86
o_6	87	92	80	85	85

计算步骤如下：

1）征询外部评价者和被评价对象，得到被评价对象对属性的赋权矩阵 $\boldsymbol{W}=(w_{ij})_{6\times5}$ 和外部评价者对属性的赋权矩阵 $\boldsymbol{V}=(v_{lj})_{4\times5}$。

$$\boldsymbol{W}=\begin{bmatrix} 0.1 & 0.22 & 0.1 & 0.33 & 0.25 \\ 0.3 & 0.3 & 0.1 & 0.2 & 0.1 \\ 0.1 & 0.22 & 0.3 & 0.25 & 0.13 \\ 0.28 & 0.22 & 0.15 & 0.25 & 0.1 \\ 0.2 & 0.22 & 0.2 & 0.23 & 0.15 \\ 0.25 & 0.3 & 0.12 & 0.2 & 0.13 \end{bmatrix}$$

$$\boldsymbol{V}=\begin{bmatrix} 0.3 & 0.18 & 0.15 & 0.12 & 0.25 \\ 0.2 & 0.2 & 0.16 & 0.14 & 0.3 \\ 0.25 & 0.18 & 0.15 & 0.16 & 0.22 \\ 0.4 & 0.2 & 0.12 & 0.18 & 0.1 \end{bmatrix}$$

2）据定义 4.1 和定义 4.2 求出被评价对象群体与外部评价者群体关于属性 x_j 的意见一致区间 $\tilde{c}_j$，区间中点 n_j 以及 δ_j 和 λ_j（表 4.2）。

表 4.2　$\tilde{c}_j$，n_j，δ_j 和 λ_j 计算结果表

指标	$\tilde{c}_j$	n_j	δ_j	λ_j
发表论文	[0.2，0.3]	0.25	0.667	1
著作数量	∅	—	0	0
科研项目	[0.12，0.16]	0.14	0.333	1
教学工作量	[0.16，0.28]	0.22	0.833	0.5
学生满意度	[0.1，0.25]	0.175	1	0.75

根据评价问题的实际情况，选定 $\alpha_j=\beta_j=0.6$，$j\in M$，由此可以得到：在属性 x_1、属性 x_4 和属性 x_5 上，被评价对象群体选择共识赋权策略，而在其余 2 个属性上选择个性赋权策略；外部评价者群体在属性 x_1、属性 x_3 和属性 x_5 上选择共

识赋权策略，在属性 x_2 和属性 x_4 上选取个性赋权策略。由式（4.2）、式（4.3）求得被评价对象 o_i 在属性 x_j 上的赋权得分矩阵 $\boldsymbol{\eta}=(\eta_{ij})_{6\times5}$ 以及外部评价者 s_l 在属性 x_j 上的赋权得分矩阵 $\boldsymbol{\mu}=(\mu_{lj})_{4\times5}$ 分别为：

$$\boldsymbol{\eta}=\begin{bmatrix}0.156 & 0.167 & 0.166 & 0.158 & 0.163\\0.173 & 0.167 & 0.166 & 0.164 & 0.169\\0.156 & 0.167 & 0.173 & 0.168 & 0.167\\0.175 & 0.167 & 0.164 & 0.168 & 0.163\\0.167 & 0.167 & 0.167 & 0.171 & 0.171\\0.173 & 0.167 & 0.165 & 0.170 & 0.167\end{bmatrix}$$

$$\boldsymbol{\mu}=\begin{bmatrix}0.253 & 0.25 & 0.251 & 0.246 & 0.251\\0.241 & 0.250 & 0.249 & 0.248 & 0.242\\0.253 & 0.250 & 0.251 & 0.256 & 0.257\\0.253 & 0.250 & 0.249 & 0.251 & 0.251\end{bmatrix}$$

由式（4.4）、式（4.5）得到被评价对象话语权向量和外部评价者话语权向量分别为：

$\boldsymbol{\eta}^*=(0.162,\ 0.168,\ 0.166,\ 0.167,\ 0.169,\ 0.168)^{\mathrm{T}}$，$\boldsymbol{\mu}^*=(0.25,\ 0.246,\ 0.253,\ 0.251)^{\mathrm{T}}$。

3）根据式（4.6）、式（4.7）求得 y_1、y_2，按照式（4.8）求得 $\varphi_1=0.70$，$\varphi_2=0.71$。最终可得评价结果为：$z=(122.3,\ 121.9,\ 123.8,\ 120.6,\ 121.5,\ 121.3)^{\mathrm{T}}$，可知优秀教师为 o_3。

4.3 基于话语赋权的主客体协作式群体评价方法

针对被评价对象无法给出自身意见的主客体协作式群体评价问题，本小节给出了一种意见提取方法；然后以外部评价者提供的信息检验被评价对象提供的信息的失真程度，以被评价对象提供的信息检验外部评价者提供信息并判定评价主体的能力大小，据此给出被评价对象和外部评价者的话语权重；最后根据“差异驱动”原理，集成被评价对象群体给出的评价结果和外部评价者群体给出的评价结果，得到最终的评价结论。

4.3.1 模型和方法

4.3.1.1 获取属性赋权矩阵

本节以被评价对象和外部评价者对属性的赋权作为其表达自身意见的途径，也就是通过对属性权重的设置显示其自身偏好，进而展示其独特的价值取向。为了不失一般性，设被评价对象对属性的赋权矩阵 $\boldsymbol{W}=(w_{ij})_{n\times m}$，外部评价者对属性的赋权矩阵 $\boldsymbol{V}=(v_{lj})_{p\times m}$。$\boldsymbol{W}$ 和 $\boldsymbol{V}$ 代表了所有被评价对象和所有外部评价者的意见。其中，$w_{ij}\geqslant 0$，$\sum_{j=1}^{m} w_{ij}=1$；$v_{lj}\geqslant 0$，$\sum_{j=1}^{m} v_{lj}=1$。被评价对象 o_i 对属性的赋权向量 $\boldsymbol{w}_i=(w_{i1}, w_{i2}, \cdots, w_{im})^{\mathrm{T}}$ 代表了被评价对象 o_i 的意见；外部评价者 s_l 对属性的赋权向量 $\boldsymbol{v}_l=(v_{l1}, v_{l2}, \cdots, v_{lm})^{\mathrm{T}}$ 代表了外部评价者 s_l 的意见。

由假设 4.1 可知，外部评价者对属性的赋权矩阵 $\boldsymbol{V}$ 的获取较为简单，单纯从 $\boldsymbol{V}$ 的获取来看，类似于传统群组评价，评价时直接咨询相关外部专家即可。

根据假设 4.2，在员工绩效考核、公司业绩考察和各地区发展状况评比等评价问题中，被评价对象是自然人或组织，能够发出自己的声音，表达自身的利益诉求，因而属性赋权矩阵 $\boldsymbol{W}$ 可以直接获得。但是，在某些评价问题中，被评价对象没有能力表达自身利益诉求。针对这种情况，本节借鉴自主式评价方法中的思路，把被评价对象（方案）视作“智能体”，被评价对象从“最大化自身利益”的角度出发，通过建立最能体现自身竞争优势的价值取向来表达利益诉求。计算方法如下：

引入多属性评价理想点法中正负理想点的概念（Hwang and Yoon，1981），即正理想点x^+、负理想点x^-分别为$x^+=(\varepsilon_1^+x_1^+, \varepsilon_2^+x_2^+, \cdots, \varepsilon_m^+x_m^+)$，$x^-=(\varepsilon_1^-x_1^-, \varepsilon_2^-x_2^-, \cdots, \varepsilon_m^-x_m^-)$。其中，$x_j^+=\{\max_i x_{ij} \mid j\in M\}$，$x_j^-=\{\min_i x_{ij} \mid j\in M\}$。$\varepsilon_j^+$ 与 ε_j^- 为控制参数，$\varepsilon_j^+\geqslant 1$，意味着正理想点要不小于该指标已有的最大值（所谓“理想”就是指其难以实现）；$0\leqslant\varepsilon_j^-\leqslant 1$，意味着负理想点不能大于该指标已有的最小值。被评价对象 s_i 与正理想点间的偏差 c_i^+ 及与负理想点间的偏差 c_i^- 分别为：$c_i^+=\sum_{j=1}^{m}(x_{ij}-\varepsilon_j^+x_j^+)^2w_{ij}^2$，$c_i^-=\sum_{j=1}^{m}(x_{ij}-\varepsilon_j^-x_j^-)^2w_{ij}^2$，其中 w_{ij} 为 o_i 对第 j 项指标的赋权。

为了使得被评价对象与理想解最为接近的属性赋权向量最能体现被评价对象

自身优势，也就是与正理想点距离越小越好，与负理想点距离越大越好，建立如下规划模型：

$$\text{minimize } d_i = c_i^+ - c_i^-$$

$$\text{subject to} \begin{cases} \sum_{j=1}^{m} w_{ij} = 1 \\ w_{ij} \geqslant 0, \quad i \in N; j \in M \end{cases} \tag{4.10}$$

式（4.10）表示，被评价对象 o_i 在评价数据矩阵 A 已知的基础上，通过寻求最能体现被评价对象 o_i 优势的属性权向量 $w_i=(w_{i1}, w_{i2}, \cdots, w_{im})^{\mathrm{T}}$，达到 o_i 的最优状态。记 $e_{ij}=[(x_{ij}-\varepsilon_j^+x_j^+)^2-(x_{ij}-\varepsilon_j^-x_j^-)^2]$，则式（4.10）可写成

$$\text{minimize } d_i = \sum_{j=1}^{m} e_{ij}w_{ij}^2$$

$$\text{subject to} \begin{cases} \sum_{j=1}^{m} w_{ij} = 1 \\ w_{ij} \geqslant 0, \quad i \in N; j \in M \end{cases} \tag{4.11}$$

求解式（4.11），作拉格朗日函数

$$L = \sum_{j=1}^{m} e_{ij}w_{ij}^2 + \lambda\left(\sum_{j=1}^{m} w_{ij} - 1\right) \tag{4.12}$$

令$\dfrac{\partial L}{\partial w_{ij}}=0$，$\dfrac{\partial L}{\partial \lambda}=0$；解得

$$w_{ij} = \frac{1}{e_{ij}\sum_{j=1}^{m}\frac{1}{e_{ij}}}, \quad (j \in M) \tag{4.13}$$

若 $e_{ij}=0$，则式（4.13）无意义，且要满足 $w_{ij}\geqslant 0$，因而必有 $e_{ij}>0$，即有

$$\begin{cases} \varepsilon_j^+x_j^+ - \varepsilon_j^-x_j^- > 0 \\ \varepsilon_j^+x_j^+ + \varepsilon_j^-x_j^- - 2x_{ij} > 0 \end{cases} \tag{4.14}$$

由指标的实际意义、ε_j^+ 和 ε_j^- 的取值范围可知，必有 $\varepsilon_j^+x_j^+-\varepsilon_j^-x_j^->0$。因而式（4.14）即等价于：$(i\in N)$，$\varepsilon_j^+$、$\varepsilon_j^-$ 必须满足：$\varepsilon_j^+x_j^++\varepsilon_j^-x_j^--2x_{ij}>0$。由于对任意 x_{ij}，均要满足式（4.14）条件，对于 $x_{ij}=x_j^+$，式（4.14）亦成立，也就是必须满足

$$\begin{cases} \varepsilon_j^+ > 2 - \dfrac{\varepsilon_j^-x_j^-}{x_j^+} \\ \varepsilon_j^- \in [0,1], \varepsilon_j^+ \in [1, +\infty) \end{cases} \tag{4.15}$$

余雁等（2004）探讨了评价者如何设置正理想点的放大倍数以体现其偏好。本节重点介绍主客体协作式群体评价方法，把 ε_j^+ 与 ε_j^- 视为一组控制变量，能够满足模型要求的条件即可，因而 ε_j^+ 与 ε_j^- 的不同设置对评价结论的影响参见余雁等的相关研究。由此，在前面设定理想点放大倍数时，只要满足式（4.15）的要求，就可以得到被评价对象属性赋权矩阵 $\boldsymbol{W}=(w_{ij})_{n\times m}$。这样便可得到评价对象属性赋权矩阵 $\boldsymbol{W}=(w_{ij})_{n\times m}$ 和外部评价者对属性的赋权矩阵 $\boldsymbol{V}=(v_{lj})_{p\times m}$。

4.3.1.2　确定评价群体成员话语权重

主客体协作式群体评价模式赋予被评价对象（客体）话语权，一方面使得被评价对象能够表达自身的利益诉求；另一方面，在引入被评价对象提供的信息之后，评价结论也就更容易被评价对象接受。但是，被评价对象由于利益相关，提供的信息可能会有些偏颇，导致评价结论失真。而外部评价者作为利益无关方，一般而言其自身利益与评价问题关系不大，且外部评价者一般是相关领域的专家，在一定程度上能够提供客观、公正、真实的评价信息。因此，可以以被评价对象提供的信息与外部评价者提供的评价信息之间的差异作为赋权标准，确定评价对象的话语权重。

与被评价对象不同的是，外部评价者因其超然于评价问题之外，无须考虑评价问题带来的利害得失，因而"诚实"不是对外部评价者的首要考量标准。对评价问题而言，外部评价者对评价问题的了解程度和判断能力是最为重要的，所以以外部评价者提供的信息的质量为依据确定其话语权重。与外部评价者提供的评价信息可能更客观、公正、真实相对应，被评价对象往往对评价问题有着更深的了解，因而可以用被评价对象提供的信息来判断外部评价者所提供信息的质量，这个原则同样体现在以被评价对象提供的信息与外部评价者提供的评价信息之间的差异作为赋权标准。

本节中，被评价对象和外部评价者提供的信息均以属性权向量的方式给出，可以用属性权向量之间的距离表征信息之间的差异。记被评价对象 o_i 对属性的赋权向量 w_i 与外部评价者 s_l 对属性的赋权向量 v_l 之间的欧式距离为信息差异系数 ρ_{il}，计算式如下

$$\rho_{il}=\sqrt{\sum_{j=1}^{m}(w_{ij}-v_{lj})^2},\quad i\in N,l\in P \tag{4.16}$$

从而可以得到被评价对象与外部评价者之间的信息差异系数矩阵 $\boldsymbol{Q}=(\rho_{il})_{n\times p}$。对 $\boldsymbol{Q}$ 中第 i 行元素求和，即可得到被评价对象 o_i 对属性的赋权向量 w_i

与所有 p 个外部评价者对属性的赋权向量之间的信息差异系数之和，记为信息失真系数 δ_i，计算式如下

$$\delta_i = \sum_{l=1}^{p} \rho_{il}, \quad i \in N \tag{4.17}$$

对 $\boldsymbol{Q}$ 中第 j 列元素求和，即可得到外部评价者 s_l 对属性的赋权向量 v_l 与所有 n 个被评价对象对属性的赋权向量之间的信息差异系数之和，记为能力缺失系数 λ_i，计算式如下

$$\lambda_l = \sum_{i=1}^{n} \rho_{il}, \quad l \in P \tag{4.18}$$

在得到所有被评价对象信息失真系数以及所有外部评价者能力缺失系数之后，可以计算各外部评价者的话语权重。以被评价对象为例，被评价对象 o_i 的话语权重系数 $\boldsymbol{\eta}_i$ 为

$$\boldsymbol{\eta}_i = \frac{f(\delta_i)}{\sum_{k=1}^{n} f(\delta_k)}, \quad i \in N \tag{4.19}$$

式（4.19）中，f（δ_i）>0。根据郭亚军（2007）计算密度算子权重系数的方法，这里采用如下配置方式

$$f(\delta_i) = e^{-c\delta_i}, \quad i \in N \tag{4.20}$$

式中，c 为控制参数，c>0。c 的设定可以体现评价者的偏好，一般，可以按照如下方法设定。

方法一（风险规避型）：当评价者偏好风险规避时，倾向于保守型评价，希望尽量降低被评价对象之间的内部重要性差距，那么评价者可以设定最大话语权差异倍数 θ^+，则任意两被评价对象之间重要性差距不超过 θ^+。设置方法如下：将 $\boldsymbol{\eta}_i$ 按照从小到大的顺序排列得到 $\boldsymbol{\eta}'_1$，…，$\boldsymbol{\eta}'_n$，$\boldsymbol{\eta}'_1$为最小值，$\boldsymbol{\eta}'_n$为最大值，有

$$\boldsymbol{\eta}'_n / \boldsymbol{\eta}'_1 = \theta^+ \tag{4.21}$$

由式（4.19）和式（4.20）可知 $\boldsymbol{\eta}_i$ 关于 δ_i 单调递减，对应 $\boldsymbol{\eta}'_1$，…，$\boldsymbol{\eta}'_n$从小到大排列，δ'_1，…，δ'_n为从大到小排列，从而由式（4.20）和式（4.21）可解得

$$c = \frac{\ln\theta^+}{\delta'_1 - \delta'_n} \tag{4.22}$$

方法二（风险偏好型）：当评价者为风险偏好型，倾向于激进型评价时，希望尽量拉大被评价对象之间的内部重要性差距，则评价者可以设定最小话语权差异倍数 θ^-。如方法一，将 $\boldsymbol{\eta}_i$ 按照从小到大的顺序排列得到 $\boldsymbol{\eta}'_1$，…，$\boldsymbol{\eta}'_a$，$\boldsymbol{\eta}'_b$，…，$\boldsymbol{\eta}'_n$，$\boldsymbol{\eta}'_1$为最小值，$\boldsymbol{\eta}'_n$为最大值。其中 $\boldsymbol{\eta}'_a$和 $\boldsymbol{\eta}'_b$为相邻有差距并且差距最小的两元素，也就是满足：$\forall k \in N$，均有 $0<\eta'_b-\eta'_a \leqslant \eta'_k-\eta'_{k-1}$。从而有

$$\eta'_b/\eta'_a=\theta^- \tag{4.23}$$

相应可解得

$$c=\frac{\ln\theta^-}{\delta'_a-\delta'_b} \tag{4.24}$$

方法三（特殊情况）：当 $\delta_1=\delta_2=\cdots=\delta_n$ 时，c 无论如何设定总有 $\eta_1=\eta_2=\cdots=\eta_n$，$c$ 可取任意常数。

与被评价对象 o_i 的话语权重系数 η_i 计算方法相同，外部评价者 s_l 的话语权重系数 μ_l 为

$$\mu_l=\frac{f(\lambda_l)}{\sum_{k=1}^{p}f(\lambda_k)},\quad l\in P \tag{4.25}$$

式（4.25）中，f（λ_l）可按照 f（δ_i）的方式设置，其参数确定方式也参照 η_i 各参数的确定方法。由此，可得到被评价对象话语权向量 $\boldsymbol{\eta}=(\eta_1,\eta_2,\cdots,\eta_n)^{\mathrm{T}}$ 和外部评价者话语权向量 $\boldsymbol{\mu}=(\mu_1,\mu_2,\cdots,\mu_p)^{\mathrm{T}}$。

4.3.1.3 信息集结

被评价对象群体得到的评价结果 $\boldsymbol{y}_1$：

$$\boldsymbol{y}_1=(y_{11},y_{12},\cdots,y_{1n})^{\mathrm{T}}=\boldsymbol{AW}^{\mathrm{T}}\boldsymbol{\eta} \tag{4.26}$$

其中 y_{1i} 为被评价对象群体给出的被评价对象 o_i 的综合评价值，$i\in N$。同样，外部评价者群体得到的评价结果 $\boldsymbol{y}_2$：

$$\boldsymbol{y}_2=(y_{21},y_{22},\cdots,y_{2n})^{\mathrm{T}}=\boldsymbol{AW}^{\mathrm{T}}\boldsymbol{\mu} \tag{4.27}$$

其中 y_{2i} 为外部评价者群体给出的被评价对象 o_i 的综合评价值，$i\in N$。集成被评价对象群体和外部评价者群体给出的评价结果，可以得到最终评价结论 $\boldsymbol{z}$：

$$\boldsymbol{z}=(z_1,z_2,\cdots,z_n)^{\mathrm{T}}=\varphi_1 y_1+\varphi_2 y_2 \tag{4.28}$$

其中 φ_k 为待定系数，$\varphi_k>0$，$\sum_{k=1}^{2}\varphi_k^2=1$。

根据“差异驱动”原理，φ_k 的取值标准为“最能体现被评价对象间差异”。本章依据王应明（1998）的文献，以 n 个被评价对象综合评价值的离差最大作为被评价对象间的差异最大。求解如下规划模型：

$$\begin{aligned}&\text{maximize}\ \sum_{k=1}^{2}\sum_{i=1}^{n}\sum_{j=1}^{n}|y_{ki}-y_{kj}|\varphi_k\\&\text{subject to}\begin{cases}\sum_{k=1}^{2}\varphi_k^2=1\\\varphi_k>0,\quad k=1,2\end{cases}\end{aligned} \tag{4.29}$$

对式（4.29）作拉格朗日函数并求导，即可求得最优解为：

$$\varphi_k = \frac{\sum_{i=1}^{n}\sum_{j=1}^{n}|y_{ki}-y_{kj}|}{\sqrt{\sum_{k=1}^{2}\left[\sum_{i=1}^{n}\sum_{j=1}^{n}|y_{ki}-y_{kj}|\right]^2}}$$

，$k=1$，2。由此求得最终评价结论 z。

4.3.2 方法流程

综合上面的讨论和分析，给出主客体协作式群体评价流程如下。

步骤 1 综合评价问题的形成：确定评价数据矩阵 $\boldsymbol{A}$ 和外部评价者集合 S。

步骤 2 意见的获取：得到被评价对象的属性赋权矩阵 $\boldsymbol{W}$ 和外部评价者的属性赋权矩阵 $\boldsymbol{V}$。

步骤 3 确定评价群体成员的话语权重：求出信息差异系数矩阵 $\boldsymbol{Q}$，据此计算被评价对象的信息失真系数 δ_i 和外部评价者的能力缺失系数 λ_l，计算得到被评价对象话语权向量 $\boldsymbol{\eta}$ 和外部评价者话语权向量 $\boldsymbol{\mu}$。

步骤 4 依据"差异驱动"原理集结被评价对象群体和外部评价者群体的评价结果，即按照离差最大化原则确定 φ_k，然后计算得到最终评价结论 z。

4.3.3 算例分析

出于日常业务需求，某公司欲购买一批汽车，计划从 4 种汽车 o_1，o_2，o_3，o_4 中选取一种最优车型。在优选过程中着重从 4 个属性考虑被评价对象的优劣，即最大速度、综合油耗、售价和最大马力。为此聘请了 3 位外部专家 s_1，s_2，s_3 协助评价。评价原始数据见表 4.3。

表 4.3 原始数据表

车型	最高车速（KM/h）	综合油耗（L）	售价（万元）	最大功率（马力）
o_1	180	8.1	14.88	126
o_2	195	7.2	14.68	122
o_3	190	7.7	14.49	143
o_4	205	8.3	14.98	147

对原始数据进行类型一致化和无量纲化处理，得到的规范化数据矩阵 $\boldsymbol{A}=$

$(x_{ij})_{4\times4}$为：

$$A=\begin{bmatrix}0.467 & 0.481 & 0.496 & 0.467\\ 0.506 & 0.541 & 0.503 & 0.452\\ 0.493 & 0.506 & 0.509 & 0.530\\ 0.532 & 0.469 & 0.492 & 0.545\end{bmatrix}$$

计算步骤如下：

1）首先根据式（4.16）选取 $\varepsilon_j^+=2$，$\varepsilon_j^-=1$，然后根据式（4.14）求得被评价对象对属性的赋权矩阵 $\boldsymbol{W}=(w_{ij})_{4\times4}$，然后征询外部评价者，得到外部评价者对属性的赋权矩阵 $\boldsymbol{V}=(v_{lj})_{3\times4}$。

$$W=\begin{bmatrix}0.238 & 0.234 & 0.310 & 0.218\\ 0.250 & 0.269 & 0.291 & 0.190\\ 0.233 & 0.229 & 0.292 & 0.246\\ 0.269 & 0.2 & 0.271 & 0.260\end{bmatrix}$$

$$V=\begin{bmatrix}0.25 & 0.25 & 0.3 & 0.2\\ 0.3 & 0.3 & 0.15 & 0.25\\ 0.1 & 0.2 & 0.4 & 0.3\end{bmatrix}$$

2）计算得到被评价对象与外部评价者之间的信息差异系数矩阵 $\boldsymbol{Q}=(\rho_{il})_{4\times3}$为

$$Q=\begin{bmatrix}0.029 & 0.187 & 0.187\\ 0.023 & 0.164 & 0.226\\ 0.054 & 0.173 & 0.181\\ 0.086 & 0.161 & 0.216\end{bmatrix}$$

3）根据式（4.17）和式（4.18）求得被评价对象的信息失真系数 δ_i 和外部评价者的能力缺失系数 λ_i。对于外部评价者群体而言，由于利益相关程度较低，应鼓励其内部话语权大小差异，故采用方法二确定 c 的值。选取 $\theta^-=1.5$，据式（4.24）则有 $c=3.2$。对于被评价对象群体而言，由于被评价对象都倾向于展现自己的竞争优势，应尽量减少其话语权大小差异，因而采取方法一确定 c 的值。选取 $\theta^+=2$，据式（4.22）则有 $c=11.5$。

根据式（4.19）及式（4.25）计算得到被评价对象以及外部评价者话语权向量：$\boldsymbol{\eta}=(0.301, 0.266, 0.281, 0.0150)^{\mathrm{T}}$，$\boldsymbol{\mu}=(0.744, 0.154, 0.103)^{\mathrm{T}}$。

4）根据式（4.26）和式（4.27）计算得到 y_1、y_2，并根据“差异驱动”原理，按照式（4.29）求得 $\varphi_1=0.716$，$\varphi_2=0.698$，据式（4.28）求得综合评价结

果为 $z=(0.677, 0.709, 0.720, 0.718)^T$，最终确定应选择采购的车型为 o_3。

4.4 本章小结

相比传统群体评价理论体系，本章给出的基于赋权策略选取的主客体协作式群体评价方法，针对被评价对象能够给出自身意见的评价问题，考虑评价群体内部主客体评价者的不同特点，求得主客体间的意见一致区间，然后通过主客体对群体间一致意见的支持程度，判断该群体应选用何种赋权策略，并根据相应赋权策略得到该群体成员的话语权重；而基于话语赋权的主客体协作式群体评价方法针对被评价对象无法给出自身意见的主客体协作式群体评价问题，考虑评价者群体内部评价主体和评价客体的不同特点，通过不同类评价者之间的信息互检对评价主体以及评价客体进行话语赋权。最后两种方法均通过差异驱动原理得到让各方面都信服的评价结论。

本章所给出方法的主要特点为：

1）针对外部评价者话语赋权问题，提出了强调“多数人意见”的共识赋权策略和强调“少数人个性化信息”的个性赋权策略，并给出了相应的计算模型。

2）给出了一种赋权策略选取的具体判断标准。以群体间一致意见区间为依据，通过群体对一致意见的支持程度作为选取赋权策略的准则。

3）针对最终评价信息集成问题，引入“差异驱动”原理，采用基于被评价对象综合评价值方差最大化的信息集成方法得到最终集结结果。

延展阅读

综合评价（comprehensive evaluation，CE）是指对被评价对象所进行的客观、公正、合理的全面评价（郭亚军，2007）。关于综合评价理论的研究，目前已经有了较大进展。由于评价问题的复杂性，单个评价者很难考虑到所有评价信息，因此群组评价方法在现实生活中应用较为广泛。传统的关于群组评价的研究大多集中于群体一致意见达成（Hwang and Yoon，1981；余雁等，2004）、不确定信息（王应明，1998；廖貅武等，2006）、评价者赋权（Ramanathan and Ganesh，1994；Yue，2011；Ahn and Park，2008）等方面。传统综合评价理论大多是基于被评价对象不参与任何评价过程的他主式综合评价模式（Hwang and Yoon，1981；余雁等，2004；王应明，1998；廖貅武等，2006；Ramanathan and Ganesh，

1994；Yue，2011；Ahn and Park，2008），该模式中评价群体与被评价对象是独立的，评价群体中所有成员均为与评价问题没有任何利益纠葛的外部评价者，能够客观地给出自身看法。但是他主式综合评价模式下，被评价对象没有话语权，对评价活动没有参与感，从而对评价结论接受程度不高。此外，最了解评价问题的往往是被评价对象自身，忽略来自被评价对象的信息容易导致评价结果合理性不足。

为避免上述缺陷，有学者研究了自主式综合评价（易平涛和郭亚军，2007；余雁和梁樑，2006；梁樑和王国华，2002）。余雁和梁樑（2006）提出了一种基于 Nash 均衡约束的竞争性评估方法，以被评价对象与正理想点距离最小为最优，在被评价对象自身优势最大化的基础上，增加 Nash 均衡约束，通过约束参数的不断迭代，达到各评价单元的优势均衡，给出基于优势均衡的客观确定权重。易平涛和郭亚军（2007）提出了一种权数非独裁性条件下基于竞争视野优化的多属性评价方法，该方法首先提出了“权数非独裁性条件”及反映被评价对象自主意识的“竞争视野优化准则”，然后以评价值最大为最优建立评价模型，得到最终的评价结果。

自主式综合评价模式的优点是评价群体就是被评价对象本身，完全不需要外部评价者的意见，而且被评价对象的参与有效地增强了其对评价结论的认同感。但是在自主式综合评价模式中，被评价对象本身的利益与评价问题息息相关，在提供意见时经常存在利益关系的权衡，容易导致评价结果失真。

主客体协作式综合评价模式是对上述两种评价模式的综合（易平涛等，2008）。针对以上两种评价模式的不足，张发明等（2010）提出了一种以外部评价者为主被评价对象为辅，由双方共同完成的群体评价方法。该方法将被评价对象仅仅视作评价辅助信息源，以外部评价者信息为基准检验被评价对象提供的信息，并不检验外部评价者的信息。由于主客体协作式综合评价能够集成被评价对象和外部评价者两方面的信息，因而在一定程度上能够避免他主式综合评价和自主式综合评价的一些缺点。

本章参考文献

郭亚军. 2007. 综合评价理论、方法及应用［M］. 北京：科学出版社.

梁樑，王国华. 2002. 多层次交互式确定权重的方法［J］. 系统工程学报，17（4）：358-363.

廖貅武，李垣，董广茂. 2006. 一种处理语言评价信息的多属性群决策方法［J］. 系统工程理论与实践，26（9）：90-98.

王应明 . 1998. 运用离差最大化方法进行多指标决策与排序 [J] . 中国软科学, 3 (36-38) .
易平涛, 郭亚军 . 2007. 权数非独裁性条件下基于竞争视野优化的多属性决策方法 [J] . 控制与决策, 22 (11): 1259-1263.
易平涛, 张丹宁, 郭亚军 . 2008. 主观自主式评价的序优化模型及赋权策略仿真 [J] . 运筹与管理, 17 (3): 38-45.
余雁, 梁樑, 罗彪 . 2004. 基于自互评体系的竞争性评估方法研究 [J] . 系统工程, 22 (5): 94-97.
余雁, 梁樑 . 2006 基于 nash 均衡约束的竞争性评估方法研究 [J] . 管理科学学报, 9 (1): 8-13.
张发明, 郭亚军, 易平涛 . 2010. 一种主客方协作式群体评价方法及其应用 [J] . 中国管理科学, 18 (4): 145-151.
Ahn B S, Park K S. 2008. Comparing methods for multiattribute decision making with ordinal weights [J]. Computers & Operations Research, 35 (5): 1660-1670.
Hwang C L, Yoon K. 1981. Multiple Attributes Decision Making Methods and Applications [M]. Berlin: Springer-Verlag.
Ramanathan R, Ganesh L S. 1994. Group preference aggregation methods employed in AHP: An evaluation and an intrinsic process for deriving members' weightages [J] . European Journal of Operational Research, 79 (2): 249-265.
Yue Z. 2011. An extended TOPSIS for determining weights of decision makers with interval numbers [J]. Knowledge-Based Systems, 24 (1): 146-153.

5 基于“个体-个体”视角的群体AHP动态自适应共识达成模型

在群体评价过程中，研究者们广泛使用共识达成模型来提升群体的观点一致性水平。现有的共识达成模型多以群体集结观点为测量个体共识水平和修改不相容个体判断的参照点。这些面向中心的方法需要在每一轮协商中将个体观点集结成有代表性的群体观点，这将增加群体评价问题的成本和复杂度。因此，基于群体层次分析法，本章提出了一个动态决策环境下基于“个体-个体”视角的群体共识达成模型。在“个体-个体”共识达成模型中，决策者在每一轮达成共识的过程中调整自身观点的程度可能由他的共识水平或者在该轮次的可信度决定。本章详细描述了动态自适应共识达成模型的全过程并基于其性质展开讨论，最后以一个数值算例来证明该模型的有效性。

5.1 问题描述

简单起见，我们用 $N=\{1,2,\cdots,n\}$，$M=\{1,2,\cdots,m\}$ 来表示集合中的元素。$X=\{x_1,x_2,\cdots,x_n\}$ 是可选方案的有限集合，其中 x_i 表示第 i 个待选方案。用一个 $n\times n$ 的成对判断矩阵（PCM）$\boldsymbol{A}=(a_{ij}=w_i/w_j)_{n\times n}$来表示判断信息，其中 $a_{ij}=1/a_{ji}$，a_{ij}为 Saaty 提出的 1-9 标度，表示 x_i 优于 x_j 的程度或者 x_i 相对 x_j 的重要程度。Saaty（1980）定义了一致性的概念来反映判断矩阵质量，如果判断矩阵 $\boldsymbol{A}$ 满足

$$a_{ij}=a_{ik}a_{kj},\quad i,j,k\in N \tag{5.1}$$

那么判断矩阵 $\boldsymbol{A}$ 完全一致。然而，在被评价对象数目较多时，决策者很难给出一个完全一致的判断矩阵。因此，Saaty 定义了一致性指标

$$\mathrm{CI}_A=\frac{\lambda_{\max}-n}{n-1} \tag{5.2}$$

其中 $\lambda_{\max}$是 $\boldsymbol{A}$ 的最大或主特征值。同时，我们使用一致性比例（Saaty，1977）

$$\mathrm{CR}_A=\frac{\mathrm{CI}_A}{\mathrm{RI}_n} \tag{5.3}$$

来衡量判断矩阵的不一致性是否可接受。其中 RI_n 是从随机产生的 $n \times n$ 判断矩阵中生成平均随机一致性指标，如表 5.1 所示。通常，如果 CR_A 小于 0.10，我们认为判断矩阵 A 可以通过一致性检验（Saaty，1990）。

表 5.1　随机一致性指数

n	1	2	3	4	5	6	7	8	9	10
RI	0	0	0.52	0.89	1.11	1.25	1.35	1.40	1.45	1.49

资料来源：Saaty，2010

记 $D=\{DM_1, DM_2, \cdots, DM_m\}$ 为 m 个决策者的集合。决策者 DM_k 的判断矩阵用 $\boldsymbol{A}_k=(a_{ij(k)})_{n\times n}$ 表示，$k\in M$。记 $\boldsymbol{\rho}=(\rho_1, \rho_2, \cdots, \rho_m)^{\mathrm{T}}$ 为决策者的权向量，其中 $\rho_k\geqslant 0$，$\sum_{k=1}^{m}\rho_k=1$，$k\in M$。通过加权几何平均方法集结各专家判断矩阵，得到群体判断矩阵 $\boldsymbol{G}=(g_{ij})_{n\times n}$，其中

$$g_{ij}=\prod_{k=1}^{m}(a_{ij(k)})^{\rho_k} \tag{5.4}$$

一旦个体判断通过几何平均方法集结为群体判断，我们将面临群体判断矩阵不一致的问题。Grošelj 和 Zadnik Stirn（2012）曾证明如果判断矩阵 $\boldsymbol{A}_1$，$\boldsymbol{A}_2$，…，$\boldsymbol{A}_m$ 均具有可接受的一致性，那么通过加权几何平均方法得到的判断矩阵 $\boldsymbol{G}$ 也具有可接受的一致性。

为了测量群体的一致性水平，首先要测量两个决策者观点的接近度或距离。在群体 AHP 背景下，需要比较两个判断矩阵的差异、接近程度或距离，然后由群体中所有决策者两两之间计算出来的距离测度创建一个无向图来表示决策者观点间的关系。考虑到判断矩阵属于绝对尺度，因此也属于比例尺度，Saaty（1994）提出可以使用相容性来测量两个判断矩阵的接近程度。

定义 5.1　相容性：若有两个判断矩阵 $\boldsymbol{A}_k=(a_{ij(k)})_{n\times n}$ 和 $\boldsymbol{A}_l=(a_{ij(l)})_{n\times n}$，$\boldsymbol{A}_k$ 和 $\boldsymbol{A}_l$ 的相容性可以被定义为（Saaty，1994）

$$c(\boldsymbol{A}_k,\boldsymbol{A}_l)=\frac{1}{n^2}e^{\mathrm{T}}\boldsymbol{A}_k\circ\boldsymbol{A}_l^{\mathrm{T}}e=\frac{1}{n^2}\sum_{i=1}^{n}\sum_{j=1}^{n}a_{ij(k)}a_{ji(l)} \tag{5.5}$$

式中，$\circ$ 表示两个矩阵的 Hadamard 乘积，$e=(1, 1, \cdots, 1)^{\mathrm{T}}$。通过式（5.5），可以得到 $c(\boldsymbol{A}_k, \boldsymbol{A}_l)\geqslant 1$。当且仅当 $\boldsymbol{A}_k=\boldsymbol{A}_l$ 时，$c(\boldsymbol{A}_k, \boldsymbol{A}_l)=1$。

定义 5.2　个体共识指数：$\boldsymbol{A}_1$，$\boldsymbol{A}_2$，…，$\boldsymbol{A}_m$ 和 $\boldsymbol{G}$ 如前所述，$\boldsymbol{A}_p$，$\boldsymbol{A}_q$ 是决策者 DM_p，DM_q，p，$q\in M$ 的两个判断矩阵，DM_p 和 DM_q 之间的个体共识指数定义为

$$ICI_{pq}=c(\boldsymbol{A}_p,\boldsymbol{A}_q),\quad p,q\in M \tag{5.6}$$

式中，ICI_{pq}可以表征群体中决策者 DM_p 和 DM_q 判断矩阵的接近程度。通过式（5.5）和式（5.6），可以得出如下性质：①$ICI_{pq} \geqslant 1$；②$ICI_{pq} = ICI_{qp}$（对称性）；③$ICI_{pp} = 1$（自反性）。

定义一个阈值 ε，其中 $\varepsilon \geqslant 1$，如果 $ICI_{pq} \leqslant \varepsilon$，我们就认为决策者 p 和 q 达成了可接受的共识。ε 的值通常取决于我们处理的特定问题。Saaty（1994）建议将 ε 设置为 1.1，作为可接受的共识水平的阈值。通过长期的项目经验，我们发现 10% 还是过大，这里我们建议将 ε 设置为 1.01，因为通常使用 1% 的偏差作为可接受的偏差上限。当决策的结果和每一个个体相关且没有人拥有特殊的权威时，共识水平阈值可以设置得高一些，例如 $\varepsilon = 1.01$。与之相反，如果群体中有一个领导者，且决策是通过专制的方式来制定的，或者急于得到解决方案，那么可能需要一个较低的共识水平，例如 $\varepsilon = 1.11$。

个体共识指数只能够说明一对决策者之间的无向关系，即 $ICI_{pq} = ICI_{qp}$。假如在群体中有一对个体 $\{DM_k, DM_l\}$，那就需要分辨出这两个个体在共识达成过程中的观点参考方向。DM_k 参考 DM_l 的观点修改自己的观点和 DM_l 参考 DM_k 的观点修改自己的观点是两种不同的情境，而且 DM_k 和 DM_l 可能在观点修改上作出不同的选择。

为了厘清两个决策者之间的方向，我们定义了有序决策者对。

定义 5.3 有序决策者对：令 $D = \{DM_1, DM_2, \cdots, DM_m\}$ 为决策者的集合。定义（DM_k，DM_l）为群体里一个有序决策者对，k，$l \in M$，（DM_k，DM_l）代表 DM_k 可能根据 DM_l 的判断来修改他的判断。

根据定义 5.3，我们得到（DM_k，DM_l）$\neq$（DM_l，DM_k），因此，对于不同的有序决策者对，一对决策者的关系如图 5.1 所示。

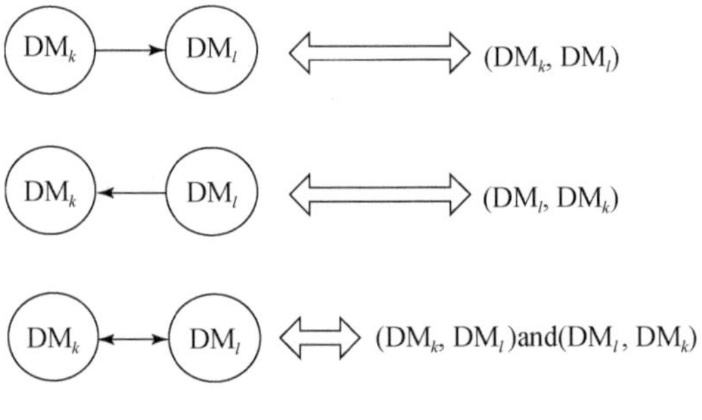

图 5.1 一对决策者的有向关系

5.2 模型和方法

本章提出的基于“个体-个体”视角的群体 AHP 动态自适应共识达成模型首先用马尔科夫链方法依据观点集结过程中个体观点转移概率来确定专家权重，然后利用“个体-个体”的观点交互过程调整观点，并且借助自动反馈机制以减少协调人的参与。

5.2.1 确定群体中的决策者权重

在群体评价中，确定决策者的权重或重要性是一个重要且有意义的问题。通常情况下，决策者的权重可以通过成对比较或者一次评估来得到。Saaty（1994）提出了一个评价层次体系，根据专业技能、经历、先前表现、说服能力及努力程度等因素来确定决策者的权重向量，如图 5.2 所示。这是利用决策者的先验知识来确定个体权重的一种很自然的方法。Ramanathan 和 Ganesh（1994）提出了一种通过群体内决策者互评得到决策者权重向量的方法。

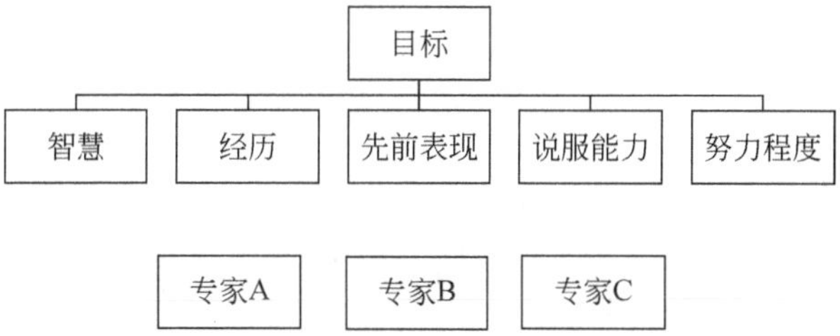

图 5.2 评价专家的层次体系（Saaty，1994）

Forman 和 Peniwati（1998）指出，在很多现实评价环境下难以找到一个能够提供如图 5.2 所示的层次体系所需判断的裁判或协调人。即使找到了这样一个人，他可能也不具备判断哪个决策者更为重要所需的知识或信息。此外，决策者的群体内互评也很难实现，因为决策者们可能相互并不十分熟悉。因此，在缺乏先验知识的情况下，需要一个能客观地确定决策者权重的方法。这种方法通常以找到一个合适的权重向量来集结全部的个体判断，最终形成最具有代表性的群体意见为目标。在许多情况下，会使用最小化所有决策者观点与集结的群体观点之间距离的优化方法（Xu and Cai，2011；Xu et al.，2013）。然而，这个优化模型需要将个体观点先集结成群体观点。这里我们提出基于决策者的观点转移概率的方法确定他们的权重。在一组决策者中，总是会存在多种观点。然而，对于 j，k，$l \in M$，决策者 DM_k 可能和 DM_j 有着相似的观点，同时与 DM_l 观点差异巨大。决策者观点之间接近程度的差异揭示了从一个决策者到其他决策者的观点转移概率。通常，相比让 DM_k 的观点向着与之观点差异巨大的 DM_l 改变，将 DM_k 的观点改变到与 DM_j 相同或更相似容易一些，这是因为后两者间观点的相似度更高。同时，观点转移概率也体现了两位决策者之间的共识水平，可以将这个观点转移过程看作有限状态空间的马尔科夫链。考虑到之前定义了 ICI 指标来测量群体 AHP 背景下两个决策者判断的接近程度，我们定义从一个决策者到另一个决策者的观点转移概率为：

$$p_{vs} = \frac{\dfrac{1}{\mathrm{ICI}_{vs}}}{\sum_{s=1}^{m} \dfrac{1}{\mathrm{ICI}_{vs}}}, \quad v \in M \tag{5.7}$$

式中，$\sum_{s}^{m} p_{vs} = 1$，$p_{vs} > 0$。然后，通过计算 DM 中任意两位决策者之间的观点转移概率，我们得到观点转移马尔科夫矩阵 $\boldsymbol{P} = (p_{vs})_{m \times m}$。由于该矩阵的所有元素都是正的，可知它是不可约矩阵和遍历矩阵。这个马尔科夫链的极限分布也是唯一的稳定分布，可以被看作是这组决策者的权力或权重分布。极限分布 $\boldsymbol{\pi}$ 可以由下式计算得到（Ross，2009）：

$$\pi P = \pi \tag{5.8}$$

式中，$\pi = (\pi_1, \pi_2, \cdots, \pi_m)^{\mathrm{T}}$，$\sum_{k}^{m} \pi_k = 1$，$\pi_k \geqslant 0$。令 $\rho_k = \pi_k$，就可以得到决策者的权重向量 $\boldsymbol{\rho} = (\rho_1, \rho_2, \cdots, \rho_m)^{\mathrm{T}}$。

本节的权重分配方法是依据个体之间的比较提出。它既不依赖协调人的主观判断，也并非基于个体观点与群体集结观点间的距离。由于在现实应用中很难获得协调人的主观判断，同时协调人的主观偏差总会存在且难以降低，因此该方法比主观方法更优。已有的客观赋权方法往往需要集结群体意见，因此这些面向中心（群体意见）的方法需要使用个体和集结群体之间的距离或相似度，然而包含更多信息的个体之间的相似度却并没有被充分地利用。本节所提出的方法通过使用“个体-个体”信息来避免这种信息损失，从而提供更有说服力和可信度的结果。而且面向中心的方法的前提是定义或找到一个合适的集结函数，不同的集结函数可能造成不同的权重分配结果。因此这种面向中心的权重分配方法的鲁棒性较本节所提出的方法更弱一些。

5.2.2 “个体-个体”共识达成模型

要提高共识水平可以在群体评价过程中应用共识达成模型来实现这一目的。在传统的共识达成模型中，往往存在一个协调人。这个协调人通过收集和分析决策者们的意见，就如何改变或更新意见给予他们建议，从而使决策意见更加接近。可见，在这个阶段协调人可能将自身主观意见引入共识达成过程。对此，我们提出了一个如图 5.3 所示的群体 AHP 共识达成模型，它用一个反馈机制代替协调人的建议。

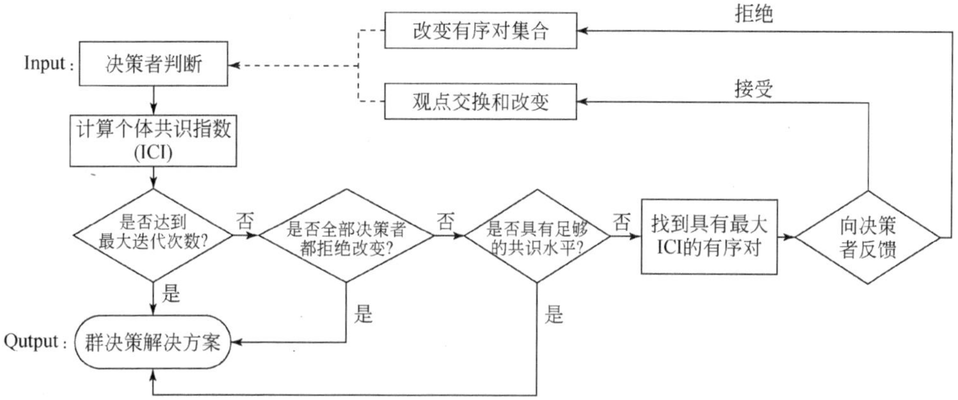

图 5.3 “个体-个体”动态自适应共识达成模型

提高共识水平的反馈机制在群体共识达成模型中具有关键作用。假定在第 t 轮次选择决策者 DM_a 和决策者 DM_b，a，$b \in M$，通过提供反馈建议来帮助他们修改各自的判断矩阵并提高共识水平。新的判断矩阵$\boldsymbol{A}_a^{t+1}$ 和$\boldsymbol{A}_b^{t+1}$ 应该通过如下策略构建：

$$a_{ij(a)}^{t+1} = (a_{ij(a)}^{t})^{\alpha_a^t} (a_{ij(b)}^{t})^{1-\alpha_a^t} \tag{5.9}$$

$$a_{ij(b)}^{t+1} = (a_{ij(b)}^{t})^{\alpha_b^t} (a_{ij(a)}^{t})^{1-\alpha_b^t} \tag{5.10}$$

式中，α_τ^t 是一个参数，决定决策者 DM_τ 新的判断矩阵$\boldsymbol{A}_\tau^{t+1}$ 占其原始的判断矩阵 $\boldsymbol{A}_\tau^t$ 的比例，代表决策者坚持自己观点的程度。作为一个动态自适应共识达成模型，在每一轮共识达成过程中，应该更新个体保留先前意见的比例。随着共识水平的提高，决策者坚持自己意见的程度也该相应提高。此外，正如式（5.9）和式（5.10）所示，决策者新的判断矩阵由其原始判断矩阵和群体内与其最不相容的决策者的原始判断矩阵共同确定，因此确定意见保留比例 α_τ^t 也是确定哪个决策者更可信的过程。一个合理的推断是具有更高群体不相容性的决策者比具有更高群体共识水平的决策者需要更多地改变自身意见。因此，当动态自适应共识达成模型建议一对决策者修改意见时，每个决策者的意见保留程度根据他与群体内除他二人之外的决策者的共识度的高低调整，从而有

$$\alpha_a^t = 1 - \frac{\sum\limits_{l=1,l\neq a,b}^{m} \mathrm{ICI}_{al}}{2\left(\sum\limits_{l=1,l\neq a,b}^{m} \mathrm{ICI}_{al} + \sum\limits_{l=1,l\neq a,b}^{m} \mathrm{ICI}_{bl}\right)} \tag{5.11}$$

$$\alpha_b^t = 1 - \frac{\sum\limits_{l=1,l\neq a,b}^{m} \mathrm{ICI}_{bl}}{2\left(\sum\limits_{l=1,l\neq a,b}^{m} \mathrm{ICI}_{al} + \sum\limits_{l=1,l\neq a,b}^{m} \mathrm{ICI}_{bl}\right)} \tag{5.12}$$

式（5.11）和式（5.12）中有三个重要的性质需要强调：

1）$\alpha_\tau^t \in (0.5, 1)$，$\tau \in \{a, b\}$。因此 α_τ^t 有上下限，从而避免任一决策者意见发生过大改变。

2）如果 $\sum\limits_{l=1, l\neq a, b}^{m} \mathrm{ICI}_{al} \geqslant \sum\limits_{l=1, l\neq a, b}^{m} \mathrm{ICI}_{bl}$，则 $\alpha_a^t \leqslant \alpha_b^t$，反之亦然。这表明如果被选择的两个决策者中的一个比另一个和群体内其余决策者之间有更低的共识度，那么其信誉更低，应该要求其对判断作出更大幅度的修正。

3）$\alpha_a^t = \alpha_b^t$ 当且仅当 $\sum\limits_{l=1, l\neq a, b}^{m} \mathrm{ICI}_{al} = \sum\limits_{l=1, l\neq a, b}^{m} \mathrm{ICI}_{bl}$，这个性质说明如果两者和其余决策者间的共识水平相同，那么他们有相同的信誉度。

5.2.3 方法流程

通过使用这个动态自适应的策略，本章提出的“个体-个体”动态自适应共识模型将帮助决策者达到一个预先定义的可接受的共识水平。模型的具体实现算法如下：

输入 具有可接受一致性的初始判断矩阵 $\boldsymbol{A}_1$，$\boldsymbol{A}_2$，…，$\boldsymbol{A}_m$，个体共识指数可接受阈值 ε，最大迭代次数 T。

输出 最终判断矩阵 $\boldsymbol{A}_1^*$，$\boldsymbol{A}_2^*$，…，$\boldsymbol{A}_m^*$，群体判断矩阵 $\boldsymbol{G}^*$，和迭代次数 t^*，$0 \leqslant t^* \leqslant T$。

步骤1 令 D^t 为所有有序专家对的集合，其中每一个有序专家对的第一个决策者在第 t 次迭代前没有拒绝协调人的更新建议。记 $D^0 = \{(\mathrm{DM}_1, \mathrm{DM}_2), \cdots,$

$(\mathrm{DM}_1, \mathrm{DM}_m)$，…，$(\mathrm{DM}_m, \mathrm{DM}_1)$，…，$(\mathrm{DM}_m, \mathrm{DM}_{m-1})\}$，$t=0$，$\boldsymbol{A}_k^0=(a_{ij(k)}^0)_{n\times n}=(a_{ij(k)})_{n\times n}$

步骤 2 计算所有 $(\mathrm{DM}_k, \mathrm{DM}_l)\in D^t$ 的个体共识指数 ICI_{kl}^t，如果①$t\geqslant T$，或②$D^t=\varnothing$或③$\forall (\mathrm{DM}_k, \mathrm{DM}_l)\in D^t$，$\mathrm{ICI}_{kl}^t\leqslant\varepsilon$，那么转步骤 4；否则，继续。

步骤 3 识别最不相容的决策者 DM_p 和 DM_q 即 $\mathrm{ICI}_{pq}^t=\max\limits_{D^t}\{\mathrm{ICI}_{kl}^t\}$。有序对 $(\mathrm{DM}_p, \mathrm{DM}_q)$ 和 $(\mathrm{DM}_q, \mathrm{DM}_p)$ 中至少有一对在集合 D^t 里。因此存在 3 种情况：

1）$(\mathrm{DM}_p, \mathrm{DM}_q)$ 和 $(\mathrm{DM}_q, \mathrm{DM}_p)$ 都属于 D^t。当 DM_p 和 DM_q 都通过式（5.9）和式（5.10）更新判断矩阵时，有三种可能的情景：①如果两人均接受反馈建议，则$\boldsymbol{A}_k^{t+1}=(a_{ij(k)}^{t+1})_{n\times n}$，$k\in M$，其中

$$a_{ij(k)}^{t+1}=\begin{cases}(a_{ij(k)}^t)^{\alpha_k^t}(a_{ij(q)}^t)^{1-\alpha_k^t}, & k=p\\(a_{ij(k)}^t)^{\alpha_k^t}(a_{ij(p)}^t)^{1-\alpha_k^t}, & k=q\\a_{ij(k)}^t, & k\neq p,q\end{cases}\tag{5.13}$$

然后令 $t=t+1$，$D^{t+1}=D^t$，返回步骤 2。②如果 DM_x 拒绝 DM_y 接受反馈建议，x，$y\in\{p, q\}$，$x\neq y$，则$\boldsymbol{A}_k^{t+1}=(a_{ij(k)}^{t+1})_{n\times n}$，$k\in M$，其中

$$a_{ij(k)}^{t+1}=\begin{cases}(a_{ij(y)}^t)^{\alpha_k^t}(a_{ij(x)}^t)^{1-\alpha_k^t}, & k=y\\a_{ij(k)}^t, & k\neq y\end{cases}\tag{5.14}$$

然后令 $t=t+1$，$D^{t+1}=D^t-(\mathrm{DM}_x, \mathrm{DM}_y)$，返回步骤 2。③如果两者均拒绝反馈建议，则有$\boldsymbol{A}_k^{t+1}-\boldsymbol{A}_k^t$，$k\in M$，$t=t+1$，$D^{t+1}=D^t-(\mathrm{DM}_p, \mathrm{DM}_q)-(\mathrm{DM}_q, \mathrm{DM}_p)$，返回步骤 2。

2）$(\mathrm{DM}_q, \mathrm{DM}_p)$ 属于 D^t，而 $(\mathrm{DM}_p, \mathrm{DM}_q)$ 不属于 D^t。则根据式（5.9）向 DM_q 提供反馈建议。如果 DM_q 拒绝反馈建议，令 $t=t+1$，将这个有向对从 D^t 中删除。令 $D^{t+1}=D^t-(\mathrm{DM}_q, \mathrm{DM}_p)$，返回步骤 2。

如果 DM_q 接受反馈建议，按式（5.14）得到$\boldsymbol{A}_k^{t+1}=(a_{ij(k)}^{t+1})_{n\times n}$，$k\in M$。然后令 $t=t+1$，$D^{t+1}=D^t$，返回步骤 2。

3）$(\mathrm{DM}_p, \mathrm{DM}_q)$ 属于 D^t 而 $(\mathrm{DM}_q, \mathrm{DM}_p)$ 不属于 D^t。反馈机制将建议 DM_p 按照式（5.9）更新其判断。同样，如果 DM_p 拒绝反馈建议，令 $D^{t+1}=D^t-(\mathrm{DM}_p, \mathrm{DM}_q)$，$t=t+1$，返回步骤 2。

如果 DM_p 接受反馈建议，令$\boldsymbol{A}_k^{t+1}=(a_{ij(k)}^{t+1})_{n\times n}$和式（5.14）相同，$k\in M$。然后令 $t=t+1$，$D^{t+1}=D^t$，返回步骤 2。

步骤 4 当满足三个停止条件之一时，执行此步骤。令$\boldsymbol{A}_k^*=\boldsymbol{A}_k^t$，通过式

(5.7) 和式 (5.8) 确定权重向量$\boldsymbol{\rho}=(\rho_1, \rho_2, \cdots, \rho_m)^{\mathrm{T}}$，然后由式 (5.4) 得到群体判断矩阵$\boldsymbol{G}^*$，共识达成过程停止，最终的群体评价的结果可从$\boldsymbol{G}^*$中得到。

如图 5.3 所示，在该模型中有三个停止条件避免在共识达成过程中陷入无限循环。首先，事先确定群体共识阈值 ε。如果所有决策者满足共识要求，那么算法终止。其次，如果 ε 的值太高可能造成共识条件始终无法满足。因此为了避免共识过程中的无限循环，我们事先定义了一个参数 T 来限制最大迭代次数。最后，如果群体全部成员都拒绝改变他们的判断，那么应该终止共识达成过程。

因为一对最不相容的决策者观点差异最大，也具有最大的共识水平提高潜力。一个很自然的做法就是调整一对最不相容的决策者的意见来提高群体共识水平，这样可以取得最好的效果。如果最不相容的一对决策者观点变得更加接近，那么整个群体两两之间不相容性的上界将降低。基于这条准则，我们提出了这个共识达成算法并且证明这个算法是收敛的。在模型中，反馈机制在每一轮次只给一对有着最大 ICI 的决策者提出建议。如果同一轮次存在两对或更多对决策者有相同的最大 ICI，他们在这一轮次均可得到反馈建议。

通常情况下，决策者会听从反馈建议修改其判断以使得群体决策能够成功。但本节提出的方法仍然给决策者提供了在不受惩罚的情况下拒绝反馈建议的机会。同时，这一反馈机制不需要协调人，能够自动给决策者建议。而且，决策者只需要在第一轮给出初始判断矩阵，然后选择接受或拒绝反馈建议，这样就降低了决策者在共识达成过程中所需付出的精力。另一方面，因为决策者可以根据反馈建议选择是否妥协，可以看出这种方法交互性更强。

以往对群体共识达成模型的研究主要使用集结得到的群体判断作为共识达成过程的参照点（Perez et al., 2014）。集结得到的群体判断用于找到不相容的决策者，然后使用群体判断作为参考修改决策者的意见。与这些面向中心的方法相反，本节提出的“个体–个体”共识达成模型的动态自适应过程总是比较两个个体的信息。如图 5.3 所示，该“个体–个体”动态自适应共识达成模型首先计算 ICI 以找到最不相容的决策者对，然后自动反馈机制根据另一方的观点，建议每个被选择的个体将其原始判断更新为折中判断。换句话说，这个机制既不需要将集结得到的群体判断用于寻找不相容的决策者，也不需要将其用作参照点来修改决策者的判断，这样就减少了集结过程带来的成本和偏差。

下面讨论判断矩阵的一致性和模型共识达成过程的有效性。

定理 5.1 在本章提出的共识达成模型中，假定决策者提供的所有初始判断矩阵$\boldsymbol{A}_1$，$\boldsymbol{A}_2$，…，$\boldsymbol{A}_m$具有可接受的一致性，那么最终的判断矩阵$\boldsymbol{A}_1^*$，$\boldsymbol{A}_2^*$，…，

A_m^* 具有可接受的一致性。

证明　定理 5.1 的证明见本章附录 5.1。

因为决策者可能根据反馈建议改变他们的判断矩阵，所以需要检查并保证新的判断矩阵具有可接受的一致性。通过定理 5.1，我们发现提出的共识达成过程能够保持判断矩阵的一致性。这说明如果可以确保决策者提供的初始判断矩阵具备可接受的一致性，那么使用该共识达成模型可以得到具有可接受一致性的输出。因此，在输入阶段应该进行一致性检验，确保决策者提供的所有判断矩阵具备可接受的一致性。

此外，本章提出的共识达成模型的算法在提高群体共识水平上是收敛的。

定理 5.2　在提出的共识达成模型的第 t 轮次，$0 \leqslant t \leqslant t^* - 1$，如果 $\mathrm{ICI}_{kl}^t \geqslant \varepsilon$，$\forall k, l \in M$，那么

$$\max_{k,l \in M} \{\mathrm{ICI}_{kl}^{t+1}\} \leqslant \max_{k,l \in M} \{\mathrm{ICI}_{kl}^{t}\} \tag{5.15}$$

证明　定理 5.2 的证明见本章附录 5.2。

因此，在共识达成过程的每一轮次，群体最大的不相容性将不会超过上一轮次的最大不相容性。因此在共识达成过程，最大个体共识指数应该是非增的。在决策者接受自动反馈机制提供的修改的情况下，定理 5.2 的证明表明模型是收敛的。因此，模型的反馈建议在提高群体共识水平上是有效的。

5.2.4　算例分析

采用前人讨论过的算例进行分析（Dong et al.，2010；Wu and Xu，2012；Dong and Saaty，2014）。假定有 4 个待选方案 X_1，X_2，X_3 和 X_4 需要进行排名，5 个决策者 DM_1，DM_2，DM_3，DM_4 和 DM_5，对这 4 个待选方案进行两两比较得到判断矩阵 $\boldsymbol{A}_k = (a_{ij(k)})_{4\times4}$，$k = 1, 2, 3, 4, 5$，其中

$$\boldsymbol{A}_1 = \left(\begin{array}{cccc|c} 1 & 4 & 6 & 7 & 0.6168 \\ 1/4 & 1 & 3 & 4 & 0.2238 \\ 1/6 & 1/3 & 1 & 2 & 0.0972 \\ 1/7 & 1/4 & 1/2 & 1 & 0.0621 \end{array}\right), \boldsymbol{A}_2 = \left(\begin{array}{cccc|c} 1 & 5 & 7 & 9 & 0.6526 \\ 1/5 & 1 & 4 & 6 & 0.2247 \\ 1/7 & 1/4 & 1 & 2 & 0.0762 \\ 1/9 & 1/6 & 1/2 & 1 & 0.0465 \end{array}\right),$$

$$\boldsymbol{A}_3 = \left(\begin{array}{cccc|c} 1 & 3 & 5 & 8 & 0.5705 \\ 1/3 & 1 & 4 & 5 & 0.2771 \\ 1/5 & 1/4 & 1 & 2 & 0.0959 \\ 1/8 & 1/5 & 1/2 & 1 & 0.0565 \end{array}\right), \boldsymbol{A}_4 = \left(\begin{array}{cccc|c} 1 & 4 & 5 & 6 & 0.5970 \\ 1/4 & 1 & 3 & 3 & 0.2217 \\ 1/5 & 1/3 & 1 & 2 & 0.1084 \\ 1/6 & 1/3 & 1/2 & 1 & 0.0728 \end{array}\right),$$

$$A_5=\left(\begin{array}{cccc|c}1 & 1/2 & 1 & 2 & 0.2185\\ 2 & 1 & 2 & 3 & 0.4123\\ 1 & 1/2 & 1 & 4 & 0.2679\\ 1/2 & 1/3 & 1/4 & 1 & 0.1013\end{array}\right)$$

$\boldsymbol{A}_k$ 的一致性比例是：$CR_{\boldsymbol{A}_1}=0.0383$，$CR_{\boldsymbol{A}_2}=0.0678$，$CR_{\boldsymbol{A}_3}=0.0339$，$CR_{\boldsymbol{A}_4}=0.0471$，$CR_{\boldsymbol{A}_5}=0.0363$，这说明 5 位专家提供的判断矩阵均通过了一致性检验。设个体共识指数阈值为 $\varepsilon=1.03$，算法最大迭代次数 $T=10$，接下来我们将演示如何应用本章所提出的共识达成模型。

令 $t=0$，$\boldsymbol{A}_k^0=\boldsymbol{A}_k$，$k=1,2,3,4,5$，$D^0=\{(DM_1, DM_2), \cdots, (DM_1, DM_5), \cdots, (DM_5, DM_1), \cdots, (DM_5, DM_4)\}$。由式（5.6）得到个体共识指数矩阵

$$\boldsymbol{O}^0=(ICI_{kl}^0)_{m\times m}=\begin{pmatrix}1 & 1.0242 & 1.0167 & 1.0088 & 1.8017\\ 1.0242 & 1 & 1.0268 & 1.0571 & \mathbf{2.0916}\\ 1.0167 & 1.0268 & 1 & 1.0323 & 1.6802\\ 1.0088 & 1.0571 & 1.0323 & 1 & 1.7078\\ 1.8017 & 2.0916 & 1.6802 & 1.7078 & 1\end{pmatrix}$$

个体共识水平未满足阈值，令 $ICI_{25}^0=\max\limits_{D^0}\{ICI_{kl}^0\}$。通过式（5.11）和式（5.12），得到 $\alpha_2^0=0.8127$，$\alpha_5^0=0.6873$。然后自动反馈机制将按照式（5.9）和式（5.10）向决策者 DM_2 和 DM_5 提供修改建议。假设 DM_2 和 DM_5 均接受反馈建议，那么得到

$$\boldsymbol{A}_2^1=\left(\begin{array}{cccc|c}1 & 13/4 & 34/7 & 34/5 & 0.5680\\ 1/3 & 1 & 7/2 & 21/4 & 0.2702\\ 1/5 & 2/7 & 1 & 16/7 & 0.1040\\ 1/7 & 1/5 & 4/9 & 1 & 0.0578\end{array}\right),\boldsymbol{A}_5^1=\left(\begin{array}{cccc|c}1 & 1 & 11/6 & 16/5 & 0.3368\\ 1 & 1 & 5/2 & 26/7 & 0.3752\\ 1/2 & 2/5 & 1 & 29/9 & 0.2006\\ 1/2 & 1/4 & 1/3 & 1 & 0.0873\end{array}\right)$$

对于其他决策者，令$\boldsymbol{A}_k^1=\boldsymbol{A}_k^0$，$k=1,3,4$。令 $D^1=D^0$，然后得到

$$\boldsymbol{O}^1=(ICI_{kl}^1)_{m\times m}=\begin{pmatrix}1.0000 & 1.0129 & 1.0167 & 1.0088 & \mathbf{1.2899}\\ 1.0129 & 1.0000 & 1.0044 & 1.0267 & 1.2162\\ 1.0167 & 1.0044 & 1.0000 & 1.0323 & 1.2375\\ 1.0088 & 1.0267 & 1.0323 & 1.0000 & 1.2476\\ 1.2899 & 1.2162 & 1.2375 & 1.2476 & 1.0000\end{pmatrix}$$

个体共识水平仍未满足阈值，$t=1<T$ 且 $D^1\neq\varnothing$。从$\boldsymbol{O}^1$ 可以看出，$ICI_{15}^1=\max\limits_{D^1}$

$\{\mathrm{ICI}_{kl}^{1}\}$。得到 $\alpha_1^1=0.7746$ 且 $\alpha_2^1=0.7254$。反馈机制如前所述。假定 DM_1 和 DM_5 都接受反馈意见，$D^2=D^1$ 且

$$\boldsymbol{A}_1^2=\left(\begin{array}{cccc|c} 1 & 3 & 23/5 & 47/8 & 0.5537 \\ 1/3 & 1 & 25/8 & 4 & 0.2591 \\ 2/9 & 1/3 & 1 & 20/9 & 0.1184 \\ 1/6 & 1/4 & 4/9 & 1 & 0.0687 \end{array}\right),\boldsymbol{A}_5^2=\left(\begin{array}{cccc|c} 1 & 3/2 & 3/2 & 4 & 0.4109 \\ 2/3 & 1 & 21/8 & 19/5 & 0.3366 \\ 2/5 & 3/8 & 1 & 17/6 & 0.1702 \\ 1/4 & 1/4 & 1/3 & 1 & 0.0822 \end{array}\right)$$

然后得到

$$\boldsymbol{O}^2=(\mathrm{ICI}_{kl}^{2})_{m\times m}=\begin{pmatrix} 1.0000 & 1.0100 & 1.0177 & 1.0119 & 1.0664 \\ 1.0100 & 1.0000 & 1.0044 & 1.0267 & 1.1006 \\ 1.0177 & 1.0044 & 1.0000 & 1.0323 & 1.1171 \\ 1.0119 & 1.0267 & 1.0323 & 1.0000 & \mathbf{1.1186} \\ 1.0664 & 1.1006 & 1.1171 & 1.1186 & 1.0000 \end{pmatrix}$$

三个停止条件均不满足。接下来，向 DM_4 和 DM_5 提供反馈建议。假定 DM_4 拒绝反馈建议，令 $D^3=D^2-$（DM_4，DM_5）且让 DM_5 更新，得到

$$\boldsymbol{A}_5^3=\left(\begin{array}{cccc|c} 1 & 18/9 & 3 & 22/5 & 0.4475 \\ 5/9 & 1 & 8/3 & 23/6 & 0.3171 \\ 1/3 & 3/8 & 1 & 8/3 & 0.1562 \\ 2/9 & 1/4 & 1/8 & 1 & 0.0792 \end{array}\right)$$

然后得到

$$\boldsymbol{O}^3=(\mathrm{ICI}_{kl}^{3})_{m\times m}=\begin{pmatrix} 1.0000 & 1.0100 & 1.0177 & 1.0119 & 1.0360 \\ 1.0100 & 1.0000 & 1.0044 & 1.0267 & 1.0636 \\ 1.0177 & 1.0044 & 1.0000 & 1.0323 & \mathbf{1.0778} \\ 1.0119 & 1.0267 & 1.0323 & 1.0000 & — \\ 1.0360 & 1.0636 & 1.0778 & 1.0767 & 1.0000 \end{pmatrix}$$

三个停止条件均不满足。那么 $\mathrm{ICI}_{35}^{3}=\max\limits_{D^3}\{\mathrm{ICI}_{kl}^{3}\}$。假定两个决策者接受了反馈意见，因此 $D^4=D^3$。得到

$$\boldsymbol{A}_3^4=\left(\begin{array}{cccc|c} 1 & 8/3 & 22/5 & 7 & 0.5409 \\ 3/8 & 1 & 29/8 & 14/3 & 0.2885 \\ 2/9 & 2/7 & 1 & 15/7 & 0.1088 \\ 1/7 & 1/5 & 1/2 & 1 & 0.0619 \end{array}\right),\boldsymbol{A}_5^4=\left(\begin{array}{cccc|c} 1 & 2 & 10/3 & 19/4 & 0.4746 \\ 1/2 & 1 & 11/4 & 27/7 & 0.3025 \\ 1/3 & 3/8 & 1 & 5/2 & 0.1461 \\ 1/5 & 1/4 & 2/5 & 1 & 0.0768 \end{array}\right)$$

$$O^4=(\mathrm{ICI}_{kl}^4)_{m\times m}=\begin{pmatrix}1.0000 & 1.0100 & 1.0079 & 1.0119 & 1.0199\\ 1.0100 & 1.0000 & 1.0045 & 1.0267 & 1.0427\\ 1.0079 & 1.0045 & 1.0000 & 1.0284 & 1.0278\\ 1.0119 & 1.0267 & 1.0284 & 1.0000 & —\\ 1.0199 & 1.0427 & 1.0278 & \mathbf{1.0526} & 1.0000\end{pmatrix}$$

三个停止条件同样均不满足。有序对（DM_4，DM_5）不属于 D^4。自动反馈机制只向 DM_5 提供建议。假定 DM_5 拒绝建议，令 $D^5=D^4-$（DM_4，DM_5），$\boldsymbol{A}_k^5=\boldsymbol{A}_k^4$，$k=1$，…，5，且 $\boldsymbol{O}^6=\boldsymbol{O}^5$。因为 $\mathrm{ICI}_{25}^5=\mathrm{ICI}_{52}^5=\max\limits_{D^5}\{\mathrm{ICI}_{kl}^5\}$，反馈建议应该提供给 DM_2 和 DM_5。假定只有 DM_2 接受反馈。令 $D^5=D^4-$（DM_5，DM_2），得到

$$A_2^6=\left(\begin{array}{cccc|c}1 & 26/9 & 31/7 & 31/5 & 0.5450\\ 1/3 & 1 & 23/7 & 39/8 & 0.2790\\ 2/9 & 1/3 & 1 & 9/3 & 0.1137\\ 1/6 & 1/5 & 3/7 & 1 & 0.0623\end{array}\right)$$

$$O^6=(\mathrm{ICI}_{kl}^6)_{m\times m}=\begin{pmatrix}1.0000 & 1.0045 & 1.0079 & 1.0119 & 1.0199\\ 1.0045 & 1.0000 & 1.0024 & 1.0249 & 1.0240\\ 1.0079 & 1.0024 & 1.0000 & 1.0284 & 1.0278\\ 1.0119 & 1.0249 & 1.0284 & 1.0000 & —\\ 1.0199 & — & 1.0278 & — & 1.0000\end{pmatrix}$$

再一次检查停止条件，发现∀（DM_k，DM_l）$\in D^6$，均有 $\mathrm{ICI}_{kl}^6<\varepsilon$。因此达到了预先定义的共识水平。通过式（5.7）和式（5.8）得到决策者的权重向量 $\rho=(0.2015,\ 0.2010,\ 0.2006,\ 0.1986,\ 0.1983)^{\mathrm{T}}$。最终的群体判断矩阵和优先顺序是

$$G^*=\left(\begin{array}{cccc|c}1 & 17/6 & 13/3 & 6 & 0.5430\\ 1/3 & 1 & 4 & 4 & 0.2697\\ 1/4 & 1/3 & 1 & 9/4 & 0.1187\\ 1/6 & 1/4 & 4/9 & 1 & 0.0686\end{array}\right)$$

方案排序是 $X_1>X_2>X_3>X_4$。这里符号“>”表示“好于”。

5.3 讨　论

在这一部分，我们讨论本章提出的模型的四个特点，并比较它与其他 AHP 背景下的群体共识模型。

1）本章提出的共识达成模型不需要共识测量和观点调整的参照点。在每一轮共识达成过程中，没有将个体观点集结成群体观点，而是进行“个体-个体”的比较。这降低了群体共识达成的成本，尤其是在大群体决策的背景下，该优势更加明显。此外，在大数据时代，决策者的偏好和观点常以多媒体的形式表达，而云计算和互联网的发展降低了收集大量决策者意见做出决策的成本。因此，在复杂数据和大群体决策的背景下，在每一轮共识达成过程中都集计算决策者权重并集结群体意见是一项艰巨的任务。以往大多数群体共识达成研究（并非全部）需要使用集结后的群体观点作为参照点，而本章提出的“个体-个体”机制是避免每次迭代时对群体内个体意见进行集结的一种有效方法。因此，本章提出的模型的贡献之一是提供了一个新的可计算的群体共识达成框架。

2）在本章提出的共识达成模型中，反馈建议中的观点变化量是根据群体评价环境中的动态要素自适应确定的。这种自适应模型不仅区分了不同情况，例如群体内的“高”或“低”共识度，然后选择合适的修改量以达成共识，还考虑了专家权力及决策者与其余决策者意见的接近程度。与我们的模型相对比，Mata 等（2009）提出了一种自适应群体共识方法。该方法在达成共识的每次迭代中根据共识度来调整专家所需的改变量。他们的自适应模型关注共识达成过程中需要改变的判断数量。然而，本章提出的自适应模型动态地计算建议的意见修改量，这是一种自动化程度更高的解决方案。此外，自适应共识模型作为共识模型的发展趋势，目前只有极少的研究实现了自适应共识模型（Herrera-Viedma et al., 2014）。因此，本章提出的模型在这一领域具有重要意义。

3）决策者不会被强迫遵循自动反馈机制提供的建议，共识达成过程中允许他们根据反馈建议选择修改或不修改意见。因此，可以说本章提出的共识达成方式是民主的。这一特点似乎不是一个重要的贡献。然而，以前的研究通常忽视了决策者拒绝的权利。决策者是否拥有拒绝的权利是区分决策是由决策者作出还是由组织者和/或协调人作出的重要标准。在群体评价过程中，群体偏好或观点自然应该是每个个体共同的智慧。在这个过程中，协调人不应该表达他的判断和观点。因此，强迫决策者改变观点的做法则违反了这一原则。对共识达成的研究应该阐明其研究对决策者拒绝权的观点或态度。当然，如果允许决策者拒绝或接受反馈建议，那么共识达成算法的收敛性就难以得到保证。本章提出的模型一并解决了这一难题。

4）证明了本章提出的共识达成过程是收敛的。模型的收敛性保证了在共识达成过程中群体的共识水平将得到提高。之前的一些研究提出了群体共识达成模型，但没有证明其模型的收敛性。然而，收敛性是判断一个群体共识达成模型有效与否的重要标准。

5.4 本章小结

群体评价过程经常涉及多个决策者，为了确定群体内各决策者的重要性，本章提出了基于观点转移概率的马尔科夫链赋权方法。而面向共识达成过程，不相容决策者的选取是基于个体共识指数（ICI），它根据决策者更新的观点动态地改变。因此，尽管选择方法是确定的，但哪一对决策者是最不相容的可能在算法的不同迭代轮次中发生变化。本章证明了该算法收敛且有助于提高群体共识。此外，该算法还具有自适应判断修正、一致性保留和民主等重要特点。因此，本章提出的算法对于共识达成问题效果良好，相对这一领域经典方法具有一定优势。

延展阅读

群体评价是将个体判断集结成整个群体的共同观点的过程。在群体评价中经常使用多种决策信息表达形式来表示个体偏好，例如模糊偏好关系（Tanino，1984；Xu，2009；Cabrerizo et al.，2010）、语言偏好关系（Herrera et al.，1995；Herrera et al.，1996；Wu and Xu，2012；Alonso，et al.，2013）、效用函数（Huang et al.，2013；Greco et al.，2012；Brock，1980；Keeney and Kirkwood，1975）和层次分析法（AHP）（Dyer and Forman，1992；Van Den Honert and Lootsma，1997；Chiclana et al.，2001；Altuzarra et al.，2010）等。

层次分析法由 Saaty（1977）开发。它是一种在一组有限的待选方案中确定决策优先级的综合决策工具。由于其具有灵活的结构和相对比较的能力，已被广泛应用于群体评价。在群体评价过程中，给群体内每个个体分配权重或重要性是一个重要步骤，在生成最终决策方案的过程扮演着关键角色。在过去的三十多年里，学界已经提出多种确定个体权重的方法（Saaty，1994；Ramanathan and Ganesh，1994；Forman and Peniwati，1998；Van Den Honert，2001；Bolloju，2001）。然而，这些方法均有一些缺点：第一，大多数方法是根据主观判断来分配权重。因此，至少有一个个体需要充当裁判，对决策者主观赋权；第二，在实践中，裁判的主观判断所带来的偏差是需要解决的重大问题。依据每位决策者与其他决策者的相容性来分配他们的权重可能更加合理（Xu et al.，2013；Xu and

Cai，2011）。因此，我们基于观点转移概率提出了一个动态的方法来测量决策者间的相容性，并以此代替裁判，自动为决策者分配权重。

因为群体中总是存在多种观点，达到一定程度的共识是获得现实世界中群体评价问题有效解决方案的重要一步（Herrera et al.，1996）。然而，完全的共识在现实世界的群体评价问题中难以达到。因此，在群体评价问题中，经常使用软共识这一概念（Herrera-Viedma et al.，2014）。共识达成过程通常被定义为一个提高不相容决策者的共识水平的多轮交互过程。而针对不同的偏好关系，已有多种用于测量和提高共识水平的方法，例如语言共识达成模型（Mata et al.，2009；Herrera and Herrera-Viedma，2000；Herrera-Viedma et al.，2005；Dong et al.，2010）、模糊共识达成模型（Kacprzyk et al.，1992；Cabrerizo et al.，2010；Parreiras et al.，2010；Guha and Chakraborty，2011）和基于共识模型的证据推理（Fu and Yang，2010；Fu and Yang，2011；Fu and Yang，2012）。

在群体 AHP 问题中，共识达成模型已经得到了广泛研究。Dong 等（2010）使用一致性作为群体评价的控制变量，提出了两个基于行几何平均值求解偏好序的 AHP 共识模型。Wu 和 Xu（2012）构建了一个基于一致性和共识的群体 AHP 模型，该模型适用于各种 AHP 偏好序求解方法。Gong 等（2013）针对群体 AHP 问题提出了一种群体共识偏离度最优模型，并且证明了决策者的共识程度会随着决策者数量的增加不断收敛。Xu 等（2013）为群体 AHP 应用提出了一种基于距离的共识模型，利用个体相对于群体的共识指数和群体共识指数构建了一个共识达成的迭代算法。然而，这些共识达成模型存在一个很大的问题，它们均用群体集结观点作为测量个体共识水平和修改不相容的个体判断的参照点。这些面向中心（参照点）的方法需要在每一轮协商中将个体观点集结成有代表性的群体观点，这将增加形成群体共识的成本和复杂度。因此，我们希望有一个无需在每一轮进行观点集结的新的共识达成模型来克服这一缺点。此外，已有的共识达成模型无法自适应地面对群体评价的变化——即使群体评价问题的要素和条件发生变化，大部分已有的共识达成模型的运转也不会随之变化。前人在自适应共识达成模型上也做了一些很好的尝试。例如，Mata 等（2009）提出一个自适应共识达成模型，它能够根据每一轮的共识水平来调整专家需要改变的量。Chen 等（2012）提出了一个自适应共识支持模型，它能够改变专家的偏好，从而提高趋同度，达到更高的共识水平。本章认为在“个体-个体”共识达成模型中，决策者在每一轮达成共识的过程中应该修改或坚持自己意见的程度取决于该决策者的共识水平，这样就可以实现一个自适应的反馈建议机制。

因此，本章我们利用有限状态空间的马尔科夫链构造了基于观点转移概率的赋权方法，然后提出了针对群体 AHP 问题的“个体-个体”动态自适应共识达成模型。

本章附录

附录 5.1　定理 5.1 证明

定理 5.1　在提出的共识达成模型中，假定决策者提供的 m 个初始判断矩阵 $\boldsymbol{A}_1$，$\boldsymbol{A}_2$，…，$\boldsymbol{A}_m$ 具有可接受的一致性，那么最终的判断矩阵 $\boldsymbol{A}_1^*$，$\boldsymbol{A}_2^*$，…，$\boldsymbol{A}_m^*$ 也具有可接受的一致性。

证明　通过推理不难证明这个定理。假定该算法有 T 次迭代，$T \geqslant 0$

1）$t=0$，得到具有可接受的一致性，$k \in M$。

2）假定 $t \geqslant 0$，在第 t 次迭代后，我们将得到 $\boldsymbol{A}_1^{t+1}$，$\boldsymbol{A}_2^{t+1}$，…，$\boldsymbol{A}_m^{t+1}$。不失一般性，对于不改变判断矩阵的决策者 DM_k，$k \in M$，有

$$\boldsymbol{A}_k^{t+1} = \boldsymbol{A}_k^t \tag{5.16}$$

这种情况下 $\boldsymbol{A}_k^{t+1}$ 保持他们的一致性。对于改变他们的判断矩阵的决策者 DM_j，$j \in M$，有

$$\boldsymbol{A}_j^{t+1} = (\boldsymbol{A}_j^t)^{\alpha} \circ (\boldsymbol{A}_l^t)^{1-\alpha} \tag{5.17}$$

其中 $l \in M$。这种情况下得到的 $\boldsymbol{A}_j^{t+1}$ 是两个具有可接受一致性的判断矩阵的几何组合。根据 Grošelj 和 Zadnik Stirn（2012）的研究，我们知道 $\boldsymbol{A}_j^{t+1}$ 具备可接受一致性。综合两种情况，我们得到 $\forall k \in M$，如果 $\boldsymbol{A}_k^t$ 具备可接受一致性，那么 A_k^{t+1} 也具备可接受一致性。

3）因此得到对于所有的 $t \in [0, T]$，$\boldsymbol{A}_1^t$，$\boldsymbol{A}_2^t$，…，$\boldsymbol{A}_m^t$ 均具有可接受一致性。至此我们完成了定理 5.1 的证明。

附录 5.2　定理 5.2 证明

定理 5.2　在提出的共识达成模型的第 t 轮，$0 \leqslant t \leqslant t^* - 1$，如果 $\mathrm{ICI}_{kl}^t \geqslant \varepsilon$，$\forall k$，$l \in M$，得到

$$\max_{k,l \in M}\{\mathrm{ICI}_{kl}^{t+1}\} \leqslant \max_{k,l \in M}\{\mathrm{ICI}_{kl}^t\} \tag{5.18}$$

证明　假定 DM_p 和 DM_q 在第 t 轮有最大的 ICI，p，$q\in M$。因此他们被反馈机制选取并可以选择是否改变他们的判断矩阵。因此在第 $t+1$ 轮，全部判断矩阵有三种情况：

1）DM_p 和 DM_q 都拒绝改变他们的决策。则$\boldsymbol{A}_k^{t+1}=\boldsymbol{A}_k^t$，$\forall k\in M$。那么

$$\max_{k,l\in M}\{\mathrm{ICI}_{kl}^{t+1}\}=\max_{k,l\in M}\{\mathrm{ICI}_{kl}^{t}\} \tag{5.19}$$

2）DM_p 和 DM_q 都根据反馈建议修改他们的决策，那么

$$\begin{aligned}\mathrm{ICI}_{pq}^{t+1}&=\frac{1}{n^2}\sum_{i=1}^{n}\sum_{j=1}^{n}a_{ij(p)}^{t+1}a_{ji(q)}^{t+1}\\&=\frac{1}{n^2}\sum_{i=1}^{n}\sum_{j=i+1}^{n}\left(a_{ij(p)}^{t+1}a_{ji(q)}^{t+1}+\frac{1}{a_{ij(p)}^{t+1}a_{ji(q)}^{t+1}}\right)+\frac{1}{n}\\&=\frac{1}{n^2}\sum_{i=1}^{n}\sum_{j=i+1}^{n}\left((a_{ij(p)}^{t})^{\alpha_p^t}(a_{ij(q)}^{t})^{1-\alpha_p^t}(a_{ji(q)}^{t})^{\alpha_q^t}(a_{ji(p)}^{t})^{1-\alpha_q^t}+\frac{1}{a_{ij(p)}^{t+1}a_{ji(q)}^{t+1}}\right)+\frac{1}{n}\\&=\frac{1}{n^2}\sum_{i=1}^{n}\sum_{j=i+1}^{n}\left((a_{ij(p)}^{t}a_{ji(q)}^{t})^{\alpha_p^t+\alpha_q^t-1}+\frac{1}{(a_{ij(p)}^{t}a_{ji(q)}^{t})^{\alpha_p^t+\alpha_q^t-1}}\right)+\frac{1}{n}\\&\leqslant\frac{1}{n^2}\sum_{i=1}^{n}\sum_{j=i+1}^{n}\left(a_{ij(p)}^{t}a_{ji(q)}^{t}+\frac{1}{a_{ij(p)}^{t}a_{ji(q)}^{t}}\right)+\frac{1}{n}\end{aligned} \tag{5.20}$$

其中式（5.20）的不等式来自

$$x^\theta+\frac{1}{x^\theta}\leqslant x+\frac{1}{x},\forall x>0,0<\theta<1 \tag{5.21}$$

因为 $\mathrm{ICI}_{pq}^t>1$，那么我们至少有一对（i，j）。例如，$a_{ij(p)}^t a_{ji(q)}^t\neq 1$。因此不等式是严格的，得到

$$\mathrm{ICI}_{pq}^{t+1}<\frac{1}{n^2}\sum_{i=1}^{n}\sum_{j=1}^{n}\left(a_{ij(p)}^{t}a_{ji(q)}^{t}+\frac{1}{a_{ij(p)}^{t}a_{ji(q)}^{t}}\right)+\frac{1}{n}=\mathrm{ICI}_{pq}^t \tag{5.22}$$

然后，$\forall k\in M$，$k\neq q$，得到

$$\begin{aligned}\mathrm{ICI}_{pk}^{t+1}&=\frac{1}{n^2}\sum_{i=1}^{n}\sum_{j=1}^{n}a_{ij(p)}^{t+1}a_{ji(k)}^{t+1}\\&=\frac{1}{n^2}\sum_{i=1}^{n}\sum_{j=1}^{n}(a_{ij(p)}^{t})^{\alpha_p^t}(a_{ij(q)}^{t})^{1-\alpha_p^t}a_{ji(k)}^{t}\\&=\frac{1}{n^2}\sum_{i=1}^{n}\sum_{j=1}^{n}(a_{ij(p)}^{t}a_{ji(k)}^{t})^{\alpha_p^t}(a_{ij(q)}^{t}a_{ji(k)}^{t})^{1-\alpha_p^t}\\&\leqslant\frac{1}{n^2}\sum_{i=1}^{n}\sum_{j=1}^{n}[\alpha_p^t a_{ij(p)}^{t}a_{ji(k)}^{t}+(1-\alpha_p^t)a_{ij(q)}^{t}a_{ji(k)}^{t}]\\&=\alpha_p^t\mathrm{ICI}_{pk}^t+(1-\alpha_p^t)\mathrm{ICI}_{qk}^t\end{aligned}$$

$$\leqslant \max\{\mathrm{ICI}_{pk}^{t},\mathrm{ICI}_{qk}^{t}\}$$
$$<\mathrm{ICI}_{pq}^{t} \tag{5.23}$$

式（5.23）中的第一个不等式来自加权算术–几何平均的不等式。与式（5.23）相同，$\forall k\in M$，$k\neq p$，可以得到

$$\mathrm{ICI}_{qk}^{t+1}<\mathrm{ICI}_{pq}^{t} \tag{5.24}$$

然后得到

$$\begin{aligned}\max_{k,l\in M}\{\mathrm{ICI}_{kl}^{t+1}\}&=\max\{\max_{k,l\in M,k,l\neq p,q}\{\mathrm{ICI}_{kl}^{t+1}\},\max_{k\in M,k\neq q}\{\mathrm{ICI}_{pk}^{t+1}\},\max_{k\in M,k\neq q}\{\mathrm{ICI}_{qk}^{t+1}\},\mathrm{ICI}_{pq}^{t+1}\}\\&<\max\{\max_{k,l\in M,k,l\neq p}\{\mathrm{ICI}_{kl}^{t}\},\mathrm{ICI}_{pq}^{t}\}\\&=\mathrm{ICI}_{pq}^{t}\\&=\max_{k,l\in M}\{\mathrm{ICI}_{kl}^{t}\}\end{aligned} \tag{5.25}$$

3）一个决策者改变判断矩阵而另一个不改变。不失一般性，我们假定 DM_p 在第 t 轮接受了反馈建议。因此通过式（5.23）和式（5.24），我们得到

$$\begin{aligned}\max_{k,l\in M}\{\mathrm{ICI}_{kl}^{t+1}\}&=\max\{\max_{k,l\in M,k,l\neq p}\{\mathrm{ICI}_{kl}^{t+1}\},\max_{k\in M}\{\mathrm{ICI}_{pk}^{t+1}\}\}\\&<\max\{\max_{k,l\in M,k,l\neq p}\{\mathrm{ICI}_{kl}^{t}\},\mathrm{ICI}_{pq}^{t}\}\\&=\mathrm{ICI}_{pq}^{t}\\&=\max_{k,l\in M}\{\mathrm{ICI}_{kl}^{t}\}\end{aligned} \tag{5.26}$$

综合上述三种情况，我们可以完成定理 5.2 的证明。

本章参考文献

Alonso S，Pérez I J，Cabrerizo F J，et al. 2013. A linguistic consensus model for web 2.0 communities［J］. Applied Soft Computing，13（1）：149-157.

Altuzarra A，Moreno-Jimenez J M，Salvador M. 2010. Consensus building in AHP-group decision making：A bayesian approach［J］. OPERATIONS RESEARCH，58（6）：1755-1773.

Bolloju N. 2001. Aggregation of analytic hierarchy process models based on similarities in decision makers' preferences［J］. European Journal of Operational Research，128（3）：499-508.

Brock H W. 1980. The problem of" utility weights" in group preference aggregation［J］. Operations Research，28（1）：176-187.

Cabrerizo F J，Moreno J M，Perez I J，et al. 2010. Analyzing consensus approaches in fuzzy group decision making：Advantages and drawbacks［J］. Soft Computing，14（5）：451-463.

Cabrerizo F J，Perez I J，Herrera-Viedma E. 2010. Managing the consensus in group decision making in an unbalanced fuzzy linguistic context with incomplete information［J］. Knowledge-Based

Systems, 23 (2): 169-181.

Chen S M, Lee L W, Yang S W, et al. 2012. Adaptive consensus support model for group decision making systems [J]. Expert Systems with Applications, 39 (16): 12580-12588.

Chiclana F, Herrera F, Herrera-Viedma E. 2001. Integrating multiplicative preference relations in a multipurpose decision-making model based on fuzzy preference relations [J]. Fuzzy Sets and Systems, 122 (2): 277-291.

Dong Q, Saaty T L. 2014. An analytic hierarchy process model of group consensus [J]. Journal of Systems Science and Systems Engineering, 23 (3): 362-374.

Dong Y, Xu Y, Li H, et al. 2010. The owa-based consensus operator under linguistic representation models using position indexes [J]. European Journal of Operational Research, 203 (2): 455-463.

Dong Y, Zhang G, Hong W C, et al. 2010. Consensus models for AHP group decision making under row geometric mean prioritization method [J]. Decision Support Systems, 49 (3): 281-289.

Dyer R F, Forman E H. 1992. Group decision support with the analytic hierarchy process [J]. Decision Support Systems, 8 (2): 99-124.

Forman E, Peniwati K. 1998. Aggregating individual judgments and priorities with the analytic hierarchy process [J]. European Journal of Operational Research, 108 (1): 165-169.

Fu C, Yang S. 2010. The group consensus based evidential reasoning approach for multiple attributive group decision analysis [J]. European Journal of Operational Research, 206 (3): 601-608.

Fu C, Yang S. 2011. An attribute weight based feedback model for multiple attributive group decision analysis problems with group consensus requirements in evidential reasoning context [J]. European Journal of Operational Research, 212 (1): 179-189.

Fu C, Yang S. 2012. An evidential reasoning based consensus model for multiple attribute group decision analysis problems with interval-valued group consensus requirements [J]. European Journal of Operational Research, 223 (1): 167-176.

Gong Z W, Forrest J, Yang Y J. 2013. The optimal group consensus models for 2-tuple linguistic preference relations [J]. Knowledge-Based Systems, 37: 427-437.

Greco S, Kadziński M, Mousseau V, et al. 2012. Robust ordinal regression for multiple criteria group decision: Utagms-group and utadisgms-group [J]. Decision Support Systems, 52 (3): 549-561.

Grošelj P, Zadnik Stirn L. 2012. Acceptable consistency of aggregated comparison matrices in analytic hierarchy process [J]. European Journal of Operational Research, 223 (2): 417-420.

Guha D, Chakraborty D. 2011. Fuzzy multi attribute group decision making method to achieve consensus under the consideration of degrees of confidence of experts' opinions [J]. Computers & Industrial Engineering, 60 (4): 493-504.

Herrera F, Herrera-Viedma E, Verdegay J L. 1995. A sequential selection process in group decision making with a linguistic assessment approach [J]. Information Sciences, 85 (4): 223-239.

Herrera F, Herrera-Viedma E, Verdegay J L. 1996. A model of consensus in group decision making under linguistic assessments [J]. Fuzzy Sets and Systems, 78 (1): 73-87.

Herrera F, Herrera-Viedma E. 2000. Linguistic decision analysis: Steps for solving decision problems under linguistic information [J]. Fuzzy Sets and Systems, 115 (1): 67-82.

Herrera-Viedma E, Cabrerizo F J, Kacprzyk J, et al. 2014. A review of soft consensus models in a fuzzy environment [J]. Information Fusion, 17 (0): 4-13.

Herrera-Viedma E, Martinez L, Mata F. 2005. A consensus support system model for group decision-making problems with multigranular linguistic preference relations [J]. IEEE Transactions on Fuzzy Systems, 13 (5): 644-658.

Huang Y S, Chang W C, Li W H. 2013. Aggregation of utility-based individual preferences for group decision-making [J]. European Journal of Operational Research, 229 (2): 462-469.

Kacprzyk J, Fedrizzi M, Nurmi H. 1992. Group decision making and consensus under fuzzy preferences and fuzzy majority [J]. Fuzzy Sets and Systems, 49 (1): 21-31.

Keeney R L, Kirkwood C W. 1975. Group decision making using cardinal social welfare functions [J]. Management Science, 22 (4): 430-437.

Mata F, Martinez L, Herrera-Viedma E. 2009. An adaptive consensus support model for group decision-making problems in a multigranular fuzzy linguistic context [J]. IEEE Transactions on Fuzzy Systems, 17 (2): 279-290.

Parreiras R O, Ekel P Y, Martini J S C, et al. 2010. A flexible consensus scheme for multicriteria group decision making under linguistic assessments [J]. Information Sciences, 180 (7): 1075-1089.

Perez I J, Cabrerizo F J, Alonso S, et al. 2014. A new consensus model for group decision making problems with non-homogeneous experts [J]. IEEE Transactions on Systems, Man, and Cybernetics: Systems, 44 (4): 494-498.

Ramanathan R, Ganesh L S. 1994. Group preference aggregation methods employed in AHP: An evaluation and an intrinsic process for deriving members' weightages [J]. European Journal of Operational Research, 79 (2): 249-265.

Ross S M. 2009. Introduction to probability models [M]. Pittsburgh: Academic Press.

Saaty T L. 1977. A scaling method for priorities in hierarchical structures [J]. Journal of Mathematical Psychology, 15 (3): 234-281.

Saaty T L. 1980. The analytic hierarchy process: Planning, priority setting, resource allocaton [M]. NewYork: McGraw-Hill.

Saaty T L. 1990. How to make a decision: The analytic hierarchy process [J]. European Journal of Operational Research, 48 (1): 9-26.

Saaty T L. 1994. Fundamentals of decision making and priority theory with the analytic hierarchy process [M]. Pittsburgh: RWS Publications.

Tanino T. 1984. Fuzzy preference orderings in group decision making [J]. Fuzzy Sets and Systems, 12 (2): 117-131.

Van Den Honert R C, Lootsma F A. 1997. Group preference aggregation in the multiplicative AHP the model of the group decision process and pareto optimality [J]. European Journal of Operational Research, 96 (2): 363-370.

Van Den Honert R C. 2001. Decisional power in group decision making: A note on the allocation of group members' weights in the multiplicative AHP and SMART [J]. Group Decision and Negotiation, 10 (3): 275-286.

Wu Z, Xu J. 2012. A consistency and consensus based decision support model for group decision making with multiplicative preference relations [J]. Decision Support Systems, 52 (3): 757-767.

Wu Z, Xu J. 2012. Consensus reaching models of linguistic preference relations based on distance functions [J]. Soft Computing, 16 (4): 577-589.

Xu Y, Li K W, Wang H. 2013. Distance- based consensus models for fuzzy and multiplicative preference relations [J]. Information Sciences, 253 (0): 56-73.

Xu Z, Cai X. 2011. Group consensus algorithms based on preference relations [J]. Information Sciences, 181 (1): 150-162.

Xu Z. 2009. An automatic approach to reaching consensus in multiple attribute group decision making [J]. Computers & Industrial Engineering, 56 (4): 1369-1374.

6　基于双重反馈机制的语言型动态群体评价方法

人们往往使用自然语言中的词语来描述自己的偏好。近年来学界提出的二元语义处理方法在自然语言信息与数值计算方面取得了一定进展，并且已经被广泛应用到综合评价（多属性决策）和群体评价（群决策）的研究领域（姜艳萍和樊治平，2006；王坚强和陈晓红，2010）。在基于二元语义表示模型的群体评价方法中，专家采用自然语言短语表达偏好，然后通过二元语义模型将其转换为实数并进行集结处理，得到最终的群体语言偏好。随着个人意识的逐步觉醒和专业分工的发展，群体成员间产生观点分歧的可能性越来越大。因此，具有协商交互特征的群体评价方法成为解决群体意见分歧、增进群体共识的重要手段，也是一项具有理论价值和实际意义的重要课题。

已有的动态群体评价方法主要通过修改群体内成员的观点以提升群体共识程度，专家权重在多阶段的群体评价过程中保持恒定不变。而在现实的多轮协商过程中，专家的权重往往随着专家的表现动态变化，因此需要在动态群体评价过程中引入对专家权重的调整机制。在传统动态群体评价方法中，专家必须按照反馈意见修改观点。但是，在群体中，一些专家往往会坚持自己的“非共识”观点，而这类观点的存在也可以避免一些群体极化现象，因此，在动态群体评价过程中应当强迫专家修改观点。

本章针对上述问题，提出一种基于双重反馈机制的语言型动态群体评价方法。该方法提出一种包括专家观点反馈机制和专家权重反馈机制的自动化双重反馈机制：通过观点反馈机制向专家提供自动化的修改建议，指导专家修改观点；如果专家坚持自己的“非共识”观点，则通过专家权重反馈机制调节群体内专家权重分布。本章还通过方法收敛性证明，表明该方法在提升群体共识方面的有效性，并使用了一个算例验证了方法的可行性。

6.1　二元语义信息及其计算

二元语义是由西班牙学者 Herrera 等（1995）提出的一种语言信息表达模型。

模型采用语言短语和数值组成的二元数组表示语言评价信息并进行计算，可以有效避免信息集成和运算中出现的信息损失和扭曲问题。二元语义信息建立在符号转换这一概念基础之上，一个语言短语可以被标识为一个二元组（s_k，α_k），其中，s_k 表示语言短语集 S 中的第 k 个短语，而 α_k 表示符号转移值，满足 $\alpha_k \in [-0.5,\ 0.5)$，表示评价结果与 s_k 的偏差。设有序语言短语集为 $S=\{s_0,\ s_1,\ \cdots,\ s_g\}$，其中，$s_i$ 表示语言短语集 S 中的第 i 个短语，$i\in\{0,\ 1,\ \cdots,\ g\}$。例如，一个由 7 个语言短语组成的语言短语集可以被定义为

$$S=\begin{Bmatrix} s_0=\text{Very Poor(VP)},s_1=\text{Poor(P)},s_2=\text{Slightly Poor(SP)},s_3=\text{Fair(F)}, \\ s_4=\text{Slightly Good(SG)},s_5=\text{Good(G)},s_6=\text{Very Good(VG)} \end{Bmatrix}$$

一般要求 S 具有如下性质（Herrera and Herrera-Viedma，2000；Herrera and Martínez，2000；Herrera and Martínez，2001）：①有序性：当 $i\geqslant j$ 时，有 $s_i\geq s_j$，"$\geq$"表示"好于或等于"。②存在逆运算算子"*neg*"：neg（s_i）$=s_{g-i}$。③极大化运算：当 $s_i\geq s_j$ 时，有 max $\{s_i,\ s_j\}=s_i$。④极小化运算：当 $s_i\geq s_j$ 时，有 min $\{s_i,\ s_j\}=s_j$。

设 $s_i\in S$ 为一个语言短语，则相应的二元语义形式可由以下函数 θ 得到

$$\theta(s_i)=(s_i,0),s_i\in S \tag{6.1}$$

设实数 $\beta\in[0,\ g]$ 为语言短语集经某集结方法得到的结果，则可由如下函数表示为二元语义信息形式（Herrera and Martínez，2000；Herrera and Martínez，2001），即

$$\Delta(\beta)=(s_i,\alpha)=\begin{cases} s_i, & i=\text{round}(\beta) \\ \alpha=\beta-i, & \alpha\in[-0.5,0.5) \end{cases} \tag{6.2}$$

其中 round 表示"四舍五入"取整算子。

二元语义（s_i，α）可由下式转化成相应的实数 β，$\beta\in[0,\ g]$（张发明和孙文龙，2014；Herrera et al.，1996）：

$$\Delta^{-1}(s_i,\alpha)=i+\alpha=\beta \tag{6.3}$$

假设（s_k，α_1），（s_l，α_2）为任意两个二元语义信息，则对于二元语义信息的比较有如下规定（Herrera and Martínez，2000；Herrera and Martínez，2001）：①如果 $k<l$，那么 $s_k<s_l$，这里符号"$<$"表示"劣于"。②如果 $k=l$，那么有如下三种情况：a. 若 $\alpha_1=\alpha_2$，那么 $s_k\sim s_l$，这里符号 ~ 表示等于；b. 若 $\alpha_1<\alpha_2$，那么 $s_k<s_l$；c. 若 $\alpha_1>\alpha_2$ 那么 $s_k>s_l$，"$>$"表示"好于"。

为便于集结，下面分别给出二元语义算术平均算子和二元语义加权算术平均算子的定义。

定义 6.1 设 (s_1, α_1), (s_2, α_2), …, (s_n, α_n) 是一组二元语义信息，则该组二元语义信息的算术平均算子为（Herrera and Martínez，2000）

$$(\bar{s},\bar{\alpha}) = \Delta\left(\sum_{i=1}^{n} \frac{1}{n}\Delta^{-1}(s_i,\alpha_i)\right) = \Delta\left(\frac{1}{n}\sum_{i=1}^{n}\beta_i\right) \tag{6.4}$$

式中，β_i 为 (s_i, α_i) 对应的实数，$\bar{s}\in S$，$\bar{\alpha}\in[-0.5, 0.5)$。

定义 6.2 设 (s_1, α_1), (s_2, α_2), …, (s_n, α_n) 是一组二元语义信息，$w=(w_1, w_2, \cdots, w_n)^{\mathrm{T}}$ 为相应的权重向量，则二元语义加权算术平均算子为（Herrera and Martínez，2000）

$$(\tilde{s},\tilde{\alpha}) = \Delta\left(\frac{\sum_{i=1}^{n}\Delta^{-1}(s_i,\alpha_i)w_i}{\sum_{i=1}^{n}w_i}\right) = \Delta\left(\frac{\sum_{i=1}^{n}\beta_i w_i}{\sum_{i=1}^{n}w_i}\right) \tag{6.5}$$

式中，β_i 为 (s_i, α_i) 对应的实数，$\tilde{s}\in S$，$\tilde{\alpha}\in[-0.5, 0.5)$。

6.2 基于语言信息的动态群体评价方法

6.2.1 问题描述

设某群体综合评价问题，其方案集合为 $A=\{A_1, A_2, \cdots, A_n\}$，属性集合为 $C=\{C_1, C_2, \cdots, C_m\}$，属性权重向量 $w=(w_1, w_2, \cdots, w_m)^{\mathrm{T}}$，满足 $w_j\geqslant 0$，$j=1, 2, \cdots, m$，$\sum_{j=1}^{m}w_j=1$。评价者（专家）集合为 $D=\{\mathrm{DM}_1, \mathrm{DM}_2, \cdots, \mathrm{DM}_s\}$，$\lambda=(\lambda_1, \lambda_2, \cdots, \lambda_s)^{\mathrm{T}}$ 为专家对应的权重向量，λ_k 代表初始状态下专家DM_k 的重要性，满足 $\lambda_k\geqslant 0$，$k=1, 2, \cdots, s$，$\sum_{k=1}^{s}\lambda_k=1$。令$S_k=(s_{ij(k)})_{n\times m}$为专家$\mathrm{DM}_k$ 给出的评价矩阵，其中 $s_{ij(k)}$ 表示专家DM_k 给出的方案 A_i 对于属性 C_j 表现的语言评价信息，$s_{ij(k)}$ 为预先定义好的语言评价术语集 $S=\{s_0, s_1, \cdots, s_g\}$ 中的一个元素。利用式（6.1）将语言评价矩阵$S_k=(s_{ij(k)})_{n\times m}$转换为二元语义评价矩阵$\boldsymbol{R}_k=[(r_{ij(k)}, \alpha_{ij(k)})]_{n\times m}$，采用式（6.5）中二元语义加权算术平均算子，即可求得群体二元语义评价矩阵 $\tilde{\boldsymbol{R}}=((\tilde{r}_{ij}, \tilde{\alpha}_{ij}))_{n\times m}$，有

$$(\tilde{r}_{ij},\tilde{\alpha}_{ij}) = \Delta\left(\sum_{k=1}^{s}\lambda_k\Delta^{-1}(r_{ij(k)},\alpha_{ij(k)})\right) = \Delta\left(\sum_{k=1}^{s}\lambda_k\beta_{ij(k)}\right), i=1,2,\cdots,n; j=1,2,\cdots,m \tag{6.6}$$

Kacprzyk 等（1992）采用模糊多数的概念定义了一个软共识的概念；Bryson（1996）定义了群体共识指数和群体分歧指数来测量群体共识程度；Herrera-Viedma 等（2002）通过比较方案在专家的排序向量的位置差别测量共识程度；王丹力和戴汝为（2001）分别定义了群体和个体的强一致性指标和强不一致性指标以衡量群体共识程度。基于前述研究，本章有如下定义：

定义 6.3 采用表示个体评价矩阵与群体评价矩阵之间的距离表示专家与群体观点的共识程度，即定义

$$\mathrm{GCI}_k = d(\boldsymbol{R}_k, \tilde{\boldsymbol{R}}) = \frac{1}{mn(g+1)} \sum_{i=1}^{n} \sum_{j=1}^{m} \left| \Delta^{-1}(r_{ij(k)}, \alpha_{ij(k)}) - \Delta^{-1}(\tilde{r}_{ij}, \tilde{\alpha}_{ij}) \right| \tag{6.7}$$

为专家DM_k的群体共识指数（group consensus index，GCI），$k=1, 2, \cdots, s$。

由式（6.7）可知：①$\mathrm{GCI}_k \in [0, 1)$；②$\mathrm{GCI}_k = 0$，当且仅当$\boldsymbol{R}_k = \tilde{\boldsymbol{R}}$。

令 γ 为专家共识程度可接受阈值，如果有$\mathrm{GCI}_k \leqslant \gamma$，则称$\boldsymbol{R}_k$ 与 $\tilde{\boldsymbol{R}}$ 之间的共识程度是可接受的；如果有$\mathrm{GCI}_k > \gamma$，则称$\boldsymbol{R}_k$ 与 $\tilde{\boldsymbol{R}}$ 之间的共识程度是不可接受的。在实际应用中，γ 的取值可由评价协调人根据实际评价需要事先确定。γ 越小，则对共识达成的要求越高，适用于时间充裕、评价结果关系重大、代表利益广泛的大型群体评价。而对于应急方案评价等需要快速做出反应的群体评价，则可以将 γ 设置得略高一些，以尽快达成共识并作出评价。

6.2.2 协商规则和终止条件

群体共识达成中最为重要的就是协商交互，其目的是极大化群体共识，使群体评价结论达到稳定一致状态。目前，群体评价中群体成员间的协商交互一般通过信息反馈机制来实现。信息反馈机制通常指评价协调人负责从各专家处收集评价信息并将之发布给相关专家，通过这种信息交互促使专家们达成共识。本章假设评价协调人本身不参与评价，作用仅相当于信息发布平台；专家成员均认真负责，且没有私下勾结情形等，否则无法入选专家群体。本章假定评价群体成员愿意接受协商交互过程中的如下规则：

协商规则 6.1 如果专家给出的评价矩阵与群体评价矩阵之间的共识程度是可接受的，则专家不再修改自身的评价矩阵。

协商规则 6.2 如果专家给出的评价矩阵与群体评价矩阵之间的共识程度是不可接受的，同时专家愿意修正自己的评价矩阵，则应采取本章给出的自动观点

修改反馈机制修改其评价矩阵。

协商规则 6.3 如果专家给出的评价矩阵与群体评价矩阵之间的共识程度是不可接受的，则专家可以在付出一定代价（权重减少）的情形下，坚持自己的“非共识”观点。专家权重应采用本章给出的权重调整反馈机制调整。

在协商交互过程中，终止条件扮演着重要角色。本章设定协商交互终止条件如下：

终止条件 6.1 如果在第 t 次协商交互过程结束后，对于所有 $k=1, 2, \cdots, s$，都有DM_k 拒绝修改自身观点，则可结束协商交互过程，输出 $t=t^*$。

终止条件 6.2 如果在第 t 次协商交互过程结束后，对于除坚持自己“非共识”观点的专家外的所有专家DM_l（$DM_l \in D$），均有$GCI_l^{(t)} \leqslant \gamma$ 成立，则算法结束，输出 $t=t^*$。

终止条件 6.3 如果达到了预先规定的算法最大迭代次数 T，$T \geqslant 1$ 且为正整数，算法结束。

在协商交互过程中，满足以上 3 条协商交互终止条件中的任意一条即可判定算法终止。

6.2.3 算法步骤

本章提出的方法具体流程如下：

输入 专家集合，专家原始语言评价矩阵$\boldsymbol{S}_k=(s_{ij(k)})_{n\times m}$，$k=1, 2, \cdots, s$，专家初始权重 $\boldsymbol{\lambda}=(\lambda_1, \lambda_2, \cdots, \lambda_s)^{\mathrm{T}}$，专家群体共识指数可接受阈值 γ，算法最大迭代次数 T。

输出 专家最终二元语义评价矩阵$\boldsymbol{R}_k^*=[(r_{ij(k)}^*, \alpha_{ij(k)}^*)]_{n\times m}$，$k=1, 2, \cdots, s$，未拒绝修改的专家集合 D^*，专家最终权重 $\boldsymbol{\lambda}^*=(\lambda_1^*, \lambda_2^*, \cdots, \lambda_s^*)^{\mathrm{T}}$，群体最终评价矩阵 $\tilde{\boldsymbol{R}}^*=[(\tilde{r}_{ij}^*, \tilde{\alpha}_{ij}^*)]_{n\times m}$。

步骤 1 根据式（6.1）将专家原始语言信息矩阵转换为二元语义形式的评价矩阵$\boldsymbol{R}_k=[(r_{ij(k)}, \alpha_{ij(k)})]_{n\times m}$。其中（$r_{ij(k)}, \alpha_{ij(k)}$）对应的数值为 $\beta_{ij(k)}$，$k=1, 2, \cdots, s$；令 $t=0$，$D^{(0)}=D$，$D^{(0)}$ 为 $t=0$ 时为拒绝修改的专家集合。$R_k^{(0)}=R_k$，$k=1, 2, \cdots, s$；确定专家群体共识指数可接受阈值 γ。

步骤 2 利用式（6.6）得到群体评价矩阵$\tilde{\boldsymbol{R}}^{(t)}$。然后根据式（6.7）计算 $D^{(t)}$ 中每一个专家的评价矩阵 $\boldsymbol{R}_k^{(t)}=[(r_{ij(k)}^{(t)}, \alpha_{ij(k)}^{(t)})]_{n\times m}$ 与群体评价矩阵 $\tilde{\boldsymbol{R}}^{(t)}=$

$((\tilde{r}_{ij}^{(t)},\ \tilde{\alpha}_{ij}^{(t)}))_{n\times m}$的距离得到$GCI_k^{(t)}$，$DM_k \in D^{(t)}$。判断是否满足协商交互终止条件，如果满足则转步骤5，否则转步骤3。

步骤3 设专家DM_h与群体评价矩阵距离最大，即$GCI_h^{(t)} = \max_{DM_l \in D^{(t)}} \{GCI_l^{(t)}\}$。则$DM_h$需调整自己的评价矩阵以提升其与群体评价矩阵的一致程度，如果DM_h不愿做出上述修改，则转步骤4；如果接受修改建议，则可得到$\boldsymbol{\lambda}^{(t+1)} = \boldsymbol{\lambda}^{(t)}$，$\boldsymbol{R}_k^{(t+1)} = ((r_{ij(k)}^{(t+1)},\ \alpha_{ij(k)}^{(t+1)}))_{n\times m}$，其中，

$$(r_{ij(k)}^{(t+1)},\alpha_{ij(k)}^{(t+1)}) = \begin{cases} \Delta(\Delta^{-1}(r_{ij(k)}^{(t)},\alpha_{ij(k)}^{(t)})\eta^{(t)} + \Delta^{-1}(\tilde{r}_{ij}^{(t)},\tilde{\alpha}_{ij}^{(t)})(1-\eta^{(t)})), & k = h \\ (r_{ij(k)}^{(t)},\alpha_{ij(k)}^{(t)}), & DM_k \in D, k \neq h \end{cases} \tag{6.8}$$

令$t=t+1$，$D^{(t+1)} = D^{(t)}$，转步骤2。

步骤4 DM_h在交互过程中坚持自身观点，不愿意作出式（6.8）中的修改，则需为坚持自己的“非共识”观点付出专家权重减小的代价，并且将其减少的权重平均分配给D中的其他专家，则有$\boldsymbol{R}_k^{(t+1)} = \boldsymbol{R}_k^{(t)}$，$k=1,\ 2,\ \cdots,\ s$。$DM_h$在下一轮协商交互过程中的专家权重可调整为

$$\lambda_h^{(t+1)} = (\theta^{(t)} + \lambda_h^{(t)}(1-\theta^{(t)}))\lambda_h^{(t)} \tag{6.9}$$

式中，$\theta^{(t)} \in (0,\ 1)$，D中其余专家DM_k在下一轮协商交互过程中的权重可调整为

$$\lambda_k^{(t+1)} = \lambda_k^{(t)} + \lambda_h^{(t)}(1-\theta^{(t)})\lambda_k^{(t)}, \quad DM_k \in D, k \neq h \tag{6.10}$$

从而有$\boldsymbol{\lambda}^{(t+1)} = (\lambda_1^{(t+1)},\ \lambda_2^{(t+1)},\ \cdots,\ \lambda_s^{(t+1)})^{\mathrm{T}}$，其中

$$\lambda_k^{(t+1)} = \begin{cases} (\theta + \lambda_h^{(t)}(1-\theta^{(t)})), & k = h \\ (1 + \lambda_h^{(t)}(1-\theta^{(t)}))\lambda_k^{(t)}, & DM_k \in D, k \neq h \end{cases} \tag{6.11}$$

可知，满足$\lambda_k^{(t+1)} \geqslant 0$，$\sum_{k=1}^{s} \lambda_k^{(t+1)} = 1$。令$t=t+1$，$D^{(t+1)} = D^{(t)} \setminus \{DM_h\}$。转步骤2。

步骤5 令$t=t^*$，协商交互过程结束，群体观点已经达到稳定一致状态。输出$\tilde{\boldsymbol{R}}^* = ((\tilde{r}_{ij}^*,\ \tilde{\alpha}_{ij}^*))_{n\times m}$，求得方案$A_i$，$i=1,\ 2,\ \cdots,\ n$的二元语义综合评价值为

$$y_i = (s_p,\alpha_p) = \Delta\left(\sum_{j=1}^{m} \Delta^{-1}(\tilde{r}_{ij}^{(t^*)},\tilde{\alpha}_{ij}^{(t^*)})w_j\right), \quad i = 1,2,\cdots,n, p = 0,1,\cdots,g \tag{6.12}$$

转步骤6。

步骤 6 计算 y_i 并据此对方案 A_i，$i=1, 2, \cdots, n$ 进行排序并择优，评价过程结束。

6.2.4 收敛性

本章给出的基于双重反馈机制的语言型动态群体评价方法是收敛的，能够有效提升群体共识水平。由对算法步骤的描述可知，该方法运行过程中的每一轮都会在尚未拒绝修改的专家中挑出群体共识程度最差的专家，并按照本章给规则向该专家提供评价矩阵修改建议。如果该专家同意，那么修改评价矩阵后继续运行算法；如果该专家不同意，则保持其评价矩阵不变，调整群体权重分布并继续运行算法。另外，在本章所给出的调整机制中，η 代表专家保留自己观点的程度，η 越小说明专家需要对其评价矩阵修改得越多，作出的妥协越多；θ 为权重代价系数，θ 越小则专家坚持“非共识”观点所付出的代价越大。η 和 θ 的取值应视乎具体评价环境而定。为防止追求共识而对专家修改产生过度要求，应根据群体内其他专家的共识水平以及群体共识达成的需求制定 η 和 θ 的取值范围。由调整机制可知，η 和 θ 的取值直接影响群体共识达成方法运行的效果、共识达成的快慢和群体内专家的接受程度，从而会对算法的收敛性产生影响。在证明算法的收敛性之前，首先通过如下假设限定 η 和 θ 的取值。

假设 6.1 不失一般性，假设 $\eta^{(t)}, \theta^{(t)} \in (\max\{\tau^{(t)}, 0\}, 1)$，其中

$$\tau^{(t)} = 1 - \frac{\mathrm{GCI}_h^{(t)} - \max\limits_{\mathrm{DM}_l \in D^{(t)}, l \neq h}\{\mathrm{GCI}_l^{(t)}\}}{\lambda_h^{(t)}\,\mathrm{GCI}_h^{(t)}} \tag{6.13}$$

由上式可知，$\tau^{(t)} \in (-\infty, 1)$，$\tau^{(t)}$ 的取值取决于被选中专家的群体共识指数、群体内部其他成员与被选中专家间共识程度的差异和被选中专家的权重三个参数，反映了当时的群体评价环境。实际上，由于 $\tau^{(t)}$ 可能取负值，所以 $\eta^{(t)}$，$\theta^{(t)} \in (\max\{\tau^{(t)}, 0\}, 1)$。由式（6.13）知，如果被选中的共识程度最低的专家比其他专家的共识程度明显低很多（即$\mathrm{GCI}_h \gg \mathrm{GCI}_l$，$h \neq l$），则其调节参数的下界就低一些，就可能选取一个较低的调节参数（对应较大的调整量）。反之则下界就高一些，只能选取一个相对较高的调节参数（对应相对较小的调整量）。这种基于群体评价共识环境的需求的自适应调节机制能够更好地保证群体共识顺利达成。因此，如果假设 6.1 成立，那么我们有如下定理。

定理 6.1 在第 t 轮被选中的专家DM_h 按本算法中式（6.8）修改评价矩阵，那么有

$$\max_{\mathrm{DM}_l \in D^{(t+1)}} \{\mathrm{GCI}_l^{(t+1)}\} < \max_{\mathrm{DM}_l \in D^{(t)}} \{\mathrm{GCI}_l^{(t)}\}$$

定理6.1证明见本章附录。该定理说明如果被选中的专家愿意按照本文给出的修改规则修改自身判断，那么经过修改之后，群体共识水平会提升，本算法收敛。

定理6.2 如果在第t轮被选中的专家DM_h拒绝修改观点，则按照本章所给出的权重调节机制对专家权重进行调整之后，依然有

$$\max_{\mathrm{DM}_l \in D^{(t+1)}} \{\mathrm{GCI}_l^{(t+1)}\} < \max_{\mathrm{DM}_l \in D^{(t)}} \{\mathrm{GCI}_l^{(t)}\}$$

定理6.2证明见本章附录。该定理说明如果被选中的专家愿意保持自身的“非共识”观点，则经过权重调整之后，群体共识水平仍然会提高。综合以上两定理可知，本章所给出的群体共识达成方法是收敛的，也就是说，如果方法运行足够多次，总能达到规定的群体共识水平。

6.3 数值算例

在复杂产品开发工程中，供应商参与的协同开发是由核心制造企业与供应商形成动态联盟，进行群组开发工作。这样能够大幅缩短产品开发周期，降低开发成本，推动产品快速上市。以安徽省某汽车制造企业供应商选择为背景，以某款车型底盘设计为例，在4家潜在供应商（A_1，A_2，A_3，A_4）中选取一家参与其复杂产品协同开发。拟从设计能力（C_1）、交货期（C_2）、质量能力（C_3）和成本情况（C_4）4项属性出发对潜在供应商进行考察。从项目开发团队各个部门中选择5位专家$\{\mathrm{DM}_1, \mathrm{DM}_2, \cdots, \mathrm{DM}_5\}$评价4个供应商的协同开发能力。专家权重向量为$\boldsymbol{\lambda} = (0.30, 0.15, 0.20, 0.25, 0.10)^{\mathrm{T}}$，属性权重向量为$\boldsymbol{w} = (0.25, 0.15, 0.2, 0.40)^{\mathrm{T}}$。经过专家组讨论，选用9粒度语言短语评价集合为：

$$S = \begin{Bmatrix} s_0 = \text{None(N)}, s_1 = \text{Very Low(VL)}, s_2 = \text{Low(L)} \\ s_3 = \text{Slightly Low(SL)} \\ s_4 = \text{Medium(M)}, s_5 = \text{Slightly High(SH)} \\ s_6 = \text{High(H)} \\ s_7 = \text{Very High(VH)}, s_8 = \text{Perfect(P)} \end{Bmatrix}$$

5位专家所给的语言评价短语矩阵如下：

$$S_1=\begin{array}{cc} & \begin{array}{cccc} C_1 & C_2 & C_3 & C_4 \end{array} \\ \begin{array}{c} A_1 \\ A_2 \\ A_2 \\ A_4 \end{array} & \begin{pmatrix} \mathrm{H} & \mathrm{SH} & \mathrm{VH} & \mathrm{L} \\ \mathrm{M} & \mathrm{L} & \mathrm{SH} & \mathrm{H} \\ \mathrm{VH} & \mathrm{VH} & \mathrm{M} & \mathrm{SL} \\ \mathrm{VL} & \mathrm{P} & \mathrm{H} & \mathrm{VH} \end{pmatrix} \end{array},\quad S_2=\begin{array}{cc} & \begin{array}{cccc} C_1 & C_2 & C_3 & C_4 \end{array} \\ \begin{array}{c} A_1 \\ A_2 \\ A_2 \\ A_4 \end{array} & \begin{pmatrix} \mathrm{P} & \mathrm{L} & \mathrm{M} & \mathrm{VL} \\ \mathrm{SL} & \mathrm{VH} & \mathrm{H} & \mathrm{H} \\ \mathrm{VL} & \mathrm{VL} & \mathrm{VH} & \mathrm{M} \\ \mathrm{H} & \mathrm{H} & \mathrm{P} & \mathrm{P} \end{pmatrix} \end{array},$$

$$S_3=\begin{array}{cc} & \begin{array}{cccc} C_1 & C_2 & C_3 & C_4 \end{array} \\ \begin{array}{c} A_1 \\ A_2 \\ A_2 \\ A_4 \end{array} & \begin{pmatrix} \mathrm{L} & \mathrm{SH} & \mathrm{VH} & \mathrm{SH} \\ \mathrm{M} & \mathrm{SL} & \mathrm{SL} & \mathrm{SH} \\ \mathrm{H} & \mathrm{VH} & \mathrm{SH} & \mathrm{VH} \\ \mathrm{M} & \mathrm{H} & \mathrm{VH} & \mathrm{SH} \end{pmatrix} \end{array},\quad S_4=\begin{array}{cc} & \begin{array}{cccc} C_1 & C_2 & C_3 & C_4 \end{array} \\ \begin{array}{c} A_1 \\ A_2 \\ A_2 \\ A_4 \end{array} & \begin{pmatrix} \mathrm{H} & \mathrm{SL} & \mathrm{SL} & \mathrm{H} \\ \mathrm{L} & \mathrm{SH} & \mathrm{H} & \mathrm{P} \\ \mathrm{M} & \mathrm{VL} & \mathrm{P} & \mathrm{VH} \\ \mathrm{VH} & \mathrm{P} & \mathrm{L} & \mathrm{SL} \end{pmatrix} \end{array}$$

$$S_5=\begin{array}{cc} & \begin{array}{cccc} C_1 & C_2 & C_3 & C_4 \end{array} \\ \begin{array}{c} A_1 \\ A_2 \\ A_2 \\ A_4 \end{array} & \begin{pmatrix} \mathrm{VL} & \mathrm{VH} & \mathrm{L} & \mathrm{VH} \\ \mathrm{VH} & \mathrm{M} & \mathrm{VH} & \mathrm{SL} \\ \mathrm{M} & \mathrm{M} & \mathrm{L} & \mathrm{SL} \\ \mathrm{L} & \mathrm{SL} & \mathrm{M} & \mathrm{SH} \end{pmatrix} \end{array}$$

利用式（6.1）将专家语言评价信息矩阵转换为二元语义形式的评价矩阵。令专家共识程度可接受阈值$\gamma=0.2$，$D^{(0)}=D$。利用式（6.6）得到群体评价矩阵$\tilde{\boldsymbol{R}}^{(0)}$，并计算得到$D^{(0)}$中每一个专家的群体共识指数有$\mathrm{GCI}_1^{(0)}=0.1559$，$\mathrm{GCI}_2^{(0)}=0.2198$，$\mathrm{GCI}_3^{(0)}=0.1420$，$\mathrm{GCI}_4^{(0)}=0.2149$，$\mathrm{GCI}_5^{(0)}=0.2531$。由于$d_2^{(0)}$、$d_4^{(0)}$、$d_5^{(0)}$大于专家一致性可接受阈值$\gamma$，因此需要继续执行共识达成算法。可知共识程度最低的专家为DM_5，并可由式（6.13）计算可得$\tau^{(0)}=-0.32$。选取$\eta^{(0)}=0.8$，$\theta^{(0)}=0.8$，按照式（6.8）向专家DM_5提供评价矩阵修改建议，专家DM_5接受修改观点，从而有

$$\boldsymbol{R}_5^{(1)}=\begin{array}{cc} & \begin{array}{cccc} C_1 & C_2 & C_3 & C_4 \end{array} \\ \begin{array}{c} A_1 \\ A_2 \\ A_2 \\ A_4 \end{array} & \begin{pmatrix} (s_2,-0.2) & (s_6,0.45) & (s_3,-0.39) & (s_6,0.39) \\ (s_6,0.33) & (s_4,-0.02) & (s_7,-0.36) & (s_4,-0.4) \\ (s_4,0.17) & (s_6,-0.3) & (s_3,-0.31) & (s_3,0.39) \\ (s_2,0.39) & (s_4,-0.24) & (s_4,0.26) & (s_5,0.11) \end{pmatrix} \end{array}$$

令$D^{(1)}=D^{(0)}$，$\boldsymbol{R}_k^{(1)}=\boldsymbol{R}_k^{(0)}$，$k=1$，…，4，$\boldsymbol{\lambda}^{(1)}=\boldsymbol{\lambda}^{(0)}$，计算新一轮的专家共识指数有$\mathrm{GCI}_1^{(1)}=0.1558$，$\mathrm{GCI}_2^{(1)}=0.2188$，$\mathrm{GCI}_3^{(1)}=0.1440$，$\mathrm{GCI}_4^{(1)}=0.2128$，$\mathrm{GCI}_5^{(1)}=0.2076$。可知共识程度最低的专家为$\mathrm{DM}_2$，计算可得$\tau^{(1)}=0.82$。选取$\eta^{(1)}=0.85$，$\theta^{(0)}=0.8$，向专家$\mathrm{DM}_2$提供评价矩阵修改建议，专家$\mathrm{DM}_2$接受修改

观点，从而有

$$
\boldsymbol{R}_2^{(2)}=\begin{matrix} A_1 \\ A_2 \\ A_2 \\ A_4 \end{matrix}\overset{\begin{matrix} C_1 & \quad\quad C_2 & \quad\quad C_3 & \quad\quad C_4 \end{matrix}}{\begin{pmatrix} (s_8,-0.44) & (s_2,0.33) & (s_4,0.17) & (s_1,0.43) \\ (s_3,0.09) & (s_7,-0.47) & (s_6,-0.13) & (s_6,0.01) \\ (s_2,-0.42) & (s_2,-0.48) & (s_7,-0.22) & (s_4,0.15) \\ (s_6,0.30) & (s_6,0.13) & (s_8,-0.40) & (s_8,-0.37) \end{pmatrix}}
$$

令 $D^{(2)}=D^{(1)}$，$\boldsymbol{R}_k^{(2)}=\boldsymbol{R}_k^{(1)}$，$k=1$，3，4，5，$\boldsymbol{\lambda}^{(2)}=\boldsymbol{\lambda}^{(1)}$，计算新一轮的专家共识指数有 $\mathrm{GCI}_1^{(2)}=0.1546$，$\mathrm{GCI}_2^{(2)}=0.2188$，$\mathrm{GCI}_3^{(2)}=0.1409$，$\mathrm{GCI}_4^{(2)}=0.2147$，$\mathrm{GCI}_5^{(2)}=0.2060$。由于$\mathrm{GCI}_4^{(2)}$，$\mathrm{GCI}_5^{(2)}$ 大于专家一致性可接受阈值 γ，需要继续执行共识达成算法，计算得 $\tau^{(2)}=0.84$。选取 $\theta=0.85$，$\eta=0.85$，向专家DM_4 提供评价矩阵修改建议，专家DM_4 拒绝修改，则应采用式（6.10）和式（6.11）调整专家权重，有 $\boldsymbol{\lambda}^{(2)}=(0.3113,\ 0.1556,\ 0.2075,\ 0.2219,\ 0.1038)^{\mathrm{T}}$。令 $D^{(3)}=D^{(2)}-\mathrm{DM}_4$，$\boldsymbol{R}_k^{(3)}=\boldsymbol{R}_k^{(2)}$，$k=1$，2，…，5，计算 $D^{(3)}$ 中的专家共识指数有$\mathrm{GCI}_1^{(3)}=0.1478$，$\mathrm{GCI}_2^{(3)}=0.1925$，$\mathrm{GCI}_3^{(3)}=0.1378$，$\mathrm{GCI}_5^{(3)}=0.2047$。可知共识程度最低的专家为$\mathrm{DM}_5$，并可由式（6.13）计算可得 $\tau^{(3)}=0.43$。选取 $\eta^{(3)}=0.8$，$\theta^{(3)}=0.8$，按照式（6.8）向专家DM_5 提供评价矩阵修改建议，专家DM_5 接受修改观点，从而有

$$
\boldsymbol{R}_5^{(4)}=\begin{matrix} A_1 \\ A_2 \\ A_2 \\ A_4 \end{matrix}\overset{\begin{matrix} C_1 & \quad\quad C_2 & \quad\quad C_3 & \quad\quad C_4 \end{matrix}}{\begin{pmatrix} (s_2,0.44) & (s_6,0.02) & (s_3,0.13) & (s_6,-0.11) \\ (s_6,-0.20) & (s_4,-0.06) & (s_6,0.33) & (s_4,0.08) \\ (s_4,0.33) & (s_6,-0.50) & (s_3,0.23) & (s_4,-0.30) \\ (s_3,-0.32) & (s_4,0.38) & (s_4,0.49) & (s_5,0.21) \end{pmatrix}}
$$

令 $D^{(4)}=D^{(3)}$，$\boldsymbol{R}_k^{(4)}=\boldsymbol{R}_k^{(3)}$，$k=1$，2，…，4，$\boldsymbol{\lambda}^{(4)}=\boldsymbol{\lambda}^{(3)}$，计算 $D^{(4)}$ 中专家共识指数可得：$\mathrm{GCI}_1^{(4)}=0.1475$，$\mathrm{GCI}_2^{(4)}=0.1915$，$\mathrm{GCI}_3^{(4)}=0.1393$，$\mathrm{GCI}_5^{(4)}=0.1680$。至此 $D^{(4)}$ 内所有专家的群体共识指数均小于专家共识程度可接受阈值 γ，表明共识达成，算法结束。根据式（6.12）即可求得方案 A_i（$i=1$，2，3，4）的二元语义综合评价值为：$y_1=(s_4,\ 0.48)$，$y_2=(s_5,\ -0.10)$，$y_3=(s_5,\ 0.03)$，$y_4=(s_5,\ 0.33)$。从而可知，供应商 A_4 是专家眼中参与协同开发的最优选择，评价过程结束。

6.4 本章小结

研究面向群体共识的动态群体评价方法具有重要的理论意义和实际应用价值。本章考虑了语言环境下的动态群体评价问题，提出了一种基于专家观点修改反馈机制和专家权重调整反馈机制的动态群体评价方法，并证明了该方法在提升群体共识方面的有效性。该方法建立了专家观点反馈机制引导共识程度最低的专家修改其评价矩阵，从而提升群体共识水平，并且依据专家表现动态调整专家权重加速群体共识达成。与已有的研究相比，首先，本章不仅提供了专家观点反馈机制，还给出了专家权重反馈机制，从两方面考虑群体动态评价过程；其次，专家可以在评价过程中选择按照反馈修改自己的意见，也可以坚持自身的“非共识”意见，避免了对专家的强迫；最后，本章提出的方法具有自适应特征。在今后的研究工作中，需要考虑具有不确定信息的动态群体评价问题。

延展阅读

近年来，具有协商交互特征的群体评价问题的研究已经取得了一些进展。除了本章介绍的方法，这些研究具体可分为两类：第一类是针对群体交互的动态过程中的信息集结和交互方式研究（彭怡和胡杨，2004；徐选华等，2014）。董庆兴等（2012）提出了利用差异驱动思想集成来自主客体双方信息的群体评价交互方法。张发明和孙文龙（2014）开发了基于区间数的交互式群体评价方法，通过专家间的信息交互寻找稳定的评价信息。第二类是针对动态群体评价过程中面临专家意见发散这一问题，考虑引导群体评价的共识达成。Herrera 和 Herrera-Viedma（1996）构建了一个基于语言信息的群体共识达成模型，采用观点反馈调整机制帮助专家更改判断以形成群体共识。Dong 等（2010）针对群体 AHP 评价问题，提出了基于行几何平均值法的群体 AHP 共识达成方法。Dong 和 Cooper（2016）开发了一个基于 peer to peer 交互的共识达成方法。Wu 和 Xu（2012）提出了一个基于互反判断矩阵的提升专家判断矩阵一致性和共识程度的算法。Palomares 等（2014）提出了一个面向大规模群体的非合作个体检测和管理的共识达成模型。

本章附录

附录 6.1 定理 6.1 证明

定理 6.1 在第 t 轮被选中的专家 DM_h 按本算法中式（6.8）修改评价矩阵，那么有

$$\max_{\mathrm{DM}_l \in D^{(t+1)}} \{\mathrm{GCI}_l^{(t+1)}\} < \max_{\mathrm{DM}_l \in D^{(t)}} \{\mathrm{GCI}_l^{(t)}\}$$

证明 如果 DM_h 按照式（6.8）修改矩阵，则有 $D^{(t+1)} = D^{(t)}$，同时由式（6.8）可得新的综合评价矩阵

$$\boldsymbol{R}_h^{(t+1)} = ((r_{ij(h)}^{(t+1)}, \alpha_{ij(h)}^{(t+1)}))_{n \times m} = (\beta_{ij(h)}^{(t+1)})_{n \times m} \tag{6.14}$$

其中

$$\beta_{ij(h)}^{(t+1)} = \eta^{(t)} \beta_{ij(h)}^{(t)} + (1 - \eta^{(t)}) \tilde{\beta}_{ij}^{(t)} \tag{6.15}$$

由式（6.6）可计算得到群体评价矩阵

$$\tilde{\boldsymbol{R}}^{(t+1)} = ((\tilde{r}_{ij}^{(t+1)}, \tilde{\alpha}_{ij}^{(t+1)}))_{n \times m} = (\tilde{\beta}_{ij}^{(t+1)})_{n \times m} \tag{6.16}$$

其中

$$\begin{aligned}
\tilde{\beta}_{ij}^{(t+1)} &= \sum_{k=1}^{s} \beta_{ij(k)}^{(t+1)} \lambda_k^{(t+1)} - \sum_{k=1}^{s} \beta_{ij(k)}^{(t+1)} \lambda_k^{(t)} \\
&= \sum_{k=1, k \neq h}^{s} \beta_{ij(k)}^{(t)} \lambda_k^{(t)} + \beta_{ij(h)}^{(t+1)} \lambda_h^{(t)} n \\
&= \sum_{k=1, k \neq h}^{s} \beta_{ij(k)}^{(t)} \lambda_k^{(t)} + \eta^{(t)} \beta_{ij(h)}^{(t)} \lambda_h^{(t)} + (1 - \eta^{(t)}) \tilde{\beta}_{ij}^{(t)} \lambda_h^{(t)} n \\
&= \tilde{\beta}_{ij}^{(t)} - \lambda_h^{(t)} (1 - \eta^{(t)}) (\beta_{ij(h)}^{(t)} - \tilde{\beta}_{ij}^{(t)})
\end{aligned} \tag{6.17}$$

从而有

$$\begin{aligned}
\mathrm{GCI}_h^{(t+1)} &= \frac{1}{mn(g+1)} \sum_{i=1}^{n} \sum_{j=1}^{m} |\beta_{ij(h)}^{(t+1)} - \tilde{\beta}_{ij}^{(t+1)}| \\
&= \frac{1}{mn(g+1)} \sum_{i=1}^{n} \sum_{j=1}^{m} |\eta^{(t)} \beta_{ij(h)}^{(t)} + (1 - \eta^{(t)}) \tilde{\beta}_{ij}^{(t)} - \tilde{\beta}_{ij}^{(t+1)}| \\
&= \frac{1}{mn(g+1)} \sum_{i=1}^{n} \sum_{j=1}^{m} |\eta^{(t)} (\beta_{ij(h)}^{(t)} - \tilde{\beta}_{ij}^{(t)}) + \lambda_h^{(t)} (1 - \eta^{(t)}) (\beta_{ij(h)}^{(t)} - \tilde{\beta}_{ij}^{(t)})|
\end{aligned}$$

$$
\begin{aligned}
&= (\eta^{(t)} + \lambda_h^{(t)}(1-\eta^{(t)})) \frac{1}{mn(g+1)} \sum_{i=1}^{n} \sum_{j=1}^{m} |(\beta_{ij(h)}^{(t)} - \tilde{\beta}_{ij}^{(t)})| \\
&< \mathrm{GCI}_h^{(t)}.
\end{aligned}
\tag{6.18}
$$

对于其他专家$\mathrm{DM}_k \in D^{(t)}$，$k \neq h$，有

$$
\begin{aligned}
\mathrm{GCI}_k^{(t+1)} &= \frac{1}{mn(g+1)} \sum_{i=1}^{n} \sum_{j=1}^{m} |\beta_{ij(k)}^{(t+1)} - \tilde{\beta}_{ij}^{(t+1)}| \\
&= \frac{1}{mn(g+1)} \sum_{i=1}^{n} \sum_{j=1}^{m} |(\beta_{ij(k)}^{(t)} - \tilde{\beta}_{ij}^{(t)}) + \lambda_h^{(t)}(1-\eta^{(t)})(\beta_{ij(h)}^{(t)} - \tilde{\beta}_{ij}^{(t)})| \\
&\leqslant \frac{1}{mn(g+1)} \sum_{i=1}^{n} \sum_{j=1}^{m} (|\beta_{ij(k)}^{(t)} - \tilde{\beta}_{ij}^{(t)}| + |\lambda_h^{(t)}(1-\eta^{(t)})(\beta_{ij(h)}^{(t)} - \tilde{\beta}_{ij}^{(t)})|) \\
&= \mathrm{GCI}_k^{(t)} + \lambda_h^{(t)}(1-\eta^{(t)})\mathrm{GCI}_h^{(t)} \\
&\leqslant \frac{\max\limits_{\mathrm{DM}_l \in D^{(t)}, l \neq h} \{\mathrm{GCI}_l^{(t)}\}}{\mathrm{GCI}_h^{(t)}} \mathrm{GCI}_h^{(t)} + \lambda_h^{(t)}(1-\eta^{(t)})\mathrm{GCI}_h^{(t)} \\
&= \left(\frac{\max\limits_{\mathrm{DM}_l \in D^{(t)}, l \neq h} \{\mathrm{GCI}_l^{(t)}\}}{\mathrm{GCI}_h^{(t)}} + \lambda_h^{(t)}(1-\eta^{(t)}) \right) \mathrm{GCI}_h^{(t)} \\
&< \mathrm{GCI}_h^{(t)}
\end{aligned}
\tag{6.19}
$$

上式中最后一步由 $\eta^{(t)}$ 取值范围可推出。从而由式（6.18）和式（6.19）可知

$$
\max_{\mathrm{DM}_l \in D^{(t+1)}} \{\mathrm{GCI}_l^{(t+1)}\} < \max_{\mathrm{DM}_l \in D^{(t)}} \{\mathrm{GCI}_l^{(t)}\}
\tag{6.20}
$$

证毕。

附录 6.2　定理 6.2 证明

定理 6.2　如果在第 t 轮被选中的专家DM_h 拒绝修改观点，则按照本章给出的权重调节机制对专家权重进行调整之后，依然有

$$
\max_{\mathrm{DM}_l \in D^{(t+1)}} \{\mathrm{GCI}_l^{(t+1)}\} < \max_{\mathrm{DM}_l \in D^{(t)}} \{\mathrm{GCI}_l^{(t)}\}.
$$

证明　如果DM_h 拒绝按照本章给出的规则修改自身评价矩阵，可知 $D^{(t+1)} = D^{(t)} \setminus \{\mathrm{DM}_h\}$。由式（6.11）可得

$$
\boldsymbol{\lambda}^{(t+1)} = (\lambda_1^{(t+1)}, \lambda_2^{(t+1)}, \cdots, \lambda_s^{(t+1)})^{\mathrm{T}}
\tag{6.21}
$$

由式（6.6）可得

$$
\begin{aligned}
\tilde{\beta}_{ij}^{(t+1)} &= \sum_{k=1}^{s}\beta_{ij(k)}^{(t+1)}\lambda_k^{(t+1)} = \sum_{k=1}^{s}\beta_{ij(k)}^{(t)}\lambda_k^{(t+1)} \\
&= \sum_{k=1,k\neq h}^{s}\beta_{ij(k)}^{(t)}\lambda_k^{(t)}(1+\lambda_h^{(t)}(1-\theta^{(t)})) + \beta_{ij(h)}^{(t)}(\theta^{(t)}+\lambda_h^{(t)}(1-\theta^{(t)}))\lambda_h^{(t)} \\
&= \sum_{k=1}^{s}\beta_{ij(k)}^{(t)}\lambda_k^{(t)} + \lambda_h^{(t)}(1-\theta^{(t)})\sum_{k=1}^{s}\beta_{ij(k)}^{(t)}\lambda_k^{(t)} - (1-\theta^{(t)})\lambda_h^{(t)}\beta_{ij(h)}^{(t)} \\
&= \tilde{\beta}_{ij}^{(t)} - \lambda_h^{(t)}(1-\theta^{(t)})(\beta_{ij(h)}^{(t)} - \tilde{\beta}_{ij}^{(t)})
\end{aligned} \tag{6.22}
$$

同样的，对于$\forall\, \mathrm{DM}_k \in D^{(t+1)}$，有

$$
\begin{aligned}
\mathrm{GCI}_k^{(t+1)} &= \frac{1}{mn(g+1)}\sum_{i=1}^{n}\sum_{j=1}^{m}\left|\beta_{ij(k)}^{(t+1)} - \tilde{\beta}_{ij}^{(t+1)}\right| \\
&= \frac{1}{mn(g+1)}\sum_{i=1}^{n}\sum_{j=1}^{m}\left|(\beta_{ij(k)}^{(t)} - \tilde{\beta}_{ij}^{(t)}) + \lambda_h^{(t)}(1-\theta^{(t)})(\beta_{ij(h)}^{(t)} - \tilde{\beta}_{ij}^{(t)})\right| \\
&\leqslant \frac{1}{mn(g+1)}\sum_{i=1}^{n}\sum_{j=1}^{m}\left(\left|\beta_{ij(k)}^{(t)} - \tilde{\beta}_{ij}^{(t)}\right| + \left|\lambda_h^{(t)}(1-\theta^{(t)})(\beta_{ij(h)}^{(t)} - \tilde{\beta}_{ij}^{(t)})\right|\right) \\
&= \mathrm{GCI}_k^{(t)} + \lambda_h^{(t)}(1-\theta^{(t)})\mathrm{GCI}_h^{(t)} \\
&\leqslant \frac{\max\limits_{\mathrm{DM}_l\in D^{(t)},l\neq h}\{\mathrm{GCI}_l^{(t)}\}}{\mathrm{GCI}_h^{(t)}}\mathrm{GCI}_h^{(t)} + \lambda_h^{(t)}(1-\theta^{(t)})\mathrm{GCI}_h^{(t)} \\
&< \mathrm{GCI}_h^{(t)}
\end{aligned} \tag{6.23}
$$

可知

$$
\max_{\mathrm{DM}_l\in D^{(t+1)}}\{\mathrm{GCI}_l^{(t+1)}\} < \max_{\mathrm{DM}_l\in D^{(t)}}\{\mathrm{GCI}_l^{(t)}\}
$$

证毕。

本章参考文献

董庆兴，郭亚军，马凤姝 . 2012. 基于差异驱动的主客体协作式综合评价方法［J］. 中国管理科学，20（01）：171-176.

姜艳萍，樊治平 . 2006. 基于不同粒度语言判断矩阵的群决策方法［J］. 系统工程学报，21（3）：249-253.

彭怡，胡杨 . 2004. 考虑群体一致性的动态群体决策方法［J］. 运筹与管理，13（4）：69-72.

王丹力，戴汝为 . 2001. 群体一致性及其在研讨厅中的应用［J］. 系统工程与电子技术，23（7）：33-37.

王坚强，陈晓红 . 2010. 信息不完全确定的多准则语言区间群决策方法［J］. 系统工程学报，25（2）：190-195.

徐选华，王敏赛，陈晓红 2014. 偏好冲突优化的多属性多阶段大群体决策方法［J］. 系统工程学报，29（1）：48-55.

张发明，孙文龙 . 2014. 基于区间数的多阶段交互式群体评价方法及应用［J］. 中国管理科学，22（10）：129-135.

Bryson N. 1996. Group decision-making and the analytic hierarchy process：Exploring the consensus-relevant information content［J］. Computers & Operations Research，23（1）：27-35.

Dong Q，Cooper O. 2016. A peer-to-peer dynamic adaptive consensus reaching model for the group AHP decision making［J］. European Journal of Operational Research，250（2）：521-530.

Dong Y，Zhang G，Hong W C，et al. 2010. Consensus models for AHP group decision making under row geometric mean prioritization method［J］. Decision Support Systems，49（3）：281-289.

Herrera F，Herrera-Viedma E，Verdegay J L. 1995. A sequential selection process in group decision making with a linguistic assessment approach［J］. Information Sciences，85（4）：223-239.

Herrera F，Herrera-Viedma E，Verdegay J L. 1996. A model of consensus in group decision making under linguistic assessments［J］. Fuzzy Sets and Systems，78（1）：73-87.

Herrera F，Herrera-Viedma E. 2000. Linguistic decision analysis：Steps for solving decision problems under linguistic information［J］. Fuzzy Sets and systems，115（1）：67-82.

Herrera F，Martínez L. 2000. A 2-tuple fuzzy linguistic representation model for computing with words［J］. IEEE Transactions on fuzzy systems，8（6）：746-752.

Herrera F，Martínez L. 2001. A model based on linguistic 2-tuples for dealing with multigranular hierarchical linguistic contexts in multi-expert decision-making［J］. IEEE Transactions on Systems，Man，and Cybernetics，Part B（Cybernetics），31（2）：227-234.

Herrera-Viedma E，Herrera F，Chiclana F. 2002. A consensus model for multiperson decision making with different preference structures［J］. IEEE Transactions on Systems，Man，and Cybernetics-Part A：Systems and Humans，32（3）：394-402.

Kacprzyk J，Fedrizzi M，Nurmi H. 1992. Group decision making and consensus under fuzzy preferences and fuzzy majority［J］. Fuzzy Sets and Systems，49（1）：21-31.

Palomares I，Martinez L，Herrera F. 2014. A consensus model to detect and manage noncooperative behaviors in large-scale group decision making［J］. IEEE Transactions on Fuzzy Systems，22（3）：516-530.

Wu Z，Xu J. 2012. A consistency and consensus based decision support model for group decision making with multiplicative preference relations［J］. Decision Support Systems，52（3）：757-767.

7 基于稳定观点的群体评价共识达成混合框架

当今商业、管理和政治等关键评价（决策）问题日益复杂，决策者越来越倾向依靠群体而非个体的智慧完成决策任务（Herrera-Viedma et al.，2014；Lu and Ruan，2007；Wang et al.，2017；Zhang and Guo，2017）。因此，利用群体智慧的群体评价在现实评价问题中被广泛使用。经典的 GDM 过程（Roubens，1997）侧重于根据专家们的相对权重来集结决策者们的意见，以便从意见集合中选出最佳方案。然而，在此过程中可能会出现专家因自己的意见未被充分考虑而不认可解决方案的情况（Palomares et al.，2014）。因此，学者们提出共识达成过程（CRP），以提高群体共识水平，避免在 GDM 问题中产生分歧（Palomares et al.，2013）。该过程允许专家讨论并修改个人意见，从而减小观点间的冲突，以获得一个共同认可的解决方案（Dong et al.，2017；Mata et al.，2009）。

然而，CRP 往往假设专家是独立的或不熟悉的，并忽略他们之间的社会关系，这种简化可能会导致专家在协商或讨论过程中出现死锁的现象。因此在实际应用时，可能会遇到困难（Altafini，2012；Proskurnikov et al.，2015）。在现实世界的群体评价问题中，专家往往能通过经验或个人感受获得其他决策者的背景信息，例如名誉、可信度等（Wu et al.，2015）。这种专家之间的社会关系可能在观点交互过程中起到重要作用，从而影响共识达成过程（Sadovykh et al.，2015）。通过社会网络分析（Social Network Analysis，SNA），我们就能够将前文所述的社会关系反映在共识达成过程中。与此同时，学者们以 SNA 为基础，针对群体中观点形成、演化和传播的观点动力学（Dong et al.，2017；Dong et al.，2018；Xia et al.，2011），提出了许多符合现实情况的模型（Dong et al.，2017）。因此，我们可以通过社会网络分析法，将专家间的敌对或协作关系纳入 CRP，借助观点动力学中充分考虑民主的观点演化机制，解决大规模群体评价中当决策规模大于10（Song and Yang，2000）或者 20 人时往往难以达成无异议共识（Liu et al.，2014）的死锁问题。此外，在共识达成过程中，专家间的关系往往是动态演化的，专家们的影响力会随着他们观点的改变而改变。例如，某位专家可能拒绝与另一位持有截然相反意见的专家交互。但随着专家们交互的进行，在经过几轮意见修改之后，两位专家持有的观点差异缩小，甚至在可协商的范围内，此时他们就有影响彼此观点的潜在可能。如果没有考虑这种动态演化关系，那么大规模群体评价环境中这类已得到缓和的抵触关系就无法得到重视，也就难以在使极端观点达成共识的过程中对它加以利用。

为了克服上述局限，本章通过将观点动力学模型及社会网络分析法应用于共识达成过程中来解决大群体环境下的共识提高问题。为了达到该目的，本章提出了潜在共识达成的概念。潜在共识达成旨在识别出拥有最大潜在共识提高空间的专家，并尽可能地减小他们之间的观点差距，从而拓展整体的共识区间。通常，在解决大规模群体评价问题时，理想的共识状态可能无法达成，但潜在共识和观点的稳定状态可以通过有限次的交互达到。本章基于观点动力学中的经典模型，将有界置信模型的思想融入群体评价问题，以实现在不强迫专家和与其观点冲突过大的其他专家交互的情况下达到潜在共识。

本章第一节主要介绍了群体评价、社会网络分析以及有界置信模型的基础知识；第二节描述整个稳态达成群体评价框架，并构建了专家关系与观点协同演化的群体偏好模型以引导达成潜在的共识，并证明了该模型的优良性质；第三节通过仿真实验探讨潜在共识达成模型中相关参数对潜在共识达成时间及结果的影响；第四节总结了本章工作，并表达了对研究的展望。

7.1 预备知识

本节将介绍本章方法涉及的基本概念，并揭示达成潜在共识的优越性。

现实世界中的评价问题日益复杂，多视角地考虑问题十分必要。因此，相关研究经常假设一组专家可以提供更丰富的知识，从而获得更好的解决方案。群体评价问题通常被定义为两个或更多专家参与评价的情况。我们令 $N=\{1,2,\cdots,n\}$，$M=\{1,2,\cdots,m\}$ 分别为两个集合中的元素角标。考虑 n 位专家 $E=\{e_1,e_2,\cdots,e_n\}$ 参与评价过程。评价过程中的交互轮次用 $t\in\boldsymbol{N}$ 表示，$\boldsymbol{N}$ 为自然数集。专家 e_i 在 $t\in\boldsymbol{N}$ 时刻的观点为 $o_i^t\in[0,1]$，并令 O^t 为 t，$t\in\boldsymbol{N}$ 时刻所有专家的观点集合。在共识达成过程开始以前，专家的初始观点集合记作 O^0。

如前文所述，共识达成能有效缓解群体评价中的分歧。与此同时，结合了社会网络分析的观点动力学，能够基于个体间的相互关系研究不同模型假设下观点演化和形成过程的规律。这里将介绍观点动力学及社会网络分析相关的基本概念。

7.1.1 观点动力学

现实中，当一些诸如社会热点事件的新闻发布时，相关信息和报道会在社区内传播开来。在这个过程中，观点会通过人与人之间的传播在社区中流传、演化并逐渐形成一个或多个每针对这一事件的主流观点，这整个过程被称为观点演化。观点最终会在有限次数内演化到一个稳定的状态。观点动力学侧重于分析不同类型的观点在不同动力学模型下，其演化的方向、达到稳态所需的时间以及最终稳态下的观点形态（Dong et al.，2017；Carro et al.，2016；Li et al.，2006）。

在观点演化模型中，针对连续观点的有界置信模型受到越来越多的关注（Hegselmann and Krause，2002；Kou et al.，2012；Zhao et al.，2016）。在该模型中，个体的观点能且只能被与自身观点差异在置信区间内的其他观点所影响，且最终观点会演化到含一个或多个观点簇的稳定状态。有界置信模型能通过限制专家交互的个体范围来保证观点交互过程中的可磋商性。这一特征能很好地满足群体评价环境下避免在共识达成过程中强迫专家改变自身观点的初衷。

7.1.2 有界置信模型

个体往往很难与持有与其完全不相融的观点的其他个体交互。针对这一情况，有界置信模型能够通过灵活设定置信区间来限制专家的交互范围，因此被广泛使用。Deffuant-Weisbuch（DW）模型（Deffuant et al.，2000）和 Hegselmann-Krause（HK）模型（Hegselmann and Krause，2002）是两个典型的连续观点有界置信模型。在 DW 模型中，如果个体 e_i 和 e_j 的观点距离小于置信区间 ε，那么他们将交互并依据公式更新自己的观点：

$$\begin{cases} o_i^{t+1}=\alpha \cdot o_i^t+(1-\alpha)\,o_j^t \\ o_j^{t+1}=\alpha \cdot o_j^t+(1-\alpha)\,o_i^t \end{cases} \tag{7.1}$$

式中，参数 α 是预先设定的收敛系数。置信区间反映了个体对于其他不同观点的容忍程度。与 DW 模型不同的是，在 HK 模型中，个体会根据观点差距在置信区间以内的其他观点的平均值来更新自己的观点，且在传统的 HK 模型中，所有个体都拥有一致的置信区间。此外，在上述两种有界置信模型中，观点集合 O^t 最终会演化为一个或多个观点簇，且在同一个观点簇中，所有个体持有完全相同的观点。

而在群体评价环境下，专家们的观点往往并不需要收敛到完全一致的水平，而是靠近到满足既定要求即可（Herrera-Viedma et al., 2014）。这种软共识在实际情况中也更有操作性。此外，与传统观点演化模型中成千上万个节点的个体规模相比，群体评价中的专家规模要小得多，但其观点交互的过程更为复杂。因此，传统观点动力学中通过选择邻居观点以更新自己观点（Sun et al., 2014）或是以邻居观点均值来更新自身观点的模型（Su et al., 2014）已不再适用，需要一个与协商过程更匹配的观点演化机制。不仅如此，收敛系数 α 也应因人而异，并随着时间的变化需要动态调整，因为专家们的相对重要或权威程度是不断变化的。

为了弥补上述局限，本章提出了一种利用社会网络分析（SNA）来考虑专家间动态演化关系的群体评价模型。SNA 的应用，使得改进有界置信模型以使其适用于群体评价环境变得可能，能同时将专家的相对权重和个体（合作或抵触程度）（Recio-García et al., 2013）等影响专家观点修正和调整的因素纳入考虑。

7.1.3 社会网络分析

社会网络分析（SNA）是对社会个体间关系进行抽象化建模的有效手段（Otte and Rousseau, 2002; Choudhary and Singh, 2015）。它基于图论，将群体社会关系抽象成社会网络，能分析网络的连通性、网络中节点的中心性等网络结构特征（Newman, 2003）。在 SNA 中，社会网络由一系列代表个体的节点与基于个体之间关系的连边构成。本章以 E 代表决策专家的节点集合，专家们在 t 时刻的关系用邻接矩阵 $\boldsymbol{A}^t$ 表示：

$$\boldsymbol{A}^t=(a_{i,j}^t)\in\{0,1\}^{n\times n},(i,j\in N) \tag{7.2}$$

其中，当专家和 e_j 之间有连边时，$a_{i,j}^t=1$；当二者之间没有连边时，$a_{i,j}^t=0$。依据公式的定义，可知邻接矩阵是对称的方阵，且矩阵元素取值为 0 或 1（此处针对无权、无向网络）。在 SNA 中，度中心性是描述节点在网络中的重要性的重要指标，定义为：

$$k_i^t=\sum_{j=1}^{N}a_{i,j}^t \tag{7.3}$$

依据定义可知，节点的度 $k_i^t\in[0,n-1]$，即 e_i 在 t 时刻的邻居数。令

$K^t=(k_1^t,k_2^t,\cdots,k_N^t)^{\mathrm{T}}$ 为所有专家在 t 时刻的度。至此，即可利用社会网络分析，方便地对专家个体间的关系建模。

7.2　基于稳定观点的群体评价共识达成混合框架

本节将介绍基于共识达成、观点动力学及社会网络分析的混合群体评价框架，通过引导群体内专家观点不断交互直至达到稳态以达成潜在共识。图 7.1 描述了该决策框架的流程。

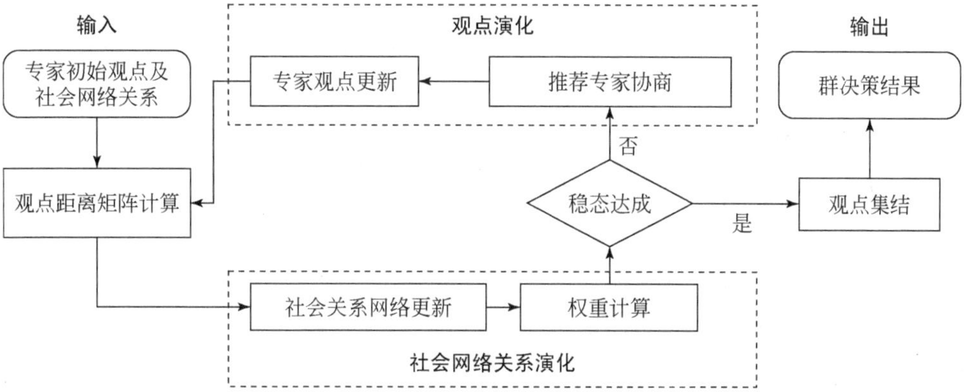

图 7.1　稳态达成群体评价框架

流程主要分为以下四个步骤：

步骤 1　初始化：在初始阶段设置相关的参数，搜集专家们的初始观点及其社会网络关系；并计算专家观点距离矩阵。

步骤 2　社会网络关系演化：根据观点距离矩阵，衡量专家间相互支持或反对的关系，更新关系网络，并计算专家在网络中的相对权重。

步骤 3　稳态达成的判定：判断此时是否已达到观点稳定的状态。如果是，则进入到观点集结过程，反之，专家需要通过进一步协商来修改自身观点。

步骤 4　观点演化：该阶段推荐合适的专家进行协商，在专家们协商并修正自身观点后，重新计算其观点距离矩阵，并更新专家间的社会网络关系。

用规范的数学语言对四个步骤的表述如以下四个小节。

7.2.1 初始化阶段

群体评价过程的第一个阶段需要根据具体的情况确定置信区间 ε 和要求的共识阈值 φ：

1）置信区间 $\varepsilon\in[0,1]$：与 DW 模型类似，置信区间用于描述专家对不同观点的接受程度。置信区间越大，说明对不同观点的包容程度越高，即与自身观点差异较大的专家进行协商的可能性越大。

2）共识阈值 $\varphi\in[0,1]$：决策对专家们观点共识程度的要求。

在确定这些参数后，接下来要搜集专家的初始观点以及专家间的社会网络关系。令 O^0 表示初始观点集合，$\boldsymbol{A}^0$ 表示描述专家初始社会网络关系的邻接矩阵。观点距离矩阵 $\boldsymbol{D}^t=(d_{i,j}^t)_{n\times n}$用以描述专家间两两观点距离：

$$d_{i,j}^t=|o_i^t-o_j^t| \tag{7.4}$$

式中，$d_{i,j}^t$表示专家 e_i 与专家 e_j 之间在 t 时刻的距离。观点距离矩阵 $\boldsymbol{D}^t$ 将会再用于下一个阶段的计算。

7.2.2 社会网络关系演化

初始社会网络 $\boldsymbol{A}^0$ 描述了决策活动开始前专家间的关系结构。在实际情况下，$\boldsymbol{A}^0$ 由专家个体评估其他专家的权威或可信程度得到。然而先验经验带来的权威度评估可能随交互过程而改变。因此，本章假设在共识达成过程中，专家们的权威程度和可信度随其观点受支持程度的改变而变化。例如，如果一个有威望的专家在某个特定的任务中并不具备相应专业知识，与专家群体中其他个体的观点距离较远，那么该专家的权威程度应该适当降低，即使在初始阶段该专家的权威程度可能是非常高。同样，如果在协商过程中，某位专家的观点得到了越来越多的支持和认可，那么其权威度和可信度也应调高。因此，为了同时考虑专家间初始的信任关系及后续协商对专家相对权重的影响，本章提出了基于观点距离矩阵的社会网络关系演化规则。

7.2.2.1 社会网络关系演化规则

专家社会网络关系会根据当时的观点距离矩阵 D^t 进行更新，更新规则如下：

1）当专家间的观点距离 $d_{i,j}^t\geqslant\varepsilon$ 时，专家 e_i 与 e_j 间的连边移除，同时意味着

这两位专家不会进行观点交互。

2）当专家间的观点距离 $d_{i,j}^t<\varphi$ 时，专家 e_i 与 e_j 间将建立连边，意味着两者间存在相互支持与信任的关系。

3）否则，当 $d_{i,j}^t \in [\varphi,\varepsilon)$，专家 e_i 与 e_j 间的关系未因协商发生明显的变化，因而不发生任何改变。

每一轮次交互后，专家观点及观点距离将发生改变，其社会网络关系也会根据 D^t 更新。因此，观点交互将会更新全局社会网络关系。

7.2.2.2 专家权重计算

用 k_i^t 表示专家 e_i 的度，k_j^t 表示节点 e_j 的度，当专家群体中有更多个体支持 e_i 的观点 o_i^t 时，我们认为专家 e_i 的权威程度或者可信度将比 e_j 更高一些。因此可以用度 $K^t=(k_1^t,k_2^t,\cdots,k_N^t)^{\mathrm{T}}$ 来反映专家在 t 时刻的权重 $W^t=(w_1^t,w_2^t,\cdots,w_N^t)^{\mathrm{T}}$，即

$$w_i^t = k_i^t = \sum_{j\neq i}^{N} a_{i,j}^t \tag{7.5}$$

因此，在本章提出的框架中，专家权重的计算同时考虑了专家间的初始社会网络关系及观点改变带来的动态影响。这种权重计算方法，不仅计算复杂度低，也能避免静态权重带来的权威专家操纵结果等弊端。

7.2.3 稳态

为了达成潜在共识，有必要衡量当前的观点是否存在共识提升空间。在本框架中，并不要求观点收敛到某一特定的值，而是达到所要求的共识程度即可。

因此，根据参数 ε 和 φ 的定义，当一对专家间观点的距离大于置信区间时，即 $d_{i,j}^t>\varepsilon$ 时，两个观点由于差异过大而无法相容，也不能达到更进一步的共识，当 $d_{i,j}^t<\varphi$ 时，这两位专家由于已达到了所要求的共识程度而不需要进一步交互。不妨定义集合 $B(o_i^t,\delta)=\{o_j^t\in O^t \mid d_{i,j}^t<\delta\}$，基于此，定义专家 e_i 在 t 时刻的可交互观点集：$S_i^t=B(o_i^t,\varepsilon)-B(o_i^t,\varphi)$。这里“-”号表示集合的减法，$A-B$ 意味着属于集合 A 但不属于集合 B 的元素集合。例如，$A=\{0,1,2,3,4\}$，$B=\{0,1,2\}$，那么 $A-B=\{3,4\}$。

因此 e_i 在 t 时刻的可交互观点集包含了其他与 o_i^t 距离在范围 $[\varphi,\varepsilon)$ 内的观点集合，这种可交互的关系是对称的。由于在 o_i^t 的置信区间内，这些观点与 o_i^t

有交互的可能，通过协商，观点将不断修正与收敛。当 $d_{i,j}^t<\varphi \vee d_{i,j}^t \geqslant \varepsilon$，$\forall i,j \in N$ 时，整个观点演化过程达到稳态，有：

定义 7.1 当 $\forall i \in N, S_i^t=\varnothing$ 时，观点集合 O^t 达到稳态。

因此，通过参数 ε 和 φ 来衡量可交互观点集合，从而确定专家是否需要或有可能进一步协商使得观点更加收敛，是否已通过多次的交互达到观点稳定的状态。其中，置信区间 ε 能够避免强迫持有不相容观点的专家交互，在提高潜在共识的同时也保证了专家的满意度。而共识程度 ϕ 控制了一致性程度保证了协商不会无限进行下去。

在每一轮协商过后，都会对是否达到稳定状态进行判断直至达到稳态。而由于专家间的反对或抵触行为可能会导致观点的极化，也就是说，在稳态下的专家观点可能会收敛成为多个观点簇。令 $E_1^t, E_2^t, \cdots, E_m^t (m \geqslant 1)$ 为集合 E 在 t 时刻的 m 个子集，且 $E_u^t \neq \varphi$，$\cup_{u=1}^m E_u^t = E$，于是有：

定义 7.2 对于 T 时刻稳态下的观点集合 $O^T=\{o_1^T, o_2^T, \cdots, o_n^T\}$，存在 m 个子集 $E_1^T, E_2^T, \cdots, E_m^T$，其中 $\forall u \in M, \cap_{i \in E_u^T} B(o_i^T, \varphi) = \cup_{i \in E_u^T} B(o_j^T, \varphi)$。

在经典的有界置信模型中，观点簇中的个体必须达到完全的共识，即每个观点簇中有且仅有一个观点（Hegselmann and Krause，2002），但是这在现实群体评价环境下显得过于严苛，且较难实现。因此，本框架使用软共识替代绝对共识，认为同一个观点簇中的专家个体观点足够接近即可（不超过共识阈值 φ）。

由于稳态下的观点簇可能超过一个，因此在达到稳态后，需要进行观点集结来得到最终的意见，具体过程在本章 2.5 节中将详细介绍。

注 7.1 置信区间 ε 对最终收敛观点簇的影响，包括观点簇的数目、观点簇中个体的数量以及观点簇形成的时间等，传统的观点动力学模型已对此进行过探讨（Zhao et al.，2016；Kou et al.，2012）。一般来说，随着置信区间的增加，观点簇的数量将减少，最大的观点簇中的个体数及所需要的收敛时长将会增加。但在这些经典的有界置信模型中，$\varepsilon \in [0.05, 0.5]$，并未给出所推荐的置信区间值。在本章所提出的群体评价框架中，除了置信区间外，共识程度 φ 同样也会影响共识达成的过程。具体的置信区间和共识程度这两个参数的取值要依据具体的决策情景来决定：首先，考虑到更一般的情况，共识程度一定要小于置信区间，否则没有协商的必要。其次，本章也假设当要求更高的共识程度 φ 时，所对应的置信区间也相应较小，假设 ε 是 φ 的 3 ~ 5 倍大小。但这两个参数的值还是要取决于具体的决策问题以适应决策要求。对于控制共识程度的共识阈值 φ 在观点动力学中鲜有讨论，但在群体评价研究领域已进行过广泛的研究。Satty（1994）认为 10% 的分歧在群体评价环境下是可以被接受的，而 1% 的分歧依据经验则往往作为规定的上限（Dong and Cooper，2016），因此本章假设 $\varphi \in [0.01, 0.1]$。当探究 ε 对观点收敛的影响时，令 φ 分别等于 0.01，0.05 和 0.1，对应着 $\varepsilon=0.05$，$\overset{\cdots}{+0.03}$，0.15，$\varepsilon=0.15$，$\overset{\cdots}{+0.03}$，0.3 和 $\varepsilon=0.3$，$\overset{\cdots}{+0.02}$，0.5。

7.2.4 观点演化

如果判断观点稳定状态为未达成，则需要进行协商，在本框架中，提出了一种推荐策略，通过推荐专家按照观点更新规则来交互，以不断提高整体共识程度。

7.2.4.1 推荐策略

推荐步骤的主要目的是决定需要交互的专家对。当专家 e_i 和专家 e_j 的观点距离满足 $\max\limits_{s \in N, s \neq i} \{ d_{i,s}^t \mid d_{i,s}^t \in [\varphi, \varepsilon) \}$ 时，将会被推荐进行交互。

可交互的观点需要满足两个条件：①未达到要求的共识程度；②观点之间的距离小于置信区间。在本框架中，可交互观点中差异最大的一对，即观点距离最大的专家对会被挑选出来，推荐交互并修正自身意见。这种策略保证了观点修正过程的效率。需要指出的是，如果满足 $\max\limits_{s \in N, s \neq i} \{ d_{i,s}^t \mid d_{i,s}^t \in [\varphi, \varepsilon) \}$ 的观点不止一对时，会随机选取一对观点交互。

注 7.2 差异最大的观点对具有更大的共识提升空间（Cheng et al.，2016），但往往达成共识的可能性也更低。该模型中推荐策略的优点在于能够识别和挑选出观点差距最大的专家并同时考虑专家对不同观点的接受范围。因此能够提高观点稳态达成的效率，在快速收敛观点达到稳态的同时保证专家的满意度。

7.2.4.2 观点更新规则

相对权重 w_i^t 能够影响协商时双方观点改变的程度，权重更大的专家对他人的说服力也更强。除了相对权重外，专家对自身观点的坚持程度也会影响观点的改变，结合上述两个因素，结合 Dong 和 Cooper（2016）的观点，本章给出如下更新规则：

$$\begin{cases} \alpha_i^t = 1 - \dfrac{w_j^t}{(w_i^t + w_j^t) \cdot p} \\ \alpha_j^t = 1 - \dfrac{w_i^t}{(w_i^t + w_j^t) \cdot p} \end{cases} \tag{7.6}$$

式中，p 代表专家对自身观点的坚持程度。p 值越大，意味着专家越固执，在观点修正的过程中会更多地保留自身原有的观点，反之，当专家 p 值较小的时候，就比较容易受到他人影响而改变自身观点。收敛系数 α_i^t 的值会根据 w_i^t 与 w_j^t 的值而改变，需要指出的是，当 $w_i^t = w_j^t = 0$ 时，为了使得分母不为零，根据相对权重的定义，令 $w_i^t = w_j^t = 1$，那么 $\alpha_i^t = \alpha_j^t = 1 - 1/(2p)$。如果其中一位专家的度为0，例如，假设 $w_i^t = 0$，那么双方的度都加上1，以避免专家 e_i 被选择与 e_j 或 e_s 交互却不改变其中任何一方的观点，进而使得整个协商过程陷入无限循环的状态。

式（7.6）有一些重要的特征需要说明：①$\alpha_i^t \in [1-1/p, 1]$（参数 p 在本章中被赋值为2，3或4），因此专家观点的改变量不会过大，一定程度上保证了专家的满意度；②当 $w_i^t = w_j^t$ 时，专家 e_i 和 e_j 观点的该变量均为 $1-1/(2p)$，两者观点的改变量相同；③当专家 e_i 的相对权重大于 e_j 时，前者观点的改变量会小于后者。这一性质符合日常直觉，因此收敛系数 α_i^t 可视为是专家 e_i 在 t 时刻说服他人的能力。

专家观点会按照下面的规则进行更新：

$$\begin{cases} o_i^{t+1} = \alpha_i^t \cdot o_i^t + (1-\alpha_i^t) \cdot o_j^t \\ o_j^{t+1} = \alpha_j^t \cdot o_j^t + (1-\alpha_j^t) \cdot o_i^t \end{cases} \tag{7.7}$$

从式（7.6）和式（7.7）中不难得到观点在交互前后不会出现交叉的情况，也即如果 $o_i^t - o_j^t > 0$，那么 $o_i^{t+1} - o_j^{t+1} > 0$。这个性质说明，在该观点更新规则下，观点在交互之后会彼此靠近，但不会交叉，这与实际情况下的群体评价协商过程也是吻合的。

注 7.3 在所提出的模型中，观点距离会根据参数 ε 和 φ 来断开或者连接专家社会关系网络中的节点，从而影响网络的结构。反过来，网络结构本身由于决定了专家间相对权重的大小，本身也是影响观点演化过程的重要因素。通过上述机制，专家间不断演化的社会网络关系得以描述，并且，其对观点演化进程的影响也得以展现与讨论。

推论 7.1 在所提出的稳态达成模型中，交互双方的观点距离在每一轮次的交互中都会减小 $1-1/p$，且各专家观点的改变量与其权重成反比。特别地，如果其中一位专家的权重为零，那么仅权重为零的这位专家观点会得以修正。

证明 该部分证明见本章附录7.1。

通过推论7.1可得，专家观点在协商过程中的改变程度取决于其相对权重及坚持程度 p，这个过程的收敛速度会随着 p 的增加而降低。

推论7.2 观点稳态会在有限次的协商中达到。

证明 该部分证明见本章附录7.2。

有两个因素保证了稳态达成所需步时数是有限的：首先，推荐策略是选取观点差异满足 $\max\limits_{i,j\in E}\{d_{i,s}^{t}\in[\varphi,\varepsilon)\}$ 的观点交互，该策略保证了观点收敛性的效率；其次，共识程度 φ 也保证了一旦观点收敛到所要求的共识程度即停止协商。

7.2.5 观点集结

在稳态达成之后，要输出最终的决策结果，然而考虑到稳态环境下可能有多于一个观点簇，因此需要一个观点集结的过程。这里采用了简单的加权平均来集结专家最终的意见：

$$O^{*}=\frac{O^{T}\cdot W^{T}}{\sum W^{T}} \tag{7.8}$$

式中，O^{T} 是观点集合，W^{T} 是专家们稳态下的权重。经过这步计算后，专家们的意见将会被集结为一个特定的值 O^{*} 输出，至此整个群体评价过程结束。

潜在共识达成混合群体评价框架的完整算法如表7.1所示。

表7.1 算法流程

输入	初始专家社会关系网络邻接矩阵 $\boldsymbol{A}^{0}$ 及专家初始观点集合 O^{0}
输出	稳态下的邻接矩阵 $\boldsymbol{A}^{T}$，观点集合 O^{T} 以及集结的结果 O^{*}
步骤1	计算观点距离矩阵 $\boldsymbol{D}^{t}$
步骤2	基于观点距离矩阵 $\boldsymbol{D}^{t}$，根据7.2.1节中的更新规则来更新专家间的社会网络关系，并根据式（7.5）来计算专家权重
步骤3	根据观点距离矩阵 $\boldsymbol{D}^{t}$，计算专家们的可交互观点集合 $S_{i}^{t}=B(o_{i}^{t},\varepsilon)-B(o_{i}^{t},\varphi)$，如果 $\forall i\in N,S_{i}^{t}=\varnothing$，那么稳态达成，进入步骤5，否则进入步骤4
步骤4	选择观点距离满足 $\max\limits_{s\in N,s\neq i}\{d_{i,s}^{t}\mid d_{i,s}^{t}\in[\varphi,\varepsilon)\}$ 的专家进行协商，并按照式（7.7）更新专家自身观点，进入步骤2
输出	稳态下的邻接矩阵 $\boldsymbol{A}^{T}$，观点集合 O^{T} 以及集结的结果 O^{*}

续表

输入	初始专家社会关系网络邻接矩阵 $\boldsymbol{A}^0$ 及专家初始观点集合 O^0
步骤5	根据式（7.8）集结稳态下的专家观点，得到 O^*
步骤6	结束

7.3 仿真实验

基于本章提出的混合群体评价框架，本节主要通过仿真实验来检验该框架的有用性和有效性，并探究模型中的相关参数对潜在共识达成过程的影响。

7.3.1 社会网络关系初始化

本节使用了三种基本的社会网络关系作为初始输入，分别是全连通网络、无标度网络和社团网络，用这些网络来表征实际情况下专家间的社会网络关系。

（1）全连通网络

当所有专家有相似的知识背景，彼此熟识并且有着相近的权威度时，这些专家之间的关系可以用全连通网络来表征，即所有节点对之间均存在连边。在群体评价问题中，我们设置专家组规模从 10 人递增至 100 人，每组增加 10 人。专家之间的初始观点服从正态分布 $O^0 \sim U[0,1]$。

（2）无标度网络

在大群体决策环境下，一种常见的情景是，资历较浅和较为资深的专家共同决策，其权威程度并不平均。针对这种情况，我们用无标度网络来体现这种不一致的关系。无标度网络中节点的度服从幂律分布，$p(k) \sim k^{-\gamma}$，其中 $\gamma \in [2,3]$（Barabási and Albert，1999）。在无标度网络中，小部分个体拥有较大的度，而大部分个体拥有较小的度，这一重要性质也与现实情况中的社会网络关系相吻合。本章用 Barabási 在 1991 年提出的 BA 模型来生成无标度网络从而模拟专家间的初始关系。无标度网络的生成算法如下：首先考虑 m_0 个全连通的初始节点，当网络中新加入节点时，新进的节点与网络中原有的节点采取优先连接的规则新增 m 条连边（$m \leqslant m_0$），原有节点 e_i 被连接的概率 Q_i^t 与其度 k_i^t 成正比，$Q_i^t = k_i^t/(P_j^t k_j^t)$，其中 $P_j^t k_j^t$ 是网络中其他所有节点的度的和。本章假设 $m = m_0 = 4$。专家之间的初始观点服从正态分布 $O^0 \sim U[0,1]$。

(3) 社团网络

在群体评价情境中，当专家来自不同的领域或者不同部门时，观点可能会有较大差异，社团网络的结构能较好地模拟这种情景。在社团网络中，社团内的联系较为紧密，而社团间的联系较为稀疏（Radicchi et al., 2004; Palla et al., 2005）。目前关于社团网络的研究主要集中于如何在真实的网络结构中侦测出社团的存在，并检验这些侦测算法在计算机生成的或真实的网络中的应用效果（Girvan and Newman, 2002）。Newman 和 Girvan（2004）用计算机生成了一个包含四个社团的社团网络，每个社团的规模为包含 32 个节点，其中每个节点的度是固定的。然后规定社团内连边的概率为 $p(p>0.5)$，而社团间连边的概率为 $1-p$。随着 p 值的增加，社团内部的紧密性也会有所增强。在群体评价问题中，社团的规模以及专家的平均度都不是一个固定的值。因此，这里我们将社团生成算法进行了适应性调整，具体如下：社团网络在全连通网络的基础上进行改造，已有的连边会在专家对之间再次随机分配，分配的算法与 Newman 和 Girvan 提出的算法相似。为保证社团结构较为明显，并且社团之间的联系足够稀松，这里设 $p=0.9$。在这样的算法下，网络的平均度取决于专家规模以及社团的个数。不失一般性，这里假设专家来自两个不同的社团，E_1 和 E_2，且 $E=E_1+E_2$，每个社团中有 $n/2$ 位专家，平均度为 $n(n-2)/8$。两个社团中初始专家观点集合分别为 $O_1^0\sim N[0.25, 0.1^2]$ 和 $O_2^0\sim N[0.75, 0.1^2]$，$O^0=O_1^0+O_2^0$。这样就人为地生成了来自两个社区的专家网络。

7.3.2 实验设计

本章设计了 3 个仿真实验。为了证明本章提出的混合模型的有用性，仿真实验 I 从微观层面展示了在专家观点和专家之间关系协同演化的机制下，专家观点收敛的全过程。并且，详细讨论了在专家规模分别为 10 人和 30 人，且 $\varepsilon=0.5$，$\varphi=0.1$，$p=2$ 时在三种不同初始社会网络关系（全连通网络、无标度网络和社团网络）中的观点收敛情况。

此外，群体评价过程中共识达成所需的时长也是衡量群体评价效果的重要指标。如果一个群体评价框架达成共识耗时太长，那么在现实的决策场景中可能根本无法真正应用。因此，为了明确该混合模型在专家规模增加时，共识达成所需步时数，设计了仿真实验 II。具体而言，检验了当 $\varepsilon=0.5$，$\varphi=0.1$ 时，在不同 p 值下（p 等于 2、3 或 4），专家规模从 10 开始，每次增加 10 人，直到 100 时所需的共识达成步时数。同时，证明了参数 p 对观点收敛时长 T 的影响。该仿真实验同样在三种不同的初始专家社会网络关系下进行，对于每一组固定的参数，实验会重复 100 次以减小随机误差。

最后，为了控制共识达成过程，并避免观点极化的现象产生，有必要研究在不同情境下观点进入稳态时的观点簇数目，并找到影响观点簇的关键因素。因此提出了仿真实验Ⅲ来研究有界置信模型中的置信区间 ε 以及专家规模对最终观点簇数目 m 的影响。实验中，将 φ 分别设为 0.01，0.05 和 0.1 对应着 ε 分别为 $\varepsilon=0.05$，$\underset{+0.03}{\cdots}$，0.15，$\varepsilon=0.15$，$\underset{+0.03}{\cdots}$，0.3 和 $\varepsilon=0.3$，$\underset{+0.02}{\cdots}$，0.5。在第三组实验中，为避免随机误差，实验结果为在每个参数组合下重复 1500 次仿真实验的平均值。

7.3.3 实验分析

7.3.3.1 仿真实验Ⅰ：观点收敛过程

从图 7.2 和图 7.3 中不难看出，在大多数情况下，当观点演化到稳态时，专家观点会收敛为一个观点簇，但当一些极端观点存在时，持有这样观点的专家可能会由于自身观点与其他专家观点差异过大而在整个共识达成过程中都没有与其他专家交流的机会，在图 7.2 中的第二幅子图中展示了这种情况。然而，即便在稳态下存在多个观点簇，但由于此时已不存在任何可交互的观点对，即已不存在进一步可被消除的分歧，潜在共识已达成。在图 7.2 和图 7.3 中还可以观察到，取值大于 0.9 的观点在刚开始的时候是无法与小于 0.6 的观点交互的，但通过多轮协商，最终还是与小于 0.6 的观点收敛并达到了稳定的状态。此外，可以观察到最开始往中心收敛的往往是处于边界的那些观点，并且随着共识达成过程的进行，专家们的观点和专家之间的关系会变得越来越紧密。这样的现象是框架中的观点演化机制决定的。因为在选择专家交互时，是挑选拥有最大可协商距离的那些专家对。这种机制保证了框架在共识达成上的效率。此外，通过比较图 7.2 和图 7.3 可以发现，专家规模增至 30 人的共识达成所需时间比专家规模为 10 人时更长，但在这两种情况下，观点的稳态最终都会达成。接下来的仿真实验会进一步展示在不同专家规模 n 的情况下达到稳态观点所需的时长。总体来说，仿真实验Ⅰ说明，所提出的框架针对不同的初始观点或专家关系网络都能有效提高群体评价过程中专家的共识程度。

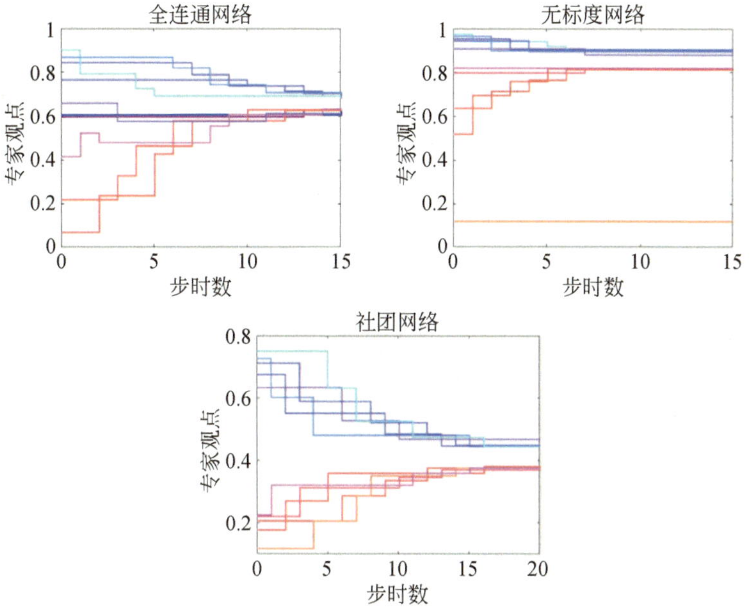

图 7.2　专家规模为 10 时不同初始专家社会关系网络下的观点演化

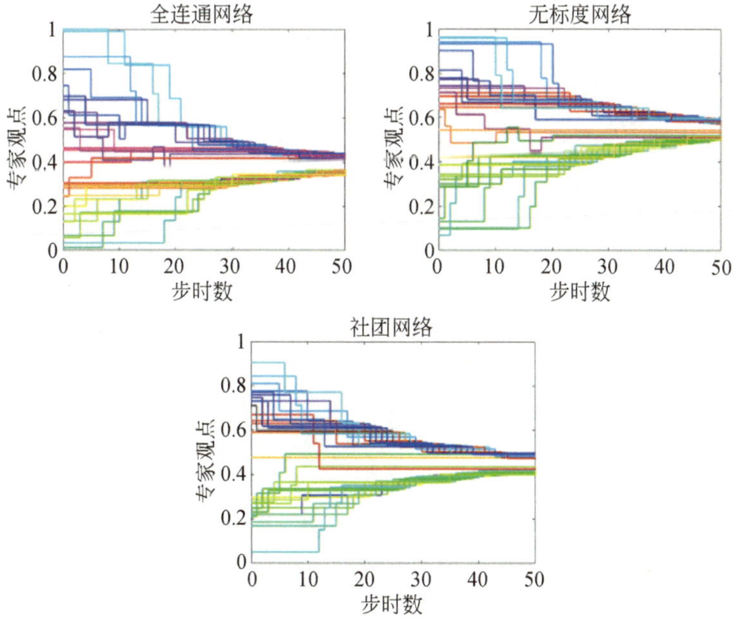

图 7.3　专家规模为 30 时不同初始专家社会关系网络下的观点演化

7.3.3.2 仿真实验Ⅱ：专家自身观点坚持程度和专家规模对收敛时长的影响

从图7.4中可以发现，专家观点收敛到稳态时所需的步时数与专家规模 n 成正比。当 p 取不同值时，从式（7.7）中可知，$d_{i,j}^{t}=\max_{s\in N,s\neq i}\{d_{i,s}^{t}\mid d_{i,s}^{t}\in[\varphi,\varepsilon)\}$ 在 $t+1$ 时刻会缩小为原来的 $1-1/p$ 倍。因此，参数 p 能通过影响每一步专家观点调整的程度来影响最终观点收敛所需的步时数。此外，从图中还可以看出，专家间初始网络关系对观点收敛步时有影响，图中全连通网络和无标度网络环境下收敛步时数吻合较好，但社团网络所需步时数却高于前两者，并且这种差距随着 p 的增加而更为明显。这一现象的成因是专家关系网络初始结构的差异。因为在社团网络中，社团之间关系稀疏，来自不同社区的专家所持的观点差异较大，而社团内部关联紧密，观点较为一致。不同社团的专家之间存在观点和关系上的罅隙，导致与其他两种初始网络结构相比，社团网络需要更长的时间达到观点稳态，形成内部全连通的观点簇。同样，当专家规模扩大时，专家规模对收敛步时的正向影响在社团网络中更为明显。而在全连通网络和无标度网络中，由于专家观点均呈正态分布，经过基于初始观点的网络结构调整后，专家之间的关系也不存在如社团网络一样的鸿沟，这两种网络达到观点稳态时所需的步时数吻合地较好。

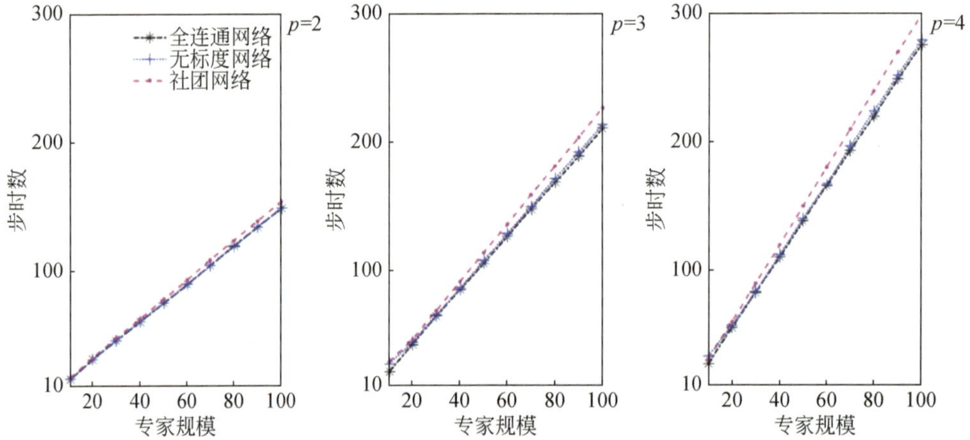

图7.4 不同 p 和 n 下稳态达成所需步时数

仿真实验Ⅱ同时也展示了该混合模型的有效性，在专家规模为100，共识程度要求为 $\varphi=0.1$，置信区间 $\varepsilon=0.5$ 时，平均每位专家仅需通过1.5～3次协商即可达到稳态（随专家对自身观点坚持程度不同而产生一定波动）。

7.3.3.3 仿真实验III：置信区间和专家规模对稳态下观点簇数目的影响

观察图7.5～图7.7，可以发现以下几点规律：

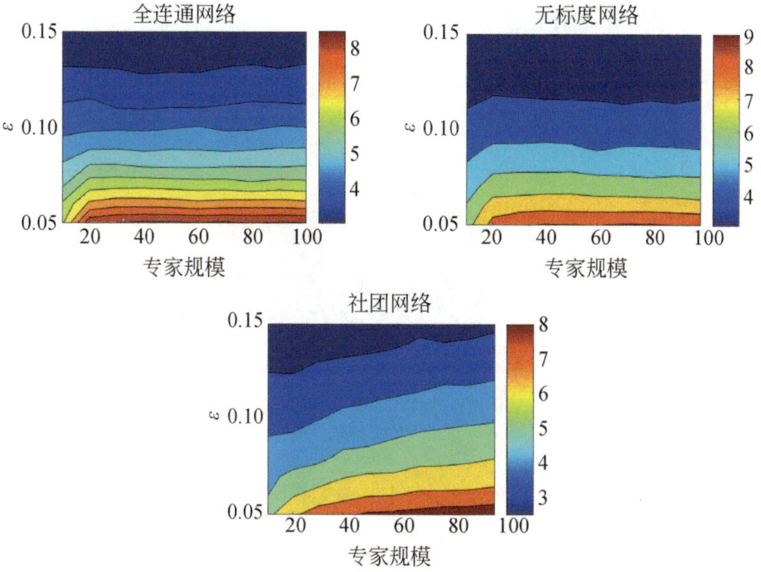

图7.5　当$\varphi=0.01$时置信区间ε在不同专家规模下对稳态下观点簇数据m的影响

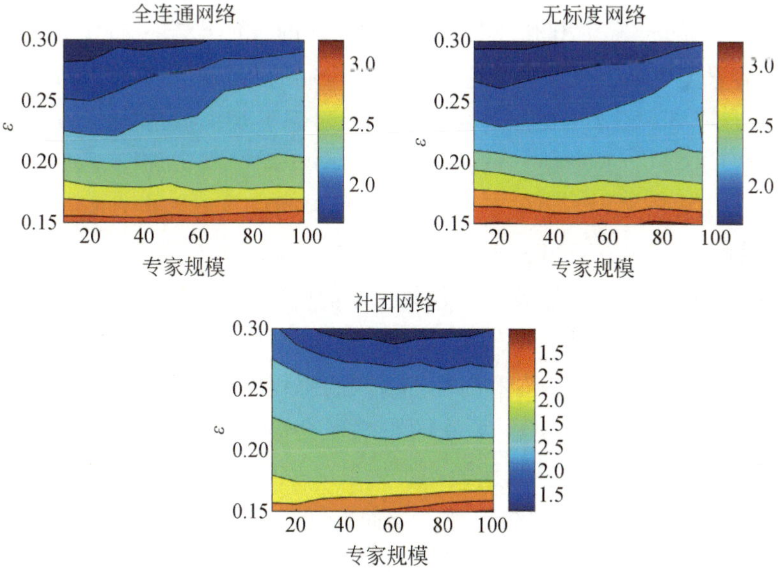

图7.6　当$\varphi=0.05$时置信区间ε在不同专家规模下对稳态下观点簇数据m的影响

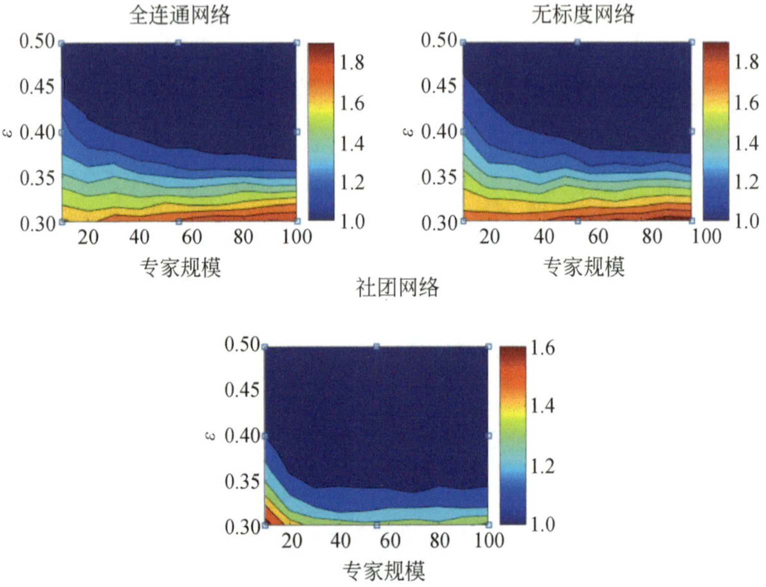

图 7.7　当 $\varphi=0.1$ 时置信区间 ε 在不同专家规模下对稳态下观点簇数据 m 的影响

1）图 7.5 ~ 图 7.7 最明显的特征是这些更红的区域集中在下方，对应于更小的置信区间 ε 取值。这一规律意味着更大的置信区间将更有利于稳态下全局共识的达成，而小的置信区间则恰恰相反。这一结果与 Hegselmann 和 Krause（2002）及 Deffuant 等（2000）在其研究中发现的 ε 的影响一致，即当专家对不同观点的容忍度更高，交互的意愿更强时，全局的共识就更容易达成。

2）从图 7.5 ~ 图 7.7 的趋势可以看出，稳态下观点簇的数目 m 同时受专家规模 n 与置信区间 ε 的影响。当 $\varepsilon>0.4$ 或 $\varepsilon<0.1$ 时，专家规模 n 从 10 人增加至 20 人时，专家规模 n 对观点簇数目 m 的影响很明显，但之后观点簇数目似乎不再受到专家规模影响。而当 $\varepsilon\in[0.1,0.2]$ 时，从图 7.5 和图 7.7 前两个子图中可以看出 m 几乎不受 n 的影响，而仅仅由 ε 的值决定。这一现象的成因是，当置信区间的值 ε 过大或者过小时，其对稳态下观点数目的影响与其他因素相比则起到主导作用。当 ε 非常小，专家对相异观点容忍程度很低时，共识达成过程中就会缺乏协商机会，专家规模 n 对 m 的影响就会被削弱。然而在 $\varepsilon\in[0.2,0.4]$ 时，专家规模对于 m 则会有双重影响。如果 $\varepsilon\leqslant0.3$，m 会随着专家规模的增加而减少（图 7.7），即更多的初始观点反而能促进全局共识的达成，这一结论似乎有些违背直觉。这是因为当初始观点更多时，就会有更多的桥结点或者说协商者来促进差异较大原本不能交互的观点的融合（如附录 7.2 中情况 2.2 所示）。

$\varepsilon>0.3$ 对全局共识的达成具有重要意义。这一结果比传统有界置信模型中的阈值 0.25（Hegselmann and Krause，2002）更大。一种可能的解释是本章提出的观点演化的机制与传统有界置信模型不同。在传统有界置信模型中，个体的观点会按照周围邻居观点的平均值更新。而在此混合模型中，专家的观点会根据与其交互的专家观点及两者的相对权重修正，在观点更新过程中，专家的修正幅度不会很大。因此这种观点更新规则使得达成全局共识的要求更高。然而有趣的是，对于 $\varepsilon\in[0.2, 0.3]$ 情况下，在全连通网络和无标度网络中，m 随专家规模 n 的增加而增加，这是因为当置信区间很小时，可交互观点范围受到的限制导致许多观点无法得到交互，这种限制效应大于桥结点引导共识的效应。因此，更大的专家规模也就意味着更多不相容的观点会在最终稳态时演化为更多的观点簇。

3）当对比专家初始社会关系网络不同，而其他参数相同的情况时，会发现初始网络为社团网络时，稳态下的观点簇数目 m 比其他初始网络要更少一些，反映在图上就是整体热度偏低。这是因为在社团网络中社团内部观点相近，且专家间关系紧密，当置信区间 ε 值较大时，社团内部的观点是容易收敛的。与此同时，在仿真实验中，不同社团的观点均值虽然有较大差异，但由于是正态分布，不同社团间观点可能有所交叉——至少不同社团观点之间不存在彼此都无法取值的区间，因此社团间没有明显的断层，这使得社团之间的观点调整也能够方便地进行。正是这些因素让社团网络条件下的稳态观点簇数目少。但当 $\varepsilon\in[0.05, 0.15]$ 时，如图7.5所示，社团网络下的 m 则比其他两种类型的网络要更多，这是因为当置信区间很小的时候，相比于观点呈随机分布的全连通网络和无标度网络而言，观点呈正态分布的社团内部不可避免地会产生更多的小社团，因此 m 在图中呈现的热度会更高一些。

因此从仿真的结果和分析可以得出结论：当置信区间 ε 更小时，全局共识更容易达成。同时，专家规模 n 对稳态下观点簇数目 m 的影响具有双重效应，具体取决于 ε 的取值。在全连通网络和无标度网络中，当 $\varepsilon\in[0.3,0.4]$ 时，更多的专家会创造更多的桥节点来协调原本不相容的观点。而当 $\varepsilon\in[0.2,0.3]$ 时，桥节点的作用被限制，m 会随着初始专家人数的增加而增加。通过对社团网络的分析，可以得到结论：当社团内专家拥有相对均匀的权重，社团间观点不存在明显断层时，专家之间能够更自由、充分地交流，桥节点的效应可以得到更好的发挥，更有大可能达到全局共识。

7.4 本章小结

本章提出了一个以达成潜在共识为目标的混合群体评价框架。在本框架中，他们动态演化的关系将影响专家间的协商和权重计算过程，当潜在共识达成，观点达到稳态时，可能会有多个观点簇。通过仿真实验及对实验结果的分析，说明本框架能有效提高专家群体的共识程度；观点收敛所需时长 T 受到初始专家网络关系的影响；稳态下观点簇数目 m 主要由置信区间 ε 的取值和专家规模 n 共同决定。这些发现可以被总结为以下几点：①潜在共识达成所需时间 T 随专家对自身观点执着程度的降低而减少。②更大的置信区间 ε 增加了达成全局共识的可能。③当专家初始关系网络为全连通网络和无标度网络时，如果 $\varepsilon>0.3$，专家规模 n 越大；稳态下的观点簇数目 m 越小，但当 $\varepsilon\leqslant 0.3$ 时，情况则相反。④如果置信区间 ε 和专家规模 n 一定，当专家初始关系网络为社团网络时，稳态下的观点簇数目会比其他网络中的更少。

这些结果说明，为了引导最终稳态时观点形成全局共识，组织应该提高专家的置信区间，减小专家间权重的差异，以创造一个活跃且相对平等的协商氛围。当极端观点存在时，识别桥节点并赋予其更高的权重有利于最终全局共识的达成。

本研究通过社会网络分析，将专家间的关系应用于群体评价中的共识达成过程，从而将专家之间的互动以及专家间原始的社会网络关系纳入考虑，丰富了现有的群体评价方法与理论。利用复杂网络抽象专家间的社会网络关系有利于以一种更客观的方式来衡量和计算专家之间不断变化的相对权重。此外，本框架还可以应用于往往难以达成全局共识的大规模群体决策问题。框架的主要思想是尽可能消除专家间可消除的分歧，不断提高整体共识的程度直至达到既定的要求。这个混合框架的可操作性和灵活性较高：置信区间 ε 使得专家可以选择与自身交互的观点范围；共识程度 φ 也使得不必追求达到绝对共识，可以用软共识取而代之。结合这两个参数，能够在有限时间内使群体评价达到潜在共识。

延展阅读

在群体评价领域，已有一些学者将决策者之间的关系纳入考虑（Dong et al., 2018）。Wu 等（2016）利用专家之间的信任关系来计算观点集结过程中的专家权重。Pérez 等（2014）基于专家所提供的语义信任信息来计算观点集结过程中的有序加权算子。除了在观点集结过程中计算权重，社会网络分析同样可以应用于共识达成过程。Gupta（2017）利用专家间的社会网络关系来衡量专家之间的相互影响力，从而决定在观点交互过程中专家观点的修改量。Liang 等（2017）结合专家之间的社会关系来计算缺失的专家偏好，并且计算共识达成过程中专家们可接受的观点修正系数。基于社会网络的观点动力学主要侧重于探索观点的传播及演化到稳态的机制（Dong et al.，2017；Xia et al.，2011；Carro et al.，2016；Li et al.，2006）。此外，个体观点受到与自身观点差异在置信区间内的其他个体影响的有界置信模型被广泛采纳，具体研究可参考 Hegselmann 和 Krause（2002）、Kou 等（2012）及 Zhao 等（2016）相关文献。

本章附录

附录 7.1　推论 7.1 证明

推论 7.1　在所提出的稳态达成模型中，交互双方的观点距离在每一轮次的交互中都会减小 $1-1/p$，且各专家观点的改变量与其权重成反比。如果其中一位专家的权重为零，那么仅权重为零的这位专家观点会得以修正。

证明　结合式（7.6）和式（7.7），可以得到：

$$\frac{d_{i,j}^{t+1}}{d_{i,j}^{t}}=\frac{|\alpha_i^t\cdot o_i^t+(1-\alpha_i^t)\cdot o_j^t-\alpha_j^t\cdot o_j^t-(1-\alpha_j^t)\cdot o_i^t|}{|o_i^t-o_j^t|}=1-1/p \tag{7.9}$$

式（7.9）证明了专家间观点距离在协商后会缩小 $1-1/p$。

令 Δo_i 代表专家 e_i 在一次协商中的改变量，根据式（7.6）和式（7.7），可以有：

$$\frac{\Delta o_i}{\Delta o_j}=-\frac{o_i^{t+1}-o_i^t}{o_j^{t+1}-o_j^t}=\frac{o_i^t-1}{o_j^t-1}=\frac{w_j^t}{w_i^t}=\frac{k_j^t}{k_i^t},(w_i^t=k_i^t\neq 0) \tag{7.10}$$

当面临其中一位专家权重为 0 这种特殊情况时，不失一般性，假设 $w_i^t=k_i^t\neq 0$，从式（7.6）可得 $\alpha_j^t=1$，$\alpha_i^t=1-1/p$，也就意味着只有 o_i^t 会向 o_j^t 靠拢，而 o_j^t 保持不变。观点改变的程度仍然跟专家的相对权重成正比。至此，推论 7.1 证毕。

附录 7.2　推论 7.2 证明

推论 7.2　观点稳态会在有限次的协商中达到。

证明　由于专家关系网络的结构随着协商过程不断演化，因此在该框架下 K^t 和观点距离矩阵 D^t 均在不断变化，这使得整个过程非常复杂。为了便于讨论，这里将整个过程分为下面两种基本情况，通过这种分类讨论的方式来证明在每种情况下，稳态都能在有限步时内达到。

情况 1　当 $\max\limits_{i,j\in E}\{d_{i,j}^t\}<\varepsilon$ 时，如图 7.8 所示，推荐策略是选取所持观点满足 $d_{i,j}^t=\max\limits_{s\in N,s\neq i}\{d_{i,s}^t \mid d_{i,s}^t\in[\varphi,\varepsilon)\}$ 的专家对交互，直至达成潜在共识。不失一般性，假设在 t 时刻推荐专家 e_i 和专家 e_j 交互。交互后在 $t+1$ 时刻专家观点距离 $d_{i,k}^{t+1}, e_k\in E\backslash\{e_i,e_j\}$ 变为：

$$
\begin{aligned}
d_{i,k}^{t+1} &= |o_i^{t+1}-o_k^{t+1}| \\
&=\alpha_i^t|o_i^t-o_k^t|+(1-\alpha_i^t)|o_j^t-o_k^t| \\
&=\alpha_i^t d_{i,k}^t+(1-\alpha_i^t)d_{j,k}^t \\
&\leqslant d_{i,k}^t
\end{aligned}
$$

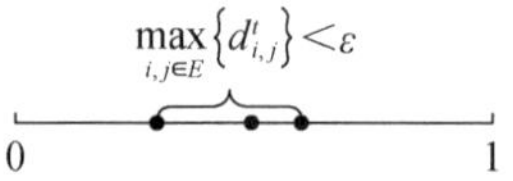

图 7.8　情况 1，$\max\limits_{i,j\in E}\{d_{i,j}^t\}<\varepsilon$

也就是说，在交互后，任意两观点之间的距离都小于等于上一步的最大观点距离。因此交互一定会促使观点收敛，最终 $d_{i,j}^t<\varphi(e_i,e_j\in E)$ 的稳态会在有限时间内达到。因此，在这种情况下，最终会达成全局共识，并且专家之间的社会关系网络最终会形成全联通的结构。

情况 2　当 $\max\limits_{i,j\in E}\{d_{i,j}^t\}\geqslant\varepsilon$ 时，如图 7.9 所示，情况 $\max\limits_{i,j\in E}\{d_{i,j}^t\}\geqslant\varepsilon$ 也同样可能存在。在经过几轮交互后，可能进入下面两种情境之一：

1）观点被划分成了多个小的观点集合，并且集合之间的距离大于等于置信区间 ε。

2）观点的分布较为均匀，即第一种情境不存在，这些小的观点集合之间也有观点分布。

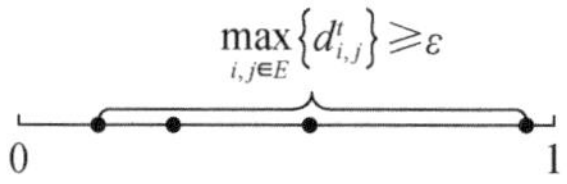

图 7.9　情况 2，$\max_{i,j\in E}\{d^t_{i,j}\}\geqslant\varepsilon$

情况 2.1　$\forall q\in E, B(o^t_q,\varepsilon)\cap B(o^t_{q+1},\varepsilon)=\phi$ 或 $B(o^t_q,\varepsilon)=B(o^t_{q+1},\varepsilon)$，如图 7.10 和图 7.11 所示。

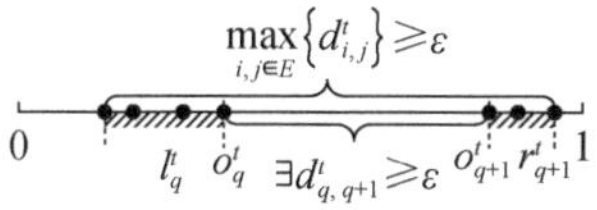

图 7.10　情况 2.1.（a）$B(o^t_q,\varepsilon)\cap B(o^t_{q+1},\varepsilon)=\phi$

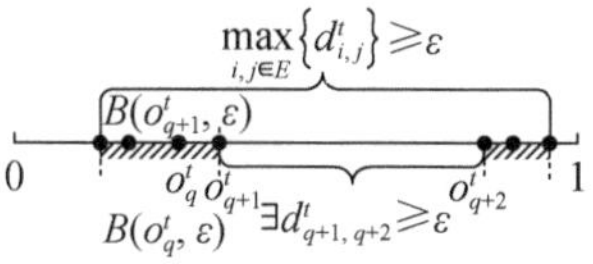

图 7.11　情况 2.1.（b）$B(o^t_q,\varepsilon)=B(o^t_{q+1},\varepsilon)$

图 7.10 和图 7.11 均是对情况 2.1 的描述，两幅图的差别由选取节点的随机性导致。不失一般性，令 o^t_q 和 o^t_{q+1} 为两个观点集合的边界观点，如图 7.10 所示，根据可交互集合的定义，有 $S^t_q\cap S^t_{q+1}=\phi$。令符号 l^t_q 表示观点 o^t_q 在 t 时刻左侧的可交互观点及其本身的集合；令 r^t_{q+1} 为观点 o^t_{q+1} 及其右侧的可交互观点的集合。所以有 $l^t_q=B(o^t_q,\varepsilon)$ 与 $r^t_{q+1}=B(o^t_{q+1},\varepsilon)$。因为 $S^t_{i\mid o^t_i\in l^t_q}\cap S^t_{q+1}=\phi$ 且 $S^t_{i\mid o^t_i\in l^t_{q+1}}\cap S^t_q=\phi$，持有观点在 o^t_q 左侧的专家不会与 o^t_{q+1} 右侧的相交互，反之亦然。如果 $B(o^t_q,\varepsilon)\cap B(o^t_{q+1},\varepsilon)=O^t$，那么观点集合 $B(o^t_q,\varepsilon)$ 和 $B(o^t_{q+1},\varepsilon)$ 内部的演化规律和过程将与情况 1 类似，最终在有限步时内收敛，并形成两个观点簇。否则，如果 $B(o^t_q,\varepsilon)\cap B(o^t_{q+1},\varepsilon)\neq O^t$，也就意味着 t 时刻还有其他小的观点集合。为了解释清楚这种情况，有必要定义观点到观点集合之间的距离。对任意一个凸的观点集合 O^t_p，$p\in N$，其外部一观点 o^t_i 到它的距离定义为：

$$\mathrm{dis}(o_i^t, O_p^t) = \inf\{ |o_i^t - o_j^t| \mid o_i^t \notin O_p^t, o_j^t \in O_p^t \} \tag{7.11}$$

两个观点集合 $O_p^t, O_q^t, p, q \in N$ 之间的距离定义为：

$$\mathrm{dis}(O_p^t, O_q^t) = \inf\{ |o_i^t - o_j^t| \mid o_i^t \in O_p^t, o_j^t \in O_q^t \} \tag{7.12}$$

如果 $\exists o_i^t$，有 $o_i^t < \min\{o_j^t \mid o_j^t \in l_q^t\} \wedge \mathrm{dis}\{o_i^t, l_q^t\} \geqslant \varepsilon$ 或 $o_i^t > \max\{o_j^t \mid o_j^t \in l_{q+1}^t\} \wedge \mathrm{dis}\{o_i^t, l_{q+1}^t\} \geqslant \varepsilon, B(o_i^t, \varepsilon)$ 内部的观点演化过程将会与集合 $B(o_q^t, \varepsilon)$ 和 $B(o_{q+1}^t, \varepsilon)$ 类似，形成一个观点簇，并且簇内专家社会关系网络为全联通网络。更进一步，稳态下的观点簇数目 $m \leqslant \left[\dfrac{1}{\varepsilon+\varphi}\right]+1$（$[x]$ 表示 x 向上取整）。这一结论与仿真实验结果吻合。

情况 2.2 $\exists q \in E, B(o_q^t, \varepsilon) \cap B(o_{q+1}^t, \varepsilon) \not\subset B(o_q^t, \varepsilon) \cup B(o_{q+1}^t, \varepsilon)$，如图 7.12 所示。

与情况 2.1 相比，小的观点集合之间至少存在一个观点。因此在图 7.12 里，设置了观点 o_{q+1}^t 在观点 o_q^t 和观点 o_{q+2}^t 之间。有 $B(o_q^t, \varepsilon) \cap B(o_{q+1}^t, \varepsilon) = \{o_q^t, o_{q+1}^t\}$ 和 $B(o_{q+1}^t, \varepsilon) \cap B(o_{q+2}^t, \varepsilon) = \{o_{q+1}^t, o_{q+2}^t\}$。

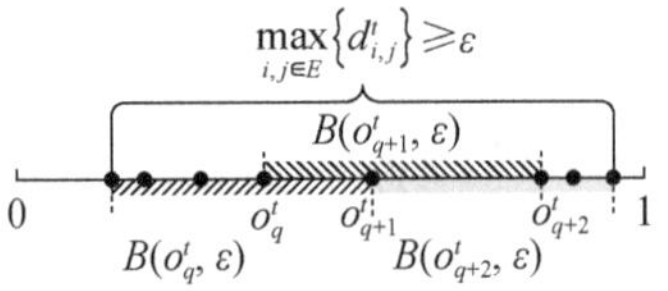

图 7.12 情况 2.2 $\exists q \in E, B(o_q^t, \varepsilon) \cap B(o_{q+1}^t, \varepsilon) \not\subset B(o_q^t, \varepsilon) \cup B(o_{q+1}^t, \varepsilon)$

如 3.2 节所陈述的，在某一轮次的交互中，观点演化的方向是无法确定的，这取决于专家之间的观点距离和相对权重。不失一般性，我们假设 $\varphi \leqslant \mathrm{dis}(o_{q+1}^t, l_q^t) < \mathrm{dis}(o_{q+1}^t, r_{q+2}^t)$，因此 o_{q+1}^t 会选择 $S_{q+1}^t \cap r_{q+2}^t$ 中与之相距最远的观点交互。在图 7.13 中，观点 o_{q+2}^t 会被推荐与 o_{q+1}^t 交互，这两个观点标注成了红色的点，经过协商，这两个观点会按红色的箭头方向收敛。

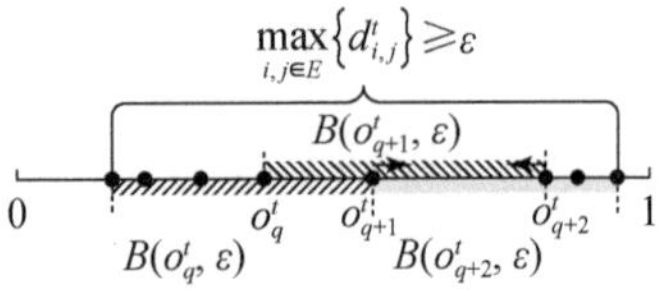

图 7.13 观点 o_{q+1}^t 与 o_{q+2}^t 交互图

从式（7.9）我们有：

$$\Delta d_{q+1,q+2}=\left|d_{q+1,q+2}^{t+1}-d_{q+1,q+2}^{t}\right|=\frac{d_{q+1,q+2}^{t}}{p} \tag{7.13}$$

因为 $\Delta d_{q+1,q+2}=\Delta o_{q+1}+\Delta o_{q+2}$，结合式（7.10），每位专家的观点改变量为：

$$\begin{cases}\Delta o_{q+1}=\dfrac{k_{q+2}^{t}}{k_{q+1}^{t}+k_{q+2}^{t}}\cdot\dfrac{d_{q+1,q+2}^{t}}{p}\\[2ex]\Delta o_{q+2}=\dfrac{k_{q+1}^{t}}{k_{q+1}^{t}+k_{q+2}^{t}}\cdot\dfrac{d_{q+1,q+2}^{t}}{p}\end{cases} \tag{7.14}$$

因为 $\mathrm{dis}(o_{q+1}^{t+1},l_q^{t+1})=\mathrm{dis}(o_{q+1}^{t},l_q^{t})+\Delta o_q$，有：

$$\mathrm{dis}(o_{q+1}^{t},l_q^{t+1})=\mathrm{dis}(o_{q+1}^{t},l_q^{t})+\frac{k_{q+2}^{t}}{k_{q+1}^{t}+k_{q+2}^{t}}\cdot\frac{d_{q+1,q+2}^{t}}{p} \tag{7.15}$$

如图 7.14 所示，当 $\mathrm{dis}(o_{q+1}^{t+1},l_q^{t+1})>\varepsilon$ 时，$S_{i\mid o_i^t\in l_q^t}^{t}\cap S_{q+1}^{t}=\phi$，此时属于情况 2.1。因此在这个例子中，观点集合 $B(o_q^{t+1},\varepsilon)$ 或 $B(o_{q+1}^{t+1},\varepsilon)$（$B(o_{q+2}^{t+1},\varepsilon)$）的内部会逐渐收敛，并在有限步时内形成一个观点簇。

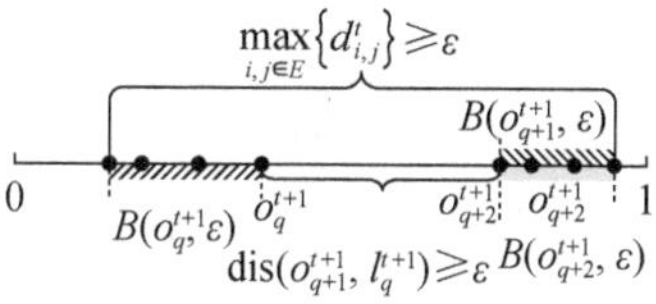

图 7.14　观点示意图，$\mathrm{dis}(o_{q+1}^{t+1},l_q^{t+1})>\varepsilon$

当 $\mathrm{dis}(o_{q+1}^{t+1},l_q^{t+1})\leqslant\varepsilon$ 时，观点距离满足 $d_{i,j}^{t}=\max\limits_{s\in N,s\neq i}\{d_{i,s}^{t}\mid d_{i,s}^{t}\in[\varphi,\varepsilon)\}$ 的观点对会被挑选出来推荐进行协商。不失一般性，假设图 7.15 中标红的点 o_q^{t+1} 和点 o_{q+1}^{t+1} 会被推荐协商。

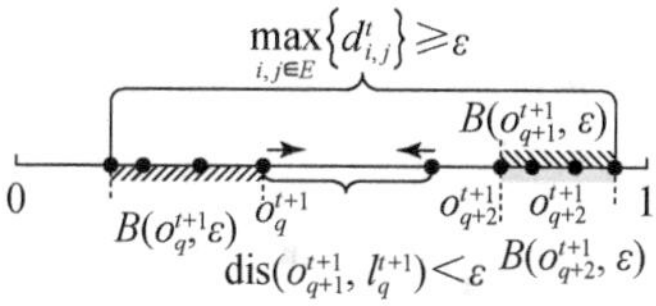

图 7.15　观点示意图，$\mathrm{dis}(o_{q+1}^{t+1},l_q^{t+1})\leqslant\varepsilon$

为了更清楚地描述，这里首先定义观点集合的重心，如集合 l_q^t 的重心为 $C(l_q^t)$：

$$C(l_q^t)=\frac{1}{\# l_q^t}\sum_{o_i^t\in l_q^t}o_i^t \tag{7.16}$$

式中，$\# l_q^t$ 是结合 l_q^t 中的观点个数。在交互之后，$|C(l_q^{t+1})-C(r_{q+2}^{t+1})|-|C(l_q^t)-C(r_{q+2}^t)|$会在 $t+2$ 时刻因专家的交互而发生改变，因为 $l_q^t=l_q^{t+1}$，有 $C(l_q^t)=C(l_q^{t+1})$，所以集合重心的改变可计算：

$$|C(l_q^{t+1})-C(r_{q+2}^{t+1})|-|C(l_q^t)-C(r_{q+2}^t)|=-\frac{\Delta o_{q+2}}{\# r_{q+2}^t}\leqslant 0 \tag{7.17}$$

因此 o_{q+1}^t 与 o_{q+2}^t 交互后，观点集合 l_q^t 和 l_{q+2}^t 重心距离会缩小。可以推测的是，在 o_q^{t+1} 与 o_{q+1}^{t+1} 在 $t+2$ 的时刻交互过后 $S_{i|o_i^{t+3}\in l_{q+1}^{t+3}}^{t+3}\cap S_{q+2}^{t+3}$ 会增加，这两个观点集合之间的隔阂被打破。可以注意到在这个过程中专家 e_q 扮演着桥节点的角色（Huang et al.，2007；Saha et al.，2011），通过协商与沟通，将不用的观点集合联系起来，从而引导共识的达成。在几轮引导和观点交互之后，会产生更多的桥节点。在桥节点的作用下，不同观点子集之间的距离也会缩小，直到 $\max\limits_{i,j\in E}\{d_{i,j}^t\}<\varepsilon$，回到情况 1，此时会在有限步时内形成一个观点簇。但如果桥节点被拉入某一个观点子集而与其他观点子集的距离大于置信区间（观点集合之间没有桥节点），那么此时还会回到情况 2.1。综合情况 2.1 和情况 2.2，可以证明在情况 2 下，观点能在有限步时内达到稳态。因此，基于情况 1 和情况 2，在所提出的框架下，潜在共识会在有限步时内达成。至此，推论 7.2 证毕。

本章参考文献

Altafini C. 2012. Consensus problems on networks with antagonistic interactions [J]. IEEE Transactions on Automatic Control, 58 (4): 935-946.

Barabási A L, Albert R. 1999. Emergence of scaling in random networks [J]. Science, 286 (5439): 509-512.

Carro A, Toral R, San Miguel M. 2016. The noisy voter model on complex networks [J]. Scientific reports, 6 (1): 1-14.

Cheng L C, Chen Y L, Chiang Y C. 2016. Identifying conflict patterns to reach a consensus - a novel group decision approach [J]. European Journal of Operational Research, 254 (2): 622-631.

Choudhary P, Singh U. 2015. A survey on social network analysis for counter-terrorism [J]. International Journal of Computer Applications, 112 (9): 24-29.

Deffuant G, Neau D, Amblard F, et al. 2000. Mixing beliefs among interacting agents [J]. Advances in Complex Systems, 3 (01n04): 87-98.

Dong Q, Cooper O. 2016. A peer-to-peer dynamic adaptive consensus reaching model for the group AHP decision making [J]. European Journal of Operational Research, 250 (2): 521-530.

Dong Q, Zhü K, Cooper O. 2017. Gaining consensus in a moderated group: A model with a twofold feedback mechanism [J]. Expert Systems with Applications, 71: 87-97.

Dong Y, Ding Z, Martínez L, et al. 2017. Managing consensus based on leadership in opinion dynamics [J]. Information Sciences, 397: 187-205.

Dong Y, Zha Q, Zhang H, et al. 2018. Consensus reaching in social network group decision making: Research paradigms and challenges [J]. Knowledge-Based Systems, 162: 3-13.

Dong Y, Zhan M, Kou G, et al. 2018. A survey on the fusion process in opinion dynamics [J]. Information Fusion, 43: 57-65.

Gupta M. 2017. Consensus building process in group decision making: An adaptive procedure based on group dynamics [J]. IEEE Transactions on Fuzzy Systems, 26 (4): 1923-1933.

Hegselmann R, Krause U. 2002. Opinion dynamics and bounded confidence models, analysis, and simulation [J]. Journal of Artificial Societies and Social Simulation, 5 (3): 1-33.

Herrera-Viedma E, Cabrerizo F J, Kacprzyk J, et al. 2014. A review of soft consensus models in a fuzzy environment [J]. Information Fusion, 17: 4-13.

Huang C Y, Sun C T, Cheng C Y, et al. 2007. Bridge and brick motifs in complex networks [J]. Physica A: Statistical Mechanics and its Applications, 377 (1): 340-350.

Kou G, Zhao Y, Peng Y, et al. 2012. Multi-level opinion dynamics under bounded confidence [J]. Plos One, 7 (9): e43507.

Li P P, Zheng D F, Hui P. 2006. Dynamics of opinion formation in a small-world network [J]. Physical Review E, 73 (5): 056128.

Liang Q, Liao X, Liu J. 2017. A social ties-based approach for group decision-making problems with incomplete additive preference relations [J]. Knowledge-Based Systems, 119: 68-86.

Liu B, Shen Y, Chen X. 2014. A partial binary tree dea-da cyclic classification model for decision makers in complex multi-attribute large-group interval-valued intuitionistic fuzzy decision-making problems [J]. Information Fusion, 18: 119-130.

Lu J, Ruan D. 2007. Multi-objective group decision making: Methods, software and applications with fuzzy set techniques [M]. London: Imperial College Press.

Mata F, Martinez L, Herrera-Viedma E. 2009. An adaptive consensus support model for group decision-making problems in a multigranular fuzzy linguistic context [J]. IEEE Transactions on Fuzzy Systems, 17 (2): 279-290.

Newman M E J. 2002. Community structure in social and biological networks [J]. Proceedings of the national academy of sciences, 99 (12): 7821-7826.

Newman M E J. 2003. The structure and function of complex networks [J]. SIAM Review, 45 (2): 167-256.

Newman M E J. 2004. Finding and evaluating community structure in networks [J]. Physical review E, 69 (2): 026113.

Otte E, Rousseau R. 2002. Social network analysis: A powerful strategy, also for the information sciences [J]. Journal of information Science, 28 (6): 441-453.

Palla G, Derényi I, Farkas I, et al. 2005. Uncovering the overlapping community structure of complex networks in nature and society [J]. Nature, 435 (7043): 814-818.

Palomares I, Estrella F J, Martínez L, et al. 2014. Consensus under a fuzzy context: Taxonomy, analysis framework afryca and experimental case of study [J]. Information Fusion, 20: 252-271.

Palomares I, Martinez L, Herrera F. 2013. A consensus model to detect and manage noncooperative behaviors in large-scale group decision making [J]. IEEE Transactions on Fuzzy Systems, 22 (3): 516-530.

Palomares I, RodríGuez R M, MartíNez L. 2013. An attitude-driven web consensus support system for heterogeneous group decision making [J]. Expert Systems with Applications, 40 (1): 139-149.

Proskurnikov A V, Matveev A S, Cao M. 2015. Opinion dynamics in social networks with hostile camps: Consensus vs. Polarization [J]. IEEE Transactions on Automatic Control, 61 (6): 1524-1536.

Pérez L G, Mata F, Chiclana F. 2014. Social network decision making with linguistic trustworthiness-based induced owa operators [J]. International Journal of Intelligent Systems, 29 (12): 1117-1137.

Radicchi F, Castellano C, Cecconi F, 2004. Defining and identifying communities in networks [J]. Proceedings of the national academy of sciences, 101 (9): 2658-2663.

Recio-García J A, Quijano L, Díaz-Agudo B. 2013. Including social factors in an argumentative model for group decision support systems [J]. Decision Support Systems, 56: 48-55.

Roubens M. 1997. Fuzzy sets and decision analysis [J]. Fuzzy sets and systems, 90 (2): 199-206.

Saaty T. 1994. A ratio scale metric and the compatibility of ratio scales: The possibility of arrow′s impossibility theorem [J]. Applied Mathematics Letters, 7 (6): 45-49.

Sadovykh V, Sundaram D, Piramuthu S. 2015. Do online social networks support decision-making [J]. Decision support systems, 70: 15-30.

Saha T, Domeniconi C, Rangwala H. 2011. Detection of communities and bridges in weighted networks [M]. New York: Springer.

Song G, Yang H. 2000. The decision-making behavior of group decision analysis [J]. Academic Exploration, (3): 48-49.

Su J, Liu B, Li Q, et al. 2014. Coevolution of opinions and directed adaptive networks in a social group [J]. Journal of Artificial Societies and Social Simulation, 17 (2): 4.

Sun Y, Liu C, Zhang C X, et al. 2014. Epidemic spreading on weighted complex networks [J]. Physics Letters A, 378 (7-8): 635-640.

Wang L, Wang Y M, Martínez L. 2017. A group decision method based on prospect theory for emergency situations [J]. Information Sciences, 418: 119-135.

Wu J, Chiclana F, Herrera-Viedma E. 2015. Trust based consensus model for social network in an incomplete linguistic information context [J]. Applied Soft Computing, 35: 827-839.

Wu J, Xiong R, Chiclana F. 2016. Uninorm trust propagation and aggregation methods for group decision making in social network with four tuple information [J]. Knowledge-Based Systems, 96: 29-39.

Xia H, Wang H, Xuan Z. 2011. Opinion dynamics: A multidisciplinary review and perspective on future research [J]. International Journal of Knowledge and Systems Science (IJKSS), 2 (4): 72-91.

Zhang Z, Guo C. 2017. Deriving priority weights from intuitionistic multiplicative preference relations under group decision-making settings [J]. Journal of the Operational Research Society, 68 (12): 1582-1599.

Zhao Y, Zhang L, Tang M, et al. 2016. Bounded confidence opinion dynamics with opinion leaders and environmental noises [J]. Computers & Operations Research, 74: 205-213.

8 同时考虑个体及局域世界观点的群体评价共识达成模型

在群体评价过程中，由于群体中个体观点的多样性，个体之间可能会出现分歧。因此，能够促使决策个体交互并调整自身观点，从而减少分歧的共识达成过程在群体评价中具有重要作用。在共识达成过程中，决策个体之间亲近/信任或疏远/抵触的动态社会网络关系会影响决策个体交互的结果。此外，随着决策个体数量的增加，群体评价共识达成面临着新的问题：一方面，在不强迫决策个体调整自身观点的情况下，群体共识达成的成本将上升；另一方面，决策个体很难拥有全局视角来知晓群体内所有个体的观点，那么参考群体观点以调整自身观点的共识达成机制将不再适用。因此，为了充分考虑决策个体之间的动态社会网络关系，并且在不强迫决策个体调整自身观点的情况下最大限度地提升群体共识达成的效率，本章提出了基于社会网络的、同时考虑“个体-局域世界”观点的群体评价共识达成模型，并基于其性质展开讨论，最后通过仿真实验来验证本章所提模型的有效性，并探究该模型中涉及的参数对稳态达成时长及稳态下观点簇数目的影响。

8.1 预备知识

本节首先介绍本章模型的问题描述，然后定义本章涉及的社会网络分析的相关概念。

考虑 n 个个体构成的集合 $X=\{x_1,x_2,\cdots,x_n\}$ 参与决策过程，$N=\{1,2,\cdots,n\}$ 为集合中的元素角标。决策过程中的交互轮次（时刻）用 $t\in\mathbb{N}$ 表示，$\mathbb{N}$ 为自然数集。个体 x_i 在 t 时刻的观点为 $O_i^t\in[0,1]$，并令 O^t 为 t 时刻所有个体观点集合，特别地，个体的初始观点集合记作 O^0，$\boldsymbol{A}^0$ 表示个体初始社会关系网络的邻接矩阵。

社会网络分析是对个体间关系进行抽象化建模的有效手段（Choudhary and Singh，2015；Otte and Rousseau，2002）。其基于图论将群体社会关系抽象成社会网络，社会网络由一系列代表个体的节点与基于个体之间关系的连边构成。在社会网络分析中，社会网络表示为 $G(X,E)$，其中，节点为 $X=\{x_1,x_2,\cdots,x_n\}$，节点之间的连边为 E。社会网络分析主要分析网络的连通性、网络中节点的度中心性及节点相似性等社会网络结构特征方面的问题（Newman，2003），并通过节点的相似度衡量个体网络结构的相似度，从而预测社会网络中尚不存在连边的两个节点建立连边的可能性（汪小帆等，2012）。

定义 8.1 社会网络连通性（Freeman，1978）：令 $X=\{x_1,x_2,\cdots,x_n\}$ 代表社会网络中的个体集合，在 t 时刻个体之间的社会网络关系用邻接矩阵 $\boldsymbol{A}^t=(a_{ij}^t)\in\{0,1\}_{n\times n}$表示：

$$a_{ij}^t=\begin{cases}1,(x_i,x_j)\in E\\0,(x_i,x_j)\notin E\end{cases}\tag{8.1}$$

如果个体 x_i 和 x_j 之间建立了连边关系，则 $a_{ij}^t=1$；否则，$a_{ij}^t=0$。依据公式（8.1）的定义，当为无权、无向网络时，可知邻接矩阵是对称的方阵，且矩阵元素取值为 0 或 1。

定义 8.2 度中心性（Freeman，1978；Nieminen，1974）：令 $X=\{x_1,x_2,\cdots,x_n\}$ 及 $A^t=(a_{ij}^t)\in\{0,1\}_{n\times n}$分别为社会网络中个体集合及其社会网络关系，那么度中心性定义为：

$$\mathrm{CD}_i^t=\sum_{j=1}^{N}a_{ij}^t\tag{8.2}$$

$\mathrm{CD}_i^t\in[0,n-1]$，即 x_i 在 t 时刻的邻居数。节点的度越大，则表示该节点在网络中越重要。

节点的相似性是衡量两个节点之间产生连接的可能性的重要指标。经典的三元闭包原则指出，如果个体 x_i 和个体 x_j 拥有一个共同朋友 x_k，那么个体 x_i 和个体 x_j 也很有可能成为朋友（产生连接）。如果两个节点的共同邻居的数量越多，则这两个节点就越相似，从而更倾向于建立连接。因此，基于共同邻居的节点相似性定义如下：

定义 8.3 节点相似度（Liu et al.，2011）：假设 $\Gamma(x_i)$ 为个体 x_i 的邻居集合，$\mathrm{CN}_{ij}=\{\Gamma(x_i)\cap\Gamma(x_j)\}$为个体 x_i 与个体 x_j 之间的共同好友。个体 x_i 和个体 x_j 之间的节点相似度 SD_{ij}^t为：

$$\mathrm{SD}_{ij}^t=\#\mathrm{CN}_{ij}^t\tag{8.3}$$

式中，$\#\mathrm{CN}_{ij}^t$为个体 x_i 和个体 x_j 之间的共同好友的数量，#表示集合的势。SD_{ij}^t为节点的绝对相似性，节点的相对相似性定义如下：

定义 8.4 个体网络结构相似度：令 $\mathrm{CN}_{ij}=\{\Gamma(x_i)\cap\Gamma(x_j)\}$ 为个体 x_i 与个体 x_j 之间的共同好友，数量记为 $\#\mathrm{CN}_{ij}^t$。基于节点相似度中大度节点不利指标（Ravasz et al.，2002）（HDI）来计算个体网络结构相似度：

$$\mathrm{Sm}_{ij}^t=\frac{\#\mathrm{CN}_{ij}^t}{\max(\mathrm{CD}_i^t,\mathrm{CD}_j^t)} \tag{8.4}$$

$\mathrm{Sm}_{ij}^t\in[0,1]$，且 Sm_{ij}^t 越大，表明个体 x_i 与个体 x_j 的共同邻居节点越多，个体 x_i 与个体 x_j 之间更可能建立连边。当 $\max(\mathrm{CD}_i^t,\mathrm{CD}_j^t)=0$ 时，则表明个体 x_i 与个体 x_j 均没有与其他个体建立连边，那么此时假定 $\mathrm{Sm}_{ij}^t=0$。

8.2 模型和方法

本节首先介绍同时考虑个体及局域世界观点的群体评价共识模型。该模型将根据个体的社会网络关系以及观点距离自适应参考个体和局部世界观点，以促进可交互个体对集合中具备最大共识提升空间的个体达成共识，然后证明了该模型最终能够达成稳态。图 8.1 展示了该模型的流程，具体包括初始化、社会网络演化、稳态分析和观点演化。

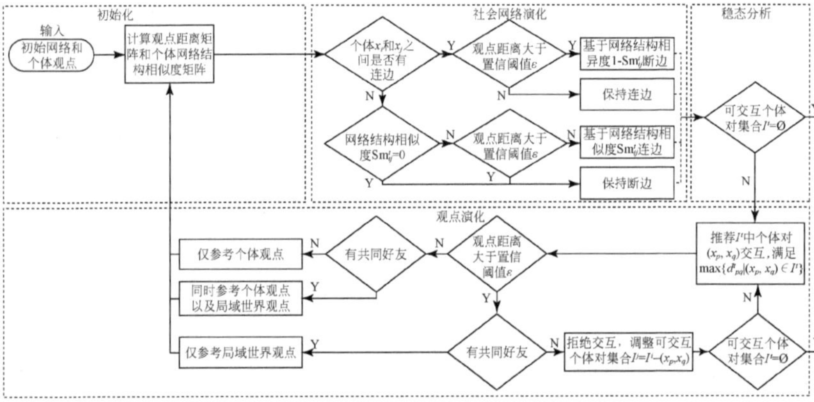

图 8.1　同时考虑个体及局域世界观点的群体评价共识达成模型

8.2.1 初始化

在初始化阶段，需要搜集个体的初始观点及其社会网络关系，并计算个体观点距离及个体网络结构相似度。个体的初始观点集合记作 O^0，个体初始社会网络关系的邻接矩阵为 $\boldsymbol{A}^0$。在获得了个体的初始观点及其社会网络关系后，需要计算个体之间的观点距离以表示个体观点的接近程度，并计算个体网络结构相似度以表示个体社会网络中尚不存在连边的两个节点之间建立连边的可能性。

个体观点距离矩阵 $\boldsymbol{D}^t=(d_{ij}^t)_{n\times n}$ 描述了两两个体观点之间的接近程度：

$$d_{ij}^t=|O_i^t-O_j^t| \tag{8.5}$$

式中，d_{ij}^t 表示个体 x_i 与个体 x_j 之间在 t 时刻的观点距离。

个体网络结构相似度由式（8.4）计算得到。此外，需要确定群决策共识达成过程中的置信阈值以及共识阈值（Dong et al.，2019）。

1）置信阈值 $\varepsilon\in[0,1]$：描述个体对不同观点的接受程度。置信阈值越大，表明个体对不同观点的包容程度也越强，那么与自身观点差异较大的个体进行协商的可能性越大。

2）共识阈值 $\varphi\in[0,1]$：控制着群体观点的一致程度。共识阈值越小，则表明对群体观点的一致程度要求越高。

8.2.2 社会网络演化

随着决策个体数量的增加，个体很难拥有全局视角来知晓群体内所有个体的观点。因此，模型假设：如果当前时刻个体之间未建立社会网络关系并且其网络结构相似度为 0 时，则无法知晓对方观点；当决策个体之间有共同好友时（个体网络结构相似度不为 0），便可能知晓对方观点。但是，知晓对方观点并不意味着双方愿意交互以调整自身观点，只有彼此是朋友（建立了社会网络关系）的个体之间才有可能交互。

基于上述假设，社会网络关系在群体评价共识达成过程中起到了至关重要的作用。诚然，现实生活中个体之间的社交网络关系十分复杂。但是如果两个陌生人之间有很多共同朋友，那么他们很可能成为朋友（建立社交网络关系），相反，如果两个陌生人之间共同朋友很少，那么他们便不太可能成为朋友。在共识达成过程中，即使他们之间的观点相似，他们也不能相互交流。另一方面，如果一对个体互为朋友，并且他们有足够多共同的朋友，那么可能不会因为观点互不相容而断开彼此之间的联系，相反，如果两个个体在一段时间内互为朋友，但共同好友比较少，那么可能随着时间的变化而变得陌生，彼此之间不再有联系。

因此，基于上述两方面，本章选取个体网络结构的相似度、个体观点的距离两个指标来共同决定个体之间是否建立社会网络关系。由个体观点的距离大小来决定个体之间是否有机会建立连边，由个体网络结构的相似度来决定个体之间建立连边的可能性，进而更新社会关系网络。基于个体网络结构相似度公式（8.4），将个体 x_i 与个体 x_j 之间在 t 时刻的网络结构相似度作为建立连边的概率：

$$P_{ij}^t = \mathrm{Sm}_{ij}^t \tag{8.6}$$

相应地，将个体 x_i 与个体 x_j 之间在 t 时刻的网络结构相异度作为断开连边的概率：

$$\overline{P_{ij}^t} = 1 - P_{ij}^t \tag{8.7}$$

式中，Sm_{ij}^t 表示个体 x_i 与个体 x_j 在 t 时刻的网络结构相似度，$1-P_{ij}^t$ 表示个体 x_i 与个体 x_j 在 t 时刻的网络结构相异度，用概率的高低来表示个体之间连边以及断边的可能性大小。社会网络关系的演化规则如下：

1）当 t 时刻个体 x_i 与个体 x_j 原本已经建立了社会网络关系（$a_{ij}^t=1$）时：①如果个体观点距离大于置信阈值（$d_{ij}^t>\varepsilon$），则将个体网络结构相异度作为 $t+1$ 时刻的断边概率（$\overline{P_{ij}^t}=1-P_{ij}^t$）。②如果个体之间观点距离不大于置信阈值（$d_{ij}^t \leqslant \varepsilon$），则在 $t+1$ 时刻决策个体之间依旧保持连边。

2）当 t 时刻个体 x_i 与个体 x_j 原本未建立了社会网络关系（$a_{ij}^t=0$）时，由于可能无法知晓对方观点，因此需要先判断个体网络结构相似度：①当个体网络结构相似度为 0 时（$\mathrm{Sm}_{ij}^t=0$），则由于无法知晓对方观点因而无法计算个体之间的观点距离，则在 $t+1$ 时刻决策个体之间依旧保持断边。②当个体网络结构相似度不为 0 时（$\mathrm{Sm}_{ij}^t>0$），则决策个体之间可能知晓对方的观点，因而进一步判断个体观点距离。如果个体观点距离大于置信阈值（$d_{ij}^t>\varepsilon$），则在 $t+1$ 时刻决策个体之间依旧保持断边。如果个体之间观点距离不大于置信阈值（$d_{ij}^t \leqslant \varepsilon$），则将个体网络结构相似度作为 $t+1$ 时刻的连边概率（$P_{ij}^t=\mathrm{Sm}_{ij}^t$）。

上述规则保证了个体网络结构的相似度和个体观点的距离共同决定个体之间是否建立社会网络关系——不会仅凭个体观点互不相容便断开其联系，也不会仅凭个体观点相似就建立联系。

8.2.3 稳态分析

在本阶段判断群体评价是否已达到观点稳定的状态，如果是则通过观点集结输出最后的决策结果，否则个体还需要通过进一步交互来更新自身观点。

本章通过计算群体共识度来判断群体是否达到观点稳态。目前群体共识度的计算方式有两类：①完全共识（Hegselmann and Krause，2002）。要求群体中每个个体最终稳态观点完全一致，群体内有且仅有一个观点，达到完全的共识；②软共识（Dong et al.，2019）。不要求群体中每个个体观点最终演化到完全一致，只要个体观点足够接近，满足要求即可（Herrera-Viedma et al.，2014）。前者在现实群体决策环境下过于严苛，需要花费巨大成本才能达成，后者更加符合实际。因此，本章采取软共识判断群体观点是否达成稳态，不要求每个个体观点演化到完全一致，而只需要个体观点足够接近，即当个体之间观点的距离均小于共识阈值时，说明群体稳态达成。

但是，由于本章假设个体交互的前提是个体之间建立了社会网络关系，因此，并不是所有个体对之间都可以交互。在 t 时刻可交互的个体对集合可以由如下定义得到：

定义 8.5 可交互个体对集合。在 t 时刻，所有建立了社会网络联系、未曾拒绝过交互并且有共识达成空间的个体对组成的集合为

$$I^t=\{(x_i,x_j)\mid d_{ij}^t\in(\varphi,1]\wedge a_{ij}^t=1\wedge(x_i,x_j)\notin\overline{I^t}\}\tag{8.8}$$

式中，(x_i,x_j) 是由个体 x_i 与个体 x_j 组成的个体对，$\forall i,j\in N$。$(x_i,x_j)\notin\overline{I^t}$，$\overline{I^t}$ 为在 t 时刻之前所有拒绝过交互的个体对集合。值得注意的是，并不是可交互个体对集合中所有的个体对的观点最终均能足够相似。例如：当可交互个体对集合 I^t 中的个体对（x_i，x_j）观点互不相容、拒绝交互且没有扮演“桥节点”角色的共同朋友时，该个体对已经没有妥协的空间。因此，$\overline{I^t}=\overline{I^t}+(x_p,\ x_q)$，与此同时，将该拒绝妥协的个体对从可交互个体对集合中剔除，也即 $I^t=I^t-(x_p,\ x_q)$，之后将继续选择可交互个体对进行协商，直至 $I^t=\varnothing$。

当可交互个体对集合 $I^t=\varnothing$时，群体稳态达成，这意味着群体中没有可以交互的个体对并且个体之间没有可以被消除的分歧，即达成潜在共识（Dong et al.，2019）。

考虑到的稳态环境下可能有多个观点簇，因此需要一个观点集结的过程。本章采用了简单的加权平均集结个体最终的观点：

$$O^*=\sum_{i=1}^{n}\omega_i^tO_i^t\tag{8.9}$$

式中，ω_i^t 为个体 x_i 在稳态下的个体权重，$\omega_i^t=\mathrm{CD}_i^t/\sum_{j=1}^{n}\mathrm{CD}_j^t$，$\sum_{i}^{n}\omega_i^t=1$。

8.2.4 观点演化

8.2.4.1 推荐过程

在推荐过程中，本章选择可交互个体对集合中具备最大共识提升空间的个体对交互，即当个体 x_p 与个体 x_q 的观点距离满足 $\max_{p,q\in N,p\neq q}\{d_{pq}^t \mid (x_p,x_q)\in I^t\}$ 时，推荐其交互。如果满足 $\max_{p,q\in N,p\neq q}\{d_{pq}^t \mid (x_p,x_q)\in I^t\}$ 的个体不止两个，则随机选取其中两个交互。

和现有文献不同，本章选择可交互个体对集合中具备最大共识提升空间的个体对交互，而不是选择群体内具备最大共识提升空间的一对个体或是置信阈值内具备最大共识提升空间的一对个体，其原因主要有两个：①如果个体间观点距离不在置信阈值内，即无法参考彼此的观点，但可以参考群体主流观点，因此同样可能具备观点妥协的余地。②基于本章的假设，个体交互的前提是个体之间建立了社会网络关系。例如：在现实生活中，虽然个体之间的观点存在妥协的空间（在置信阈值内），但由于彼此陌生（没有建立社会网络关系），因此没有交互的可能。同时，以下情况也时常发生：个体间观点虽然互不相容，但由于相互认识，个体愿意参考群体观点，观点可能存在妥协余地。

8.2.4.2 调整过程

在调整过程中，被推荐的个体将调整自身的观点。在经典的观点动力学模型中，有参考个体观点的 DW 模型（Deffuant et al.，2000）及参考群体观点均值的 DeGroot 模型（DeGroot，1974）。但同时参考个体以及群体观点的动力学模型，还鲜有相关研究。现实生活中，如果个体 x_i 被告知与好友个体 x_j 的观点相差较大，那么依照常理，个体 x_i 会愿意部分参考个体 x_j 的观点；同时，个体 x_i 也会部分采纳群体观点（主流观点）。因此，同时参考个体以及群体观点的动力学模型具有实际意义。但是，基于本章的假设，个体只有有限的邻居，无法知晓整个世界的（即群体全部成员）观点。于是，参考局域世界的观点成为可行且高效的方法。

本章将局域世界观点定义为两个个体置信阈值内的共同好友的加权平均观点。原因主要有两点：①共同好友能够起到中介和桥梁的作用，帮助需要调整观点的个体对尽可能地作出妥协；②由于个体间建立了社会网络关系，但两者观点距离不一定在置信阈值内，因此需要选择在置信阈值内的共同好友，从而保证观点的可接受性。

令（x_p, x_q）为推荐过程中需要调整观点的个体对，那么个体对（x_p, x_q）在置信阈值内的共同好友的观点集合为 $\mathrm{CN}_\varepsilon(O_{pq}^t)$，其中

$$\mathrm{CN}_\varepsilon(O_{pq}^t) = \{O_i^t \mid a_{pi}^t = 1 \wedge a_{qi}^t = 1 \wedge d_{pi}^t \in [0, \varepsilon) \wedge d_{qi}^t \in [0, \varepsilon)\}, \forall i \in N \tag{8.10}$$

$\mathrm{CN}_\varepsilon(O_{pq}^t)$ 这一集合中元素的数量可以表示为 $\#CN_\varepsilon(O_{pq}^t)$，#表示集合的势。个体 x_p 与个体 x_q 均与共同好友建立了社会网络关系，因此，每一轮个体均知晓在置信阈值内的共同好友的观点。个体 x_p 与个体 x_q 的局域世界观点可以通过加权平均的方式计算：

$$\overline{\mathrm{CN}_\varepsilon(O_{pq}^t)} = \sum_{O_i^t \in \mathrm{CN}_\varepsilon(O_{pq}^t)} \omega_i^t O_i^t \tag{8.11}$$

式中，ω_i^t 表示个体 x_i 的权重，$\omega_i^t = \mathrm{CD}_i^t / \sum_{O_j^t \in \mathrm{CN}_\varepsilon(O_{pq}^t)} \mathrm{CD}_j^t$。个体的权重越大代表其话语权越大。特殊地，如果个体 x_p 与个体 x_q 在置信阈值内的共同好友的观点集合为 $\mathrm{CN}_\varepsilon(O_{pq}^t) = \varnothing$，那么 $\overline{\mathrm{CN}_\varepsilon(O_{pq}^t)} = 0$。

在计算完局域世界观点后，本章以第三章介绍的 Degroot 模型和 DW 有界置信模型为基础，提出本章的模型。模型假设个体 x_p 不仅会参考个体 x_q 调整观点，同时也会参考局域世界观点调整自己的观点。具体地，可以由个体对（x_p, x_q）的距离大小决定是否参考对方个体观点：如果个体对（x_p, x_q）观点无法相容（$d_{pq}^t > \varepsilon$），则个体 x_p 与个体 x_q 无法参考对方个体观点。然后可以由个体 x_p 与个体 x_q 之间是否拥有置信阈值内的共同好友来决定是否参考局域世界观点：如个体 x_p 与个体 x_q 拥有置信阈值内的共同好友即 $\#\mathrm{CN}_\varepsilon(O_{pq}^t) \neq 0$，则个体 x_p 与个体 x_q 会参考局域观点。综上所述，个体 x_p 与个体 x_q 观点调整规则的统一形式如下：

$$\begin{cases} O_p^{t+1} = \eta(\mu_p^t O_p^t + (1-\mu_p^t) O_q^t) + (1-\eta)[\lambda_p^t O_p^t + (1-\lambda_p^t)\overline{\mathrm{CN}_\varepsilon(O_{pq}^t)}] \\ O_q^{t+1} = \eta(\mu_q^t O_q^t + (1-\mu_q^t) O_p^t) + (1-\eta)[\lambda_q^t O_q^t + (1-\lambda_q^t)\overline{\mathrm{CN}_\varepsilon(O_{pq}^t)}] \end{cases} \tag{8.12}$$

式（8.12）中，存在 μ，λ，η 三个参数。μ_p^t 代表相较于对方个体观点，个体 x_p 对自身观点的保留程度；λ_p^t 代表相较于局域世界观点，个体 x_p 对自身观点的保留程度；$1-\mu_p^t$ 代表个体 x_p 对对方观点的参考程度；$1-\lambda_p^t$ 分别代表个体 x_p 对局域世界观点的参考程度。μ，λ 通过每一轮计算求出，具体地：

$$\begin{cases} \mu_p^t = 1 - \dfrac{\mathrm{CD}_q^t}{(\mathrm{CD}_p^t + \mathrm{CD}_q^t)\gamma} \\ \mu_q^t = 1 - \dfrac{\mathrm{CD}_p^t}{(\mathrm{CD}_p^t + \mathrm{CD}_q^t)\gamma} \end{cases}, \quad \begin{cases} \lambda_p^t = 1 - \dfrac{\#\mathrm{CN}_\varepsilon(O_{pq}^t)}{\mathrm{CD}_p^t * \gamma} \\ \lambda_q^t = 1 - \dfrac{\#\mathrm{CN}_\varepsilon(O_{pq}^t)}{\mathrm{CD}_q^t * \gamma} \end{cases} \tag{8.13}$$

式中，γ 表示个体对自身观点的坚持程度，$\gamma\in[1,+\infty)$，γ 越大，则对自身观点的坚持程度越大。$\mu_p^t\in[1-1/\gamma,1]$，由个体度中心性（CD_p^t，CD_q^t）和个体对自身观点的坚持程度 γ 共同决定。个体的度中心性越大，说明对其他个体的说服力也越强。个体对自身观点的坚持程度 γ 越强，说明对自身观点的保留程度则越大。因此，μ_p^t 值越大，个体对自身观点的保留程度也越高。$\lambda_p^t\in[1-1/\gamma,1]$，由在置信阈值内的共同好友的数量$\#\mathrm{CN}_\varepsilon(O_{pq}^t)$ 占好友数量 CD_p^t 的比例和个体对自身观点的坚持程度 γ 共同决定。参数 η 为自适应系数，由个体 x_p 与个体 x_q 的距离 d_{pq}^t 以及个体 x_p，x_q 在置信阈值内的共同好友数目$\#\mathrm{CN}_\varepsilon(O_{pq}^t)$ 共同决定，其取值分为以下四种情况：

情况 1　个体 x_p 与个体 x_q 的观点距离在置信阈值内，并且个体 x_p 与个体 x_q 拥有在置信阈值内的共同好友，即 $d_{pq}^t\in(\varphi,\varepsilon]$ 并且$\#\mathrm{CN}_\varepsilon(O_{pq}^t)\neq 0$。此时，个体 x_p 与个体 x_q 不仅会参考对方个体的观点，同时还会参考共同好友的意见。自适应系数 $\eta\in(0,1)$，即：

$$\begin{cases}O_p^{t+1}=\eta(\mu_p^tO_p^t+(1-\mu_p^t)O_q^t)+(1-\eta)[\lambda_p^tO_p^t+(1-\lambda_p^t)\overline{\mathrm{CN}_\varepsilon(O_{pq}^t)}]\\O_q^{t+1}=\eta(\mu_q^tO_q^t+(1-\mu_q^t)O_p^t)+(1-\eta)[\lambda_q^tO_q^t+(1-\lambda_q^t)\overline{\mathrm{CN}_\varepsilon(O_{pq}^t)}]\end{cases}\tag{8.14}$$

情况 2　个体 x_p 与个体 x_q 的观点距离在置信阈值内，但个体 x_p 与个体 x_q 没有置信阈值内的共同好友，即 $d_{pq}^t\in(\varphi,\varepsilon]$ 并且$\#\mathrm{CN}_\varepsilon(O_{pq}^t)=0$。此时，由于个体 x_p 与个体 x_q 没有在置信阈值内的共同好友，因此仅参考对方个体的观点。自适应系数 $\eta=1$。

$$\begin{cases}O_p^{t+1}=\mu_p^tO_p^t+(1-\mu_p^t)O_q^t\\O_q^{t+1}=\mu_q^tO_q^t+(1-\mu_q^t)O_p^t\end{cases}\tag{8.15}$$

个体观点调整退化为 DW 模型（Deffuant et al.，2000），与 DW 模型不同的是，参数 μ 的计算不仅考虑了个体的权威度，同时也考虑了个体对自身观点的保留程度。

情况 3　个体 x_p 与个体 x_q 的观点距离超过置信阈值，但个体 x_p 与个体 x_q 拥有在置信阈值内的共同好友，即 $d_{pq}^t\in(\varepsilon,1]$ 并且$\#\mathrm{CN}_\varepsilon(O_{pq}^t)\neq 0$。此时，个体 x_p 与个体 x_q 由于观点互不相容而不再参考对方个体的观点，但共同好友能够起到"桥节点"的作用，使得个体 x_p 与个体 x_q 尽可能地作出妥协。因此个体 x_p 与个体 x_q 仅参考在置信阈值内的共同好友的观点，自适应系数 $\eta=0$。

$$\begin{cases}O_p^{t+1}=\lambda_p^tO_p^t+(1-\lambda_p^t)\overline{\mathrm{CN}_\varepsilon(O_{pq}^t)}\\O_q^{t+1}=\lambda_q^tO_q^t+(1-\lambda_q^t)\overline{\mathrm{CN}_\varepsilon(O_{pq}^t)}\end{cases}\tag{8.16}$$

个体观点调整退化为 DeGroot 模型（DeGroot，1974），与 DeGroot 模型不同的是，置信阈值内共同好友的平均观点为局域世界的观点。

情况 4 个体 x_p 与个体 x_q 的观点距离超过置信阈值，并且个体 x_p 与个体 x_q 无置信阈值内的共同好友，即 $d_{pq}^t \in (\varepsilon,1]$ 并且$\#CN_\varepsilon(O_{pq}^t)=0$。此时，由于观点互不相容并且没有置信阈值内的共同好友（桥节点），个体 x_p 与个体 x_q 拒绝交互。因此，将该拒绝妥协的个体对（x_p，x_q）从可交互个体对集合中剔除，也即 $I^t=I^t-(x_p, x_q)$，然后继续选择可交互个体对进行协商。

综上所述，同时考虑个体及局域世界观点的共识达成模型的算法流程如表 8.1 所示：

表 8.1 算法流程

输入	初始个体社会关系网络邻接矩阵 $\boldsymbol{A}^0$ 以及个体初始观点集合 O^0
输出	观点集结后的群决策结果 O^*
步骤 1	初始化。基于式（8.4）、(8.5）计算个体之间的观点距离以及个体网络结构相似度
步骤 2	社会网络演化。基于个体之间的观点距离以及个体网络结构相似度，根据 8.2.2 节中的更新规则来进行社会网络关系更新
步骤 3	稳态分析。如果可交互个体对集合 $I^t=\varnothing$，则稳态达成，进入步骤 5，否则进入步骤 4
步骤 4	观点演化。①识别过程：选择可交互个体对集合中具备最大共识提升空间的个体对（x_p, x_q），其观点距离满足 $\max\limits_{p,q\in N,p\neq q}\{d_{pq}^t \mid (x_p,x_q)\in I^t\}$；②观点调整过程：基于个体之间的观点距离以及式（8.10）决定自适应系数 η 的取值，从而根据 8.2.4.2 节中的 4 种情况调整个体观点，得到下一轮的个体观点矩阵，并令 $t=t+1$，然后转到步骤 1
步骤 5	根据式（8.9）集结稳态下的个体观点，得到 O^*
步骤 6	结束

由算法流程可知，有如下定理：

定理 8.1 任意个体与其共同好友的观点距离不大于该个体与其好友之间距离的最大值。也即：$\forall k,l\in N, |O_k^t-\overline{CN_\varepsilon(O_{kl}^t)}|\leqslant \max_{\forall l,a_{kl}=1}\{d_{kl}\}$。

证明 该部分证明见本章附录 8.1。

定理 8.2 在所提出的同时参考个体及局域观点的共识达成模型中，观点稳态将在有限次交互中达成。

证明 该部分证明见本章附录 8.2。

定理 8.1 证明了任意个体与其共同好友的观点距离不大于该个体与其好友距离的最大值。定理 8.2 说明了模型在群体有可消除的分歧的情况下，每一轮推荐交互的决策个体观点距离均是递减的，也即模型具备收敛性。在群体没有可消除的分歧的情况下，个体之间已无交互的空间，群体也即达成了潜在共识，群体达成稳态。此外也可以看出，同时参考个体–局域世界观点的群体决策共识达成效率高于参考个体的群体决策共识达成效率（Dong et al.，2019）。

8.3 仿真分析

本陈通过 Matlab 仿真分析来验证本章所提模型及方法的有效性，并探究参数对稳态达成时长以及稳态下观点簇数目的影响。

8.3.1 仿真实验设计

在基于社会网络的群决策环境下，决策个体的权威程度（度中心性）往往并不平均，权威度高的个体占少数，大部分是权威度低的个体。因此，本章采用 Barabási 在 1999 年提出的 BA 模型来生成无标度网络以体现这种不一致性，模拟决策个体间的初始关系。此外，在个体给出的初始观点方面，本章采用两种基本的观点分布（均匀分布 $O^0 \sim U[0,1]$ 及正态分布 $O^0 \sim N[0,1]$）来表征个体的初始观点。仿真实验中涉及的模型参数如表 8.2 所示。

表 8.2　模型主要参数及定义

参数	参数符号	定义
群体规模	n	参与群体评价的个体数目
个体坚持度	γ	个体对自身观点的坚持程度
自适应系数	η	控制着模型中四种情况的发生
共识阈值	φ	群体观点的一致程度
置信阈值	ε	个体对不同观点的接受程度
达成稳态所需时间	T	达成稳态所需步时数

本章设计了 5 个实验。

实验 1　从微观层面展示个体观点收敛的全过程，证明了提出的模型的有效性。具体而言，首先讨论了在无标度初始网络下，初始观点分别为均匀分布以及正态分布时，群体规模分别为 30 人、50 人以及 70 人时的观点收敛情况。其中参数设置为 $\varepsilon=0.3$，$\varphi=0.05$，$\gamma=1$，$\eta=0.5$。其次，群体评价过程中共识达成所需的时长是衡量群体评价效果的重要指标。如果耗时太长，那么在现实的决策场景中可能无法真正应用。因此，有必要探究模型中涉及的各个参数（群体规模 n、个体对自身观点的坚持程度 γ、自适应系数 η、共识阈值 φ、置信阈值 ε）的变化对共识达成所需时间的影响。

实验 2 探究群体规模 n 及个体对自身观点的坚持程度 γ 对达成稳态所需时间的影响。具体来说，实验分析了在不同的个体坚持程度 $\gamma=1$，2，3 下，群体规模 $n=30,\overset{+10}{\cdots}100$（从 30 开始，以 10 人为增加速度，直至 100 人）时达成稳态所需时长，其中 $\varepsilon=0.3$，$\varphi=0.05$，$\eta=0.5$。

实验 3 分析在不同的群体规模 n 和不同 γ 值情况下，情况 1 中自适应系数 η 的取值对达成稳态所需时间的影响。由于在情况 1 ~ 情况 3 中，情况 2 和情况 3 中的自适应系数均有确定的取值（情况 2 中 $\eta=1$，情况 3 中 $\eta=0$），而在情况 1 中，自适应系数没有明确的取值，即 $\eta\in(0,1)$。具体的，实验分析了群体规模为 30，50，70 人时，在不同的个体坚持程度 $\gamma=1$，2，3 下，情况 1 中自适应系数 η 从 0.1 开始，以 0.1 为单位递增，直至 0.9 时达成稳态所需时长，其中 $\varepsilon=0.3$，$\varphi=0.1$。

实验 4 探讨不同的群体规模 n 下，共识阈值 φ 及置信阈值 ε 对达成稳态所需时间的影响。由于在经典观点动力学模型中，置信阈值取值 $\varepsilon\in[0.05,0.5]$（Dong et al.，2019），共识阈值取值 $\varphi\in[0.01,0.1]$（Saaty，1994），因此，实验分析了在不同的群体规模 $n=30$，50，70 下，共识阈值 $\varphi=0.01,\overset{+0.01}{\cdots}0.1$，置信阈值 $\varepsilon=0.15,\overset{+0.05}{\cdots}0.5$ 下达成稳态所需时长，其中 $\gamma=1$，$\eta=0.5$。

实验 2 至实验 4 均重复 500 次以减少随机误差。

为了避免在共识达成过程中观点极化的现象产生，有必要研究模型涉及的主要参数对稳态达成时的观点簇数目的影响，从而找到影响观点簇的关键因素。需要说明的是，置信阈值 ε 及共识阈值 φ 对最终稳态下观点簇数目的影响，前人已经探讨过（Kou et al.，2012；Zhao et al.，2016；Dong et al.，2019）。但是，与前述文献不同，本章所提出的模型中，观点距离超过置信阈值的两个个体仍有可能交互。因此，有必要研究在本章所提出的模型中，置信阈值及共识阈值对于最终稳态下观点簇数目是否具有相同的影响。

实验 5 探索在不同的群体规模下，共识阈值 φ 以及置信阈值 ε 与稳态下观点簇数目的关系。具体来说，分析了在不同的群体规模 $N=30$，50，70 下，共识阈值 φ 分别为 $0.01,\overset{+0.01}{\cdots}0.05$ 及 $0.06,\overset{+0.01}{\cdots}0.1$，对应置信阈值 ε 为 $0.05,\overset{+0.05}{\cdots}0.3$ 和 $0.15,\overset{+0.05}{\cdots}0.5$ 时，稳态下最终观点簇的数目，其中 $\gamma=1$，$\eta=0.5$。实验重复 500 次以减少随机误差。

8.3.2 模型的有效性

由图 8.2 及图 8.3 可知：在大多数情况下，当观点演化到稳态时个体观点会收敛到一个观点簇。图 8.2 和图 8.3 的第一幅子图展现了由于一些个体之间无法交互从而形成多个观点簇的特殊情形。个体之间无法交互的原因有两种：①个体与在自身置信阈值范围内的所有个体均未建立社会网络关系，从而无法知晓对方观点；②个体与超过自身置信阈值范围的所有个体均无共同好友，从而彼此之间没有妥协的空间。然而，即使图 8.2 和图 8.3 的第一幅子图在稳态下存在多个观点簇，但由于此时已不存在任何可交互的观点对，即已不存在进一步可被消除的分歧，潜在共识已达成（Dong et al.，2019）。此外，从图 8.2 和图 8.3 可以发现，最开始往中心收敛的往往是处于边界的个体观点（$O_i^0 \to 1$ 或 $O_i^0 \to 0$，$i \in N$），然后随着个体观点的交互，个体观点逐渐收敛，直至稳态达成。这样的现象是本章提出的观点演化机制决定的。首先因为在选择个体进行交互过程中，优先选择的是距离超过置信阈值的、并且拥有在置信阈值内的共同好友的个体对；其次则是选择个体之间距离在置信阈值内的个体对。此外，由图 8.2 和图 8.3 还可发现，在群体规模相同的情况下，初始观点正态分布的情况相较于初始观点均匀分

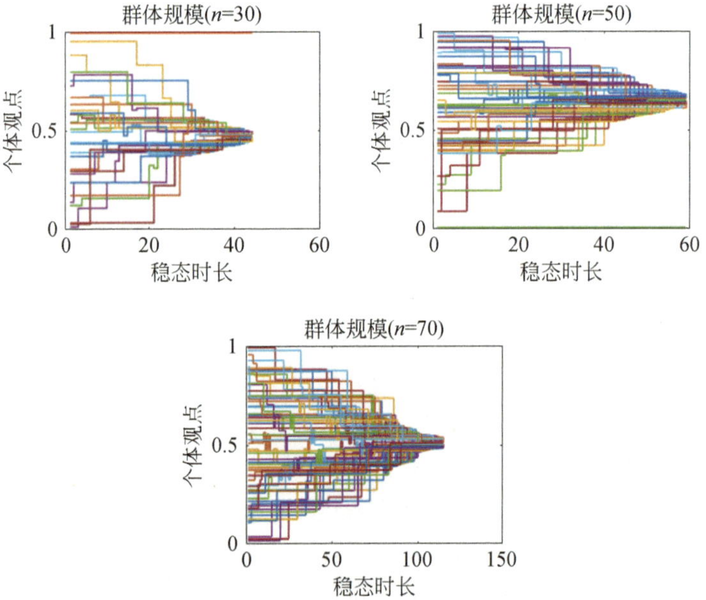

图 8.2　初始观点均匀分布下不同群体规模的观点演化过程

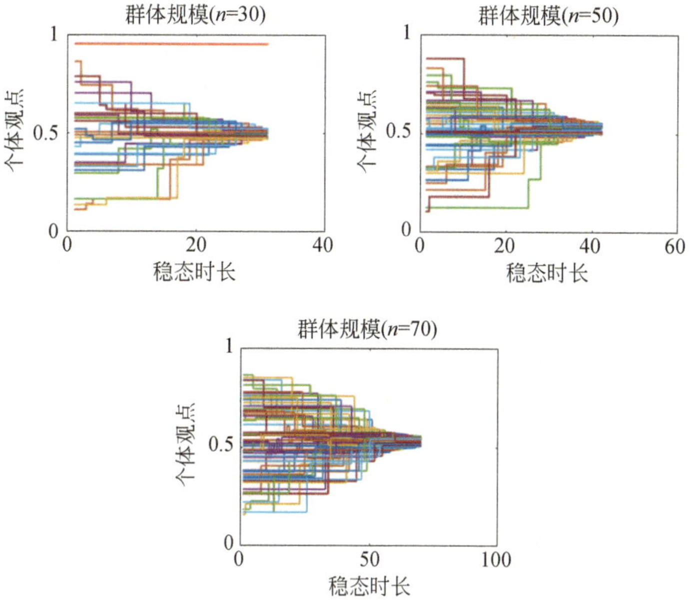

图 8.3　初始观点正态分布下不同群体规模的观点演化过程

布的情况所需收敛时间短。在初始观点分布相同的情况下，随着群体规模的增加，群体达成稳态的时间增加。总体而言，实验 1 说明针对不同的初始观点分布，我们提出的方法都能有效提高决策过程中个体的共识程度。

8.3.3　不同参数对达成稳态所需时间的影响

接下来的仿真实验 2 至实验 4 将分析模型涉及的参数（群体规模、置信阈值 ε、共识阈值 φ、个体对自身观点的坚持程度 γ、自适应系数 η），进而来探究这些参数对达成稳态所需时间的影响。

8.3.3.1　群体规模和个体坚持程度对达成稳态所需时间的影响

由图 8.4 可知：不同初始观点分布下，群体达成稳态所需时间均与群体规模成正比，与个体坚持程度也成正比。个体对自身观点的坚持程度越高，则说明其愿意参考其他个体或局域世界观点的概率越低，那么个体观点可调整的幅度也越小，进而群体达成稳态所需的时间将相应增加。此外，由图 8.4 还可以看出：

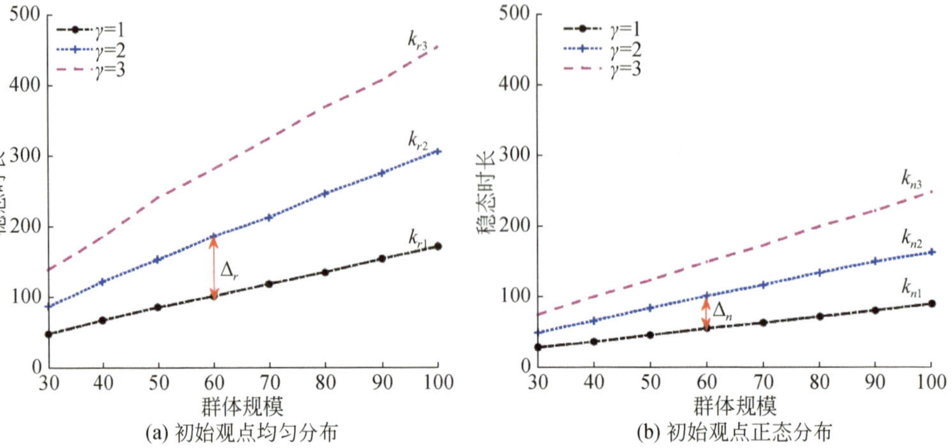

图 8.4　不同初始观点分布下 n，γ 对达成稳态所需时间的影响

1）当群体规模和个体坚持程度相同时，初始观点均匀分布相较于正态分布，群体达成稳态所需的时间更长。

2）当群体规模等比例增加时，初始观点均匀分布相较于正态分布，群体达成稳态增加的幅度更大，即当 $\gamma=1$ 时，初始观点均匀分布的“群体规模–达成稳态所需时间”的斜率大于初始观点正态分布的“群体规模–达成稳态所需时间”的斜率（$k_{r1}>k_{n1}$）。$\gamma=2$ 及 $\gamma=3$ 时同理（$k_{r2}>k_{n2}$，$k_{r3}>k_{n3}$）。

3）当个体对自身观点的坚持程度增加时，初始观点均匀分布相较于正态分布，群体达成稳态需要增加更多的时间。也即当 $n=60$ 时，初始观点均匀分布情况下 γ 由 1 变为 2 达成稳态所需的时间增加，相较于初始观点正态分布情况下 γ 由 1 变为 2 达成稳态所需的时间增加要多（$\Delta r>\Delta n$），γ 由 2 变为 3 时同理。上述现象的成因是初始观点分布的差异。因为在正态分布的初始观点中，观点集中分布于期望值（$\mu=0.5$）处，因此个体之间观点距离较小，个体之间分歧较小，从而群体达成稳态所需的时间相较于均匀分布的初始观点所需的时长短。

8.3.3.2　群体规模、自适应系数及个体坚持程度对达成稳态所需时间的影响

由图 8.5 可知，在初始观点均匀分布情况下，当 $\gamma=2$，3 时，随着自适应系数的增大，达成稳态所需的时间缩短，且 $\gamma=3$ 时相较于 $\gamma=2$ 时降幅大。而当 $\gamma=1$ 时，随着自适应系数的增大，达成稳态所需时间总体上略有增加。这主要是参考个体观点和参考局域世界观点的调整量差异所造成的。当个体对自身的坚持程度较低时（$\gamma=1$），参考个体观点的调整量小于参考局域世界观点的调整量，

那么随着情况 1 中自适应系数 η 的增大，参考个体观点占参考意见总体的比例将越来越大，个体在每轮总的调整量将下降，意味着个体需要更长的时间才能达成共识。当个体对自身观点的坚持程度提高时，参考个体观点的调整量将大于参考局域世界观点的调整量，那么随着参考个体观点占参考意见总体的比例增大，个体在每轮的调整量将增加，意味着个体可以在更短的时间内达成共识。此外，再由图 8.6 可知，初始观点正态分布下，当 $\gamma=3$ 时，随着自适应系数的增大，达成稳态所需时间减少，且相较于初始观点均匀分布 $\gamma=3$ 时降幅小。当 $\gamma=2$ 时，随着自适应系数的增大，达成稳态所需时间没有明显的变化。当 $\gamma=1$ 时，随着自适应系数的增大，达成稳态所需时间增加，且相较于初始观点均匀分布 $\gamma=1$ 增幅明显。此外，实验 3 同样验证了实验 2 中群体规模和个体坚持程度对达成稳态所需时间的影响。

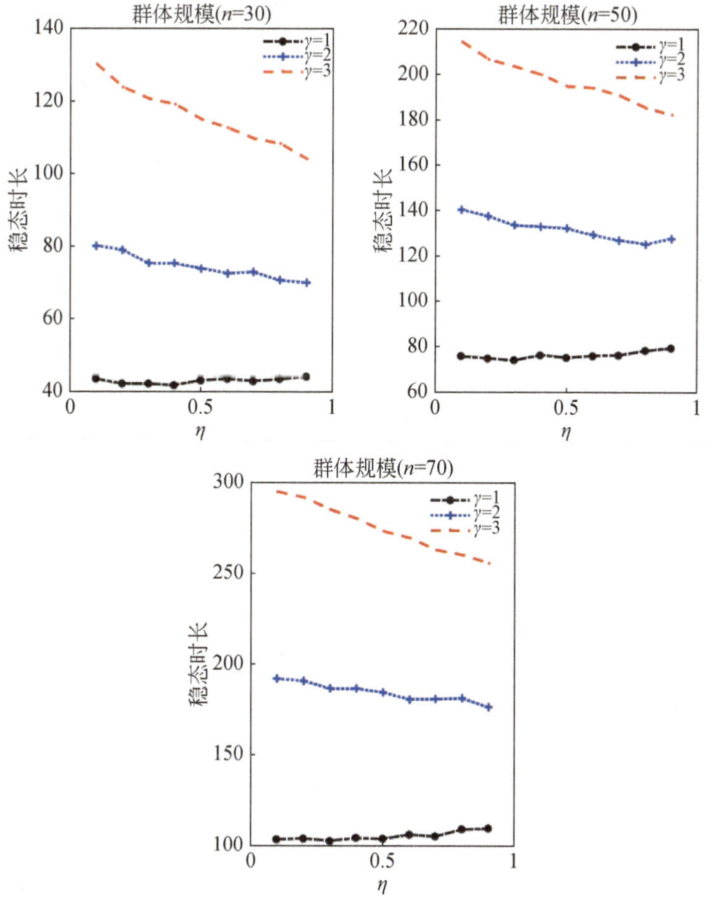

图 8.5　初始观点均匀分布下 n，γ 及情况 1 中的 η 对达成稳态所需时间的影响

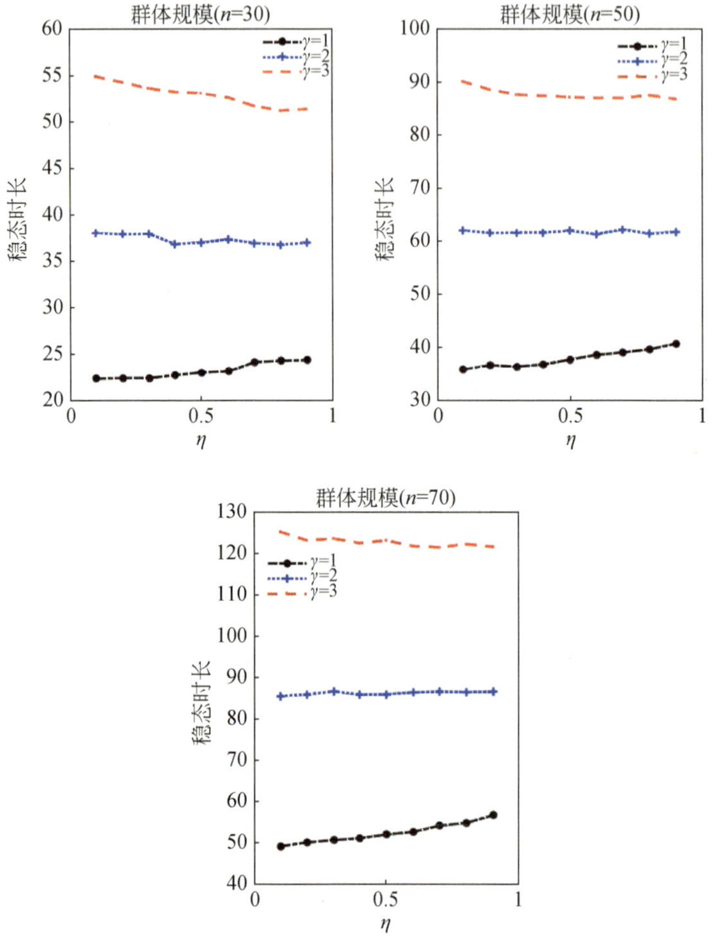

图 8.6　初始观点正态分布下 n，γ 及情况 1 中的 η 对达成稳态所需时间的影响

8.3.3.3　群体规模、共识阈值以及置信阈值对达成稳态所需时间的影响

由图 8.7 以及图 8.8 可知，红色区域集中在左下角，对应于更小的共识阈值 φ 以及置信阈值 ε，这意味着达成稳态所需时间长，而大的共识阈值和置信阈值则有利于达成稳态。此外，在共识阈值从 0.01 增大到 0.1 的过程中，达成稳态所需时间下降速率减小，如图 8.7 和图 8.8 中共识阈值由 0.01 变为 0.02 时减少的时长相较于其他等比例（由 0.02 变为 0.03 时）减少的时长要多。当置信阈值从 0.15 增大到 0.5 的过程中，达成稳态所需时间下降速率同样减小。此外，当达成稳态所需时长一定时，共识阈值和置信阈值存在着权衡关系。例如图 8.7 中

绿色热区表示当达成稳态所需时间为 30 时，共识阈值和置信阈值的分布情况。当置信阈值较大时（0.3～0.35），那么共识阈值必须控制在 0.01～0.02 内，才能保证在这一时间内达成稳态。反之，当置信阈值较小时，共识阈值可以适当增大，从而在所需的时间内达成稳态。最后，相较于初始观点正态分布，初始观点均匀分布达成稳态所需时间更长，造成这种现象的成因是初始观点分布的差异。

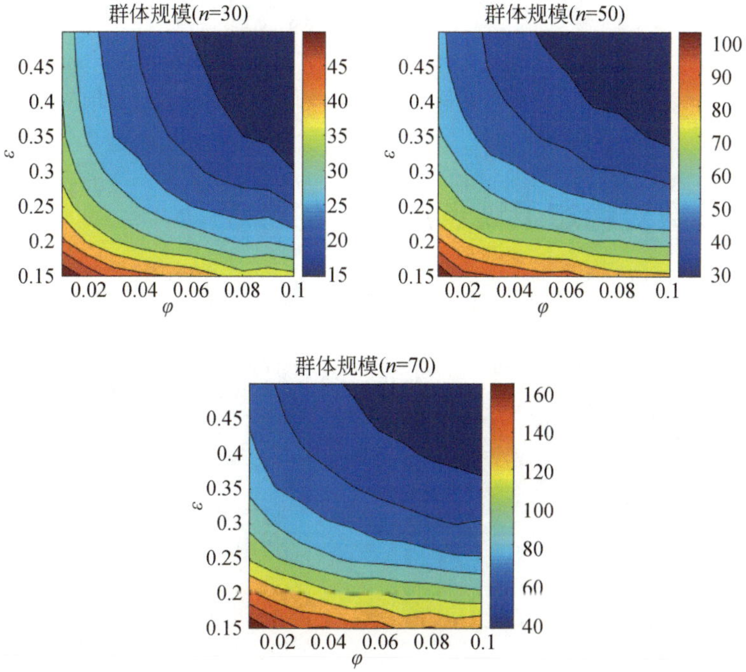

图 8.7　初始观点均匀分布下 n，φ，ε 对达成稳态所需时间的影响

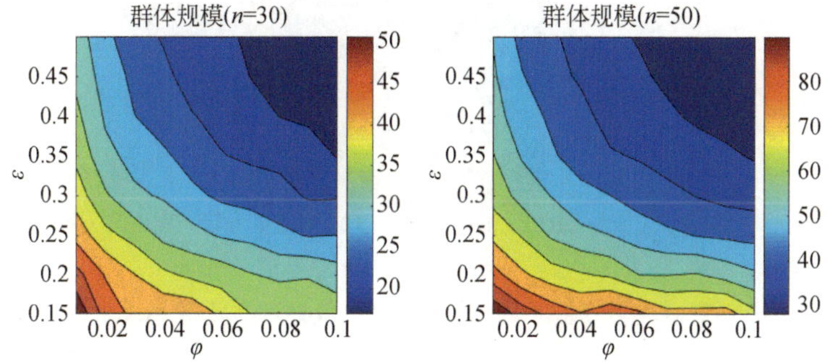

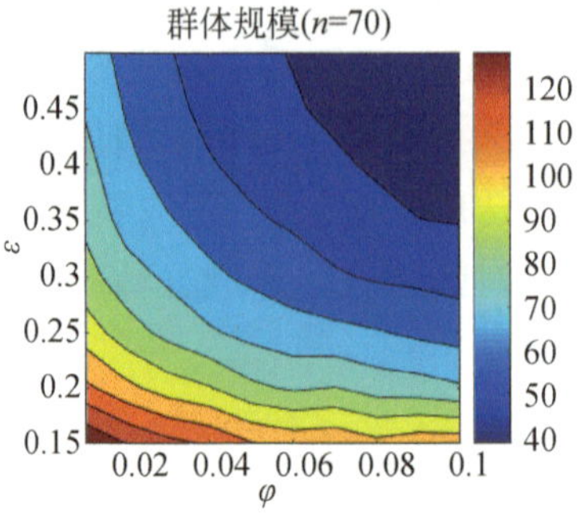

图 8.8　初始观点正态分布下 n，φ，ε 对达成稳态所需时间的影响

8.3.4　参数对稳态下观点簇数目的影响

由图 8.9 ~ 图 8.12 可知：从整体上看，热区主要集中在下方，对应更小的置

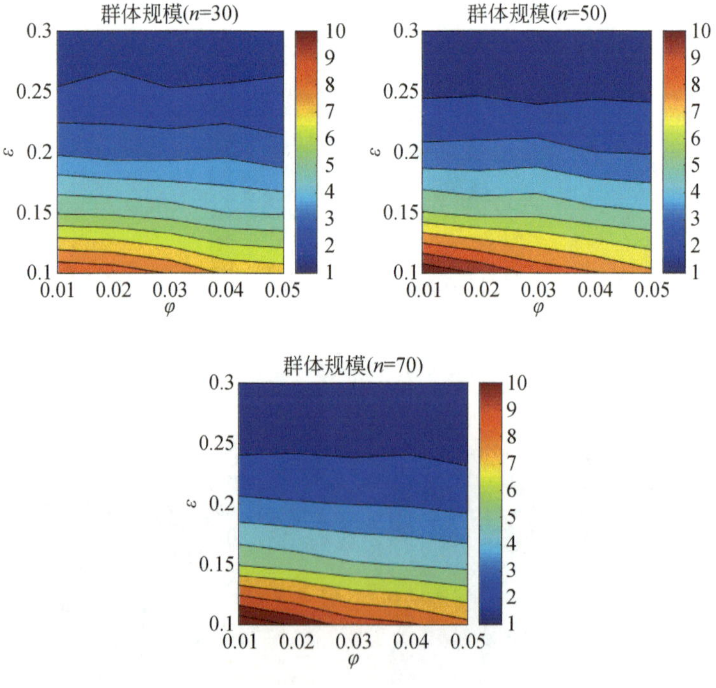

图 8.9　初始观点均匀分布下 n，φ，ε 对观点簇数目的影响（φ=0.01 ~ 0.05）

信阈值。这表明更大的置信阈值将利于稳态下全局共识的达成。这一结果与前人关于有界置信模型的研究中发现的 ε 的影响一致，即当个体对不同观点的容忍度更高。交互的意愿更强时，全局共识就更容易达成（Deffuant et al.，2000；Hegselmann and Krause，2002）。群体规模对稳态下观点簇数目的影响不大。初始观点均匀分布时稳态观点簇数目相较于初始观点正态分布时稳态观点簇数目要多。

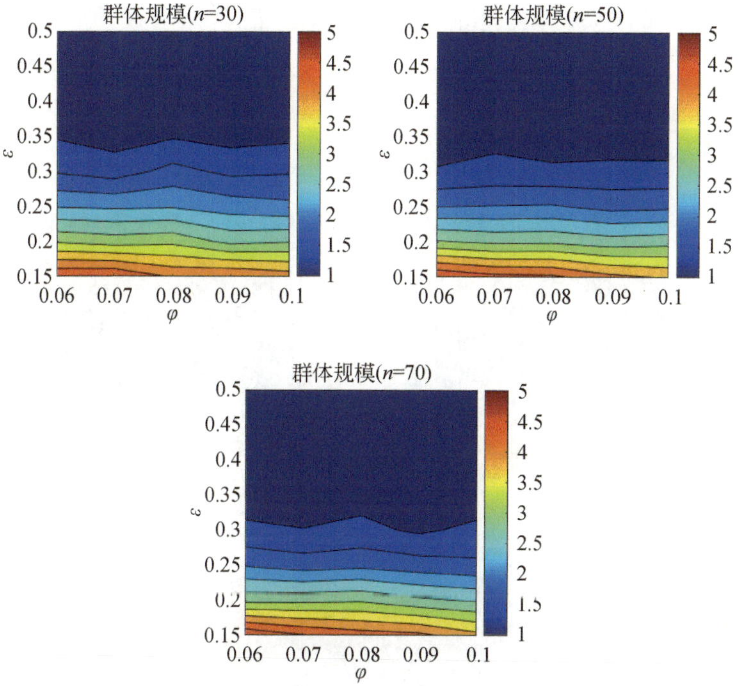

图 8.10　初始观点均匀分布下 n，φ，ε 对观点簇数目的影响（φ=0.06～0.1）

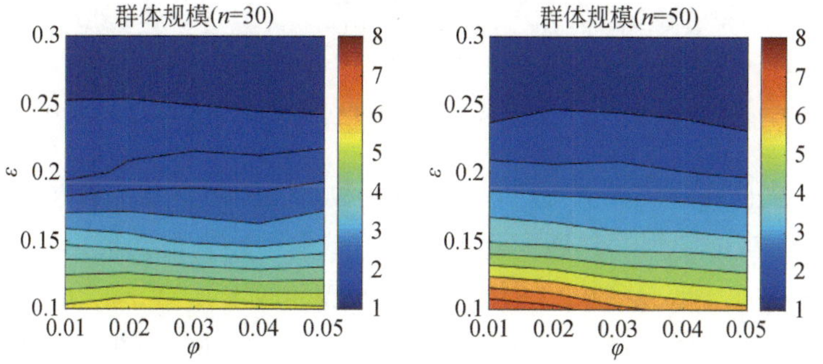

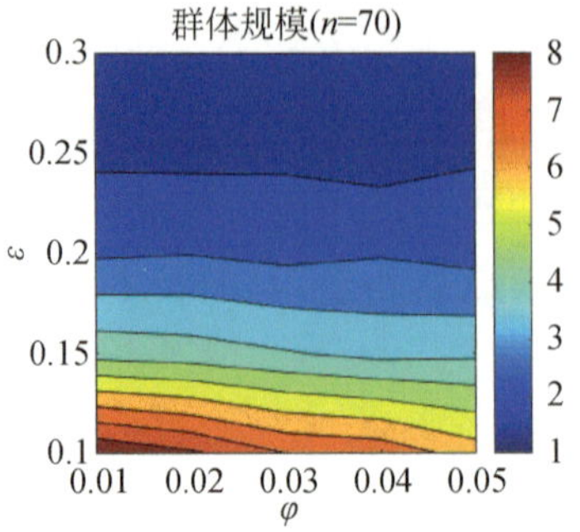

图 8.11　初始观点正态分布下 n，φ，ε 对观点簇数目的影响（$\varphi=0.01\sim0.05$）

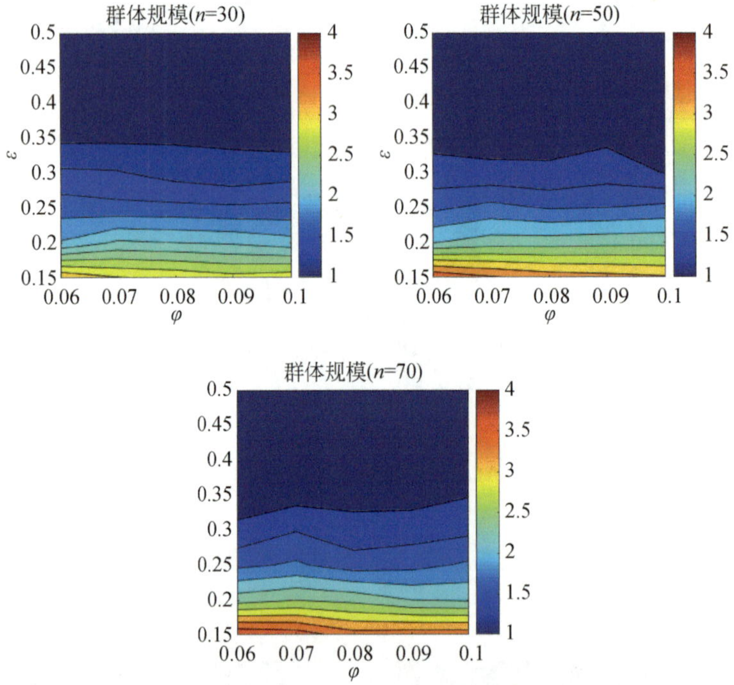

图 8.12　初始观点正态分布下 n，φ，ε 对观点簇数目的影响（$\varphi=0.06\sim0.1$）

从共识阈值和置信阈值对稳态下观点簇数目的影响来看，一方面，当共识阈值 $\varphi\in[0.01,0.05]$ 时，热区变化迅速的区域集中在置信阈值 $\varepsilon\in[0.1,0.15]$。即置信阈值由 0.1 增大到 0.15 时减少的观点簇相较于其他等比例（由 0.15 增大到 0.2，由 0.2 增大到 0.25 等）减少的观点簇要多。同时，在热区变化迅速的区

域中 $\varepsilon \in [0.1, 0.15]$，随着共识阈值的增大，稳态下观点簇减少。此时，$\varepsilon>0.25$ 对全局共识的达成具有重要意义。这一结果与传统有界信任模型中的阈值 0.25（Hegselmann and Krause，2002）一致。另一方面，当共识阈值 $\varphi \in [0.06, 0.1]$ 时，热区变化迅速的区域集中在置信阈值 $\varepsilon \in [0.15, 0.2]$。即置信阈值由 0.15 增大到 0.2 时减少的观点簇数目相较于其他等比例（由 0.2 增大到 0.25，由 0.25 增大到 0.3 等）减少的观点簇数目要多。但是，与共识阈值 $\varphi \in [0.01, 0.05]$ 不同，随着共识阈值的增大，稳态下观点簇数目没有明显变化。当 $\varepsilon>0.3$ 对全局共识的达成具有重要意义，但与共识阈值 $\varphi \in [0.01, 0.05]$ 的结果不一致，可能的原因是共识阈值较大，有相对更少的个体需要进行交互，那么可参考意见的个体节点以及共同好友节点均相应减少，个体观点调整程度不会很大，因此该情况下的群体达成全局共识的要求更高。

8.4 本章小结

本章充分考虑决策个体之间的社会网络关系，并将两个个体置信阈值内的共同好友的观点作为局域世界观点，提出了基于社会网络的同时考虑“个体-局域世界”观点的自适应群体共识达成模型。在社会网络演化方面，个体的社会网络关系决定了在反馈过程中可以交互的个体，而社会网络关系则由个体观点距离及个体网络结构相似度共同决定。具体而言，观点距离决定两个体是否有机会连边，网络结构相似度则决定了两个体建立连边的概率。这样不会仅凭个体观点互不相容便断开联系，也不会仅凭个体观点的相似就建立联系。在个体观点演化方面，首先，在推荐过程中，推荐可交互个体对集合中观点最不相容的个体对交互。其次，在个体观点调整过程中，被推荐的个体根据观点距离自适应地参考“个体-局域世界”观点。具体标准为：根据被推荐的个体之间的距离是否大于置信阈值来判断是否参考对方个体观点，根据被推荐的个体是否有置信阈值内的共同好友来确定是否参考局域世界的观点。最后，本章证明了所提出模型的收敛性。在模型仿真分析实验中，得出以下结论：①在所提出的模型有效性方面，群体最终可以达成潜在共识，并且在群体评价过程中，持有极端观点的个体将会被优先考虑作为推荐交互的对象，因为他们具备最大共识提升空间，即便他们的观点可能是不相容的；②在参数对模型达成稳态所需时间的影响方面，模型最终达成稳态所需时间，随着群体规模及个体对自身观点的坚持程度增加而增加，随着共识阈值及置信阈值的增加而下降；③当置信阈值 $\varepsilon>0.3$ 时，由于桥节点的增多，群体最终可以达成全局共识。④在相同的参数（群体规模、个体对自身观点的坚持程度、自适应系数、共识阈值以及置信阈值）的情况下，与正态分布相比，个体初始观点服从均匀分布的群体最终达成稳态所需时间更长，达成稳态后群体观点簇也较多。

本章附录

附录 8.1　定理 8.1 证明

定理 8.1　任意个体与其共同好友的观点距离不大于该个体与其好友之间距离的最大值。即：$\forall k,l\in N$，$|O_k^t-\overline{\mathrm{CN}_\varepsilon(O_{kl}^t)}|\leqslant\max_{\forall l,a_{kl}=1}\{d_{kl}\}$。

证明　结合式（8.11）的加权平均算子，可以得到：

$$|O_k^t-\overline{\mathrm{CN}_\varepsilon(O_{kl}^t)}|=|O_k^t-\sum_{O_i^t\in\mathrm{CN}_\varepsilon(O_{kl}^t)}\omega_i^tO_i^t|=\sum_{O_i^t\in\mathrm{CN}_\varepsilon(O_{kl}^t)}\omega_i^t|O_k^t-O_i^t|\leqslant\max_{\forall l,a_{kl}=1}\{d_{kl}\}$$

至此，定理 1 得证。

附录 8.2　定理 8.2 证明

定理 8.2　在所提出的同时参考个体及局域世界观点的共识达成模型中，观点稳态将在有限次交互中达成。

证明　在推荐过程中，模型选择可交互个体对集合中具备最大共识提升空间的个体对（x_p,x_q）进行交互，其观点距离满足 $\max_{p,q\in N,p\neq q}\{d_{pq}^t|(x_p,x_q)\in I^t\}$。然后，在观点调整过程中，由该个体对之间的观点距离大小决定是否参考对方个体观点，由该个体对之间是否拥有置信阈值内的共同好友来决定是否参考局域世界观点，因此，模型将出现 4 种情况。下面对调整过程中可能出现的四种情况逐一分析。

情况 1　个体对（x_p,x_q）在可交互个体对集合中，其观点距离在置信阈值内，并且个体 x_p 与个体 x_q 拥有在置信阈值内的共同好友，即满足（x_p,x_q）$\in I^t$、$d_{pq}^t\in(\varphi,\varepsilon]$ 且 $\#\mathrm{CN}_\varepsilon(O_{pq}^t)\neq0$，此时有：

$$\begin{aligned}d_{pq}^{t+1}&=|O_p^{t+1}-O_q^{t+1}|\\&=|\eta(\mu_p^tO_p^t+(1-\mu_p^t)O_q^t)+(1-\eta)(\lambda_p^tO_p^t+(1-\lambda_p^t)\overline{\mathrm{CN}_\varepsilon(O_{pq}^t)})\end{aligned}$$

$$-\eta(\mu_q^t O_q^t+(1-\mu_q^t)O_p^t)-(1-\eta)(\lambda_q^t O_q^t+(1-\lambda_q^t)\overline{\mathrm{CN}_\varepsilon(O_{pq}^t)})\,|$$

$$=|\,\eta[(\mu_p^t+\mu_q^t-1)O_p^t-(\mu_p^t+\mu_q^t-1)O_q^t]+(1-\eta)[\lambda_p^t O_p^t+(1-\lambda_p^t)\overline{\mathrm{CN}_\varepsilon(O_{pq}^t)}]$$

$$-(1-\eta)[\lambda_q^t O_q^t+(1-\lambda_q^t)\overline{\mathrm{CN}_\varepsilon(O_{pq}^t)}]\,|$$

$$=|\,\eta[(\mu_p^t+\mu_q^t-1)d_{pq}^t]+(1-\eta)[(\lambda_p^t O_p^t-\lambda_p^t\overline{\mathrm{CN}_\varepsilon(O_{pq}^t)})+(\lambda_q^t\overline{\mathrm{CN}_\varepsilon(O_{pq}^t)}-\lambda_q^t O_q^t)]\,|$$

$$\leqslant|\,\eta[(\mu_p^t+\mu_q^t-1)d_{pq}^t]\,|+|\,\lambda_p^t(1-\eta)(O_p^t-\overline{\mathrm{CN}_\varepsilon(O_{pq}^t)})\,|+|\,\lambda_q^t(1-\eta)(\overline{\mathrm{CN}_\varepsilon(O_{pq}^t)}-O_q^t)\,|$$

$$\leqslant\eta[(\mu_p^t+\mu_q^t-1)d_{pq}^t]+\lambda_p^t(1-\eta)d_{pq}^t+\lambda_q^t(1-\eta)d_{pq}^t$$

$$=\eta[(\mu_p^t+\mu_q^t-1-\lambda_p^t-\lambda_q^t)d_{pq}^t]+(\lambda_p^t+\lambda_q^t)d_{pq}^t$$

由式（8.13）可得：

$$d_{pq}^{t+1}=\eta[(\mu_p^t+\mu_q^t-1-\lambda_p^t-\lambda_q^t)d_{pq}^t]+(\lambda_p^t+\lambda_q^t)d_{pq}^t$$

$$=\eta\left(\frac{\#\mathrm{CN}_\varepsilon(O_{pq}^t)}{\mathrm{CD}_p^t*\gamma}+\frac{\#\mathrm{CN}_\varepsilon(O_{pq}^t)}{\mathrm{CD}_q^t*\gamma}-\frac{1}{\gamma}-1\right)d_{pq}^t+\left(2-\frac{\#\mathrm{CN}_\varepsilon(O_{pq}^t)}{\mathrm{CD}_p^t*\gamma}-\frac{\#\mathrm{CN}_\varepsilon(O_{pq}^t)}{\mathrm{CD}_q^t*\gamma}\right)d_{pq}^t$$

$$\leqslant\left(\frac{\#\mathrm{CN}_\varepsilon(O_{pq}^t)}{\mathrm{CD}_p^t*\gamma}+\frac{\#\mathrm{CN}_\varepsilon(O_{pq}^t)}{\mathrm{CD}_q^t*\gamma}-\frac{1}{\gamma}-1+2-\frac{\#\mathrm{CN}_\varepsilon(O_{pq}^t)}{\mathrm{CD}_p^t*\gamma}-\frac{\#\mathrm{CN}_\varepsilon(O_{pq}^t)}{\mathrm{CD}_q^t*\gamma}\right)d_{pq}^t$$

$$=\left(1-\frac{1}{\gamma}\right)d_{pq}^t$$

$$\leqslant d_{pq}^t$$

情况 2　个体对（x_p, x_q）在可交互个体对集合中，其观点距离在置信阈值内，但个体 x_p，x_q 无置信阈值内的共同好友，即满足（x_p, x_q）$\in I^t$、$d_{pq}^t\in(\varphi,\varepsilon]$ 且 $\#\mathrm{CN}_\varepsilon(O_{pq}^t)=0$，此时有：

$$d_{pq}^{t+1}=|\,O_p^{t+1}-O_q^{t+1}\,|$$

$$=|\,\mu_p^t O_p^t+(1-\mu_p^t)O_q^t-\mu_q^t O_q^t-(1-\mu_q^t)O_p^t)\,|$$

$$=|\,(\mu_p^t+\mu_q^t-1)(O_p^t-O_q^t)\,|$$

$$=|\,(\mu_p^t+\mu_q^t-1)d_{pq}^t\,|$$

$$=\left(1-\frac{1}{\gamma}\right)d_{pq}^t$$

$$\leqslant d_{pq}^t$$

情况 2 中，个体 x_p 与个体 x_q 间观点距离在观点协商后等于 $(1-1/\gamma)d_{pq}^t$。而在情况 1 中，个体 x_p 与个体 x_q 间观点距离在观点协商后小于等于 $(1-1/\gamma)d_{pq}^t$，可见同时参考个体以及局域世界观点的收敛速率不慢于仅参考个体观点的收敛速率。

情况 3　个体对（x_p, x_q）在可交互个体对集合中，其观点距离超过置信阈值，但个体对（x_p, x_q）拥有在置信阈值内的共同好友，即满足（x_p, x_q）$\in I^t$、

$d_{pq}^{t}\in(\varepsilon,1]$ 且 $\#CN_{\varepsilon}(O_{pq}^{t})\neq 0$。由于 $d_{pq}^{t}\in(\varepsilon,1]$，可知 $O_{p}^{t}\neq O_{q}^{t}$。不失一般性，假设 $O_{p}^{t}\leqslant O_{q}^{t}$。由于情况3较为复杂，此处结合图8.13进行说明。

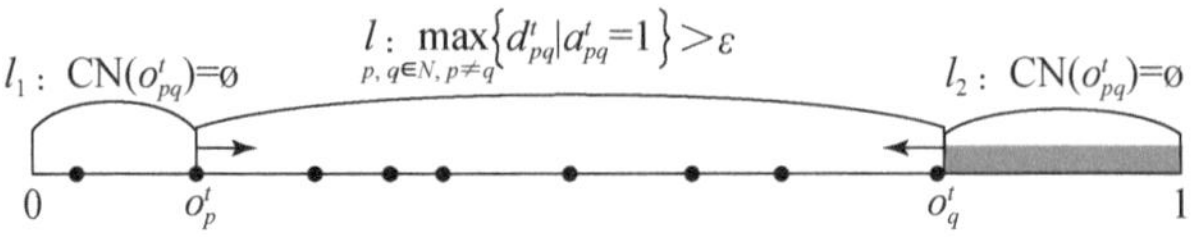

图8.13　情况3 $d_{pq}^{t}\in(\varepsilon,1]$ 并且 $\#CN_{\varepsilon}(O_{pq}^{t})\neq 0$

首先由图8.13可知，个体 x_p 与个体 x_q 在 l_1 和 l_2 区域内没有在置信阈值内的共同好友。考虑反证法，如果在 l_1 或 l_2 区域内由在置信阈值内的共同好友 x_k，那么一定满足 $d_{pk}^{t}>d_{pq}^{t}$ 或者 $d_{qk}^{t}>d_{pq}^{t}$，即需要调整的个体对不再是（x_p,x_q）而是（x_p,x_k）或（x_q,x_k），与（x_p,x_q）是 I^t 可交互个体对集合中具备最大共识提升空间的个体对矛盾。因此，个体 x_p 与个体 x_q 的共同好友必定在 l 区域内。从而有

$$O_{p}^{t}\leqslant O_{i}^{t}\leqslant O_{q}^{t},\forall O_{i}^{t}\in CN_{\varepsilon}(O_{pq}^{t})$$

进一步地，由式（8.11）可得到

$$O_{p}^{t}\leqslant\overline{CN_{\varepsilon}(O_{pq}^{t})}\leqslant O_{q}^{t}\tag{8.17}$$

那么由式（8.16）及（8.17）可知

$$\begin{cases}O_{p}^{t}\leqslant O_{p}^{t+1}\leqslant\overline{CN_{\varepsilon}(O_{pq}^{t})}\\ CN_{\varepsilon}(O_{pq}^{t})\leqslant O_{q}^{t+1}\leqslant\overline{O_{q}^{t}}\end{cases}\tag{8.18}$$

显然有 $|O_{p}^{t+1}-O_{q}^{t+1}|\leqslant|O_{q}^{t}-O_{p}^{t}|$，也即 $d_{pq}^{t+1}\leqslant d_{pq}^{t}$。

情况4　个体对（x_p,x_q）在可交互个体对集合中，其观点距离超过置信阈值，并且个体 x_p,x_q 无置信阈值内的共同好友，即满足（x_p,x_q）$\in I^t$、$d_{pq}^{t}\in(\varepsilon,1]$ 且 $\#CN_{\varepsilon}(O_{pq}^{t})=0$。此时，个体 x_p 与个体 x_q 由于观点互不相容并且没有置信阈值内的共同好友（桥节点），拒绝交互。因此，$\overline{I^t}=\overline{I^t}+(x_p,\ x_q)$，与此同时，将该拒绝妥协的个体对（$x_p$，$x_q$）从可交互个体对集合中剔除，也即 $I^t=I^t-(x_p,\ x_q)$。本轮将继续选择可交互个体对进行协商，只要满足可交互个体对集合非空，即 $I^t\neq\varnothing$，则本轮将转化为情况1至情况4中的任意一种。

综上所述，在情况1至情况4中，群体观点稳态将在有限次交互中达成。至此，定理8.2得证。

本章参考文献

汪小帆，李翔，陈关荣 . 2012. 网络科学导论［M］. 北京：高等教育出版社 .

Barabási A L, Albert R. 1999. Emergence of scaling in random networks [J]. Science, 286 (5439): 509-512.

Choudhary P, Singh U. 2015. A survey on social network analysis for counter-terrorism [J]. International Journal of Computer Applications, 112 (9): 24-29.

De Groot M H. 1974. Reaching a consensus [J]. Journal of the American Statistical Association, 69 (345): 118-121.

Deffuant G, Neau D, Amblard F, et al. 2000. Mixing beliefs among interacting agents [J]. Advances in Complex Systems, 3 (01n04): 87-98.

Dong Q, Cooper O. 2016. A peer-to-peer dynamic adaptive consensus reaching model for the group ahp decision making [J]. European Journal of Operational Research, 250 (2): 521-530.

Dong Q, Zhou X, Martinez L. 2019. A hybrid group decision making framework for achieving agreed solutions based on stable opinions [J]. Information Sciences, 490: 227-243.

Freeman L C. 1978. Centrality in social networks conceptual clarification [J]. Social Networks, 1 (3): 215-239.

Hegselmann R, Krause U. 2002. Opinion dynamics and bounded confidence models, analysis, and simulation [J]. Journal of Artificial Societies and Social Simulation, 5 (3): 1-33.

Herrera-Viedma E, Cabrerizo F J, Kacprzyk J, et al. 2014. A review of soft consensus models in a fuzzy environment [J]. Information Fusion, 17: 4-13.

Kou G, Zhao Y, Peng Y, et al. 2012. Multi-level opinion dynamics under bounded confidence [J]. Plos one, 7 (9): e43507.

Liu Z, Zhang Q M, Lü L, et al. 2011. Link prediction in complex networks: A local naïve bayes model [J]. Europhysics Letters, 96 (4): 48007.

Newman M E J. 2003. The structure and function of complex networks [J]. SIAM Review, 45 (2): 167-256.

Nieminen J. 1974. On the centrality in a graph [J]. Scandinavian Journal of Psychology, 15 (1): 332-336.

Otte E, Rousseau R. 2002. Social network analysis: A powerful strategy, also for the information sciences [J]. Journal of Information Science, 28 (6): 441-453.

Ravasz E, Somera A L, Mongru D A, et al. 2002. Hierarchical organization of modularity in metabolic networks [J]. Science, 297 (5586): 1551-1555.

Saaty T L. 1994. A ratio scale metric and the compatibility of ratio scales: The possibility of arrow's impossibility theorem [J]. Applied Mathematics Letters, 7 (6): 51-57.

Zhao Y, Zhang L, Tang M, 2016. Bounded confidence opinion dynamics with opinion leaders and environmental noises [J]. Computers & Operations Research, 74: 205-213.

9 总结与展望

9.1 本书总结

群体评价理论和方法的研究范围较广，是管理科学、数学、政治学、经济学和心理学等多个学科的交叉领域，主要涉及公共选择、综合评价、群体评价方法与技术、群决策支持系统等研究分支。群体评价这种通过集成来自同个体的观点（偏好）以形成群体意见的综合评价机制，被广泛应用于现实评价问题。而随着群体规模的扩大，群体评价问题的求解复杂度迅速上升。复杂决策环境下的群体评价方法除应对大规模群体和评价过程动态之外，还要面对海量多源异构数据、群体成员异质化和评价要素动态演变等多种复杂情况。面对复杂的决策环境，学者们在经典群体评价方法的基础上，对大群体评价方法和动态群体评价方法进行了研究，以解决现实中的重大评价和决策问题。

群体评价是什么？复杂决策环境下的群体评价存在哪些待解决的问题？基于对这些问题的思考，本书针对复杂决策环境下的群体评价问题的关键要素，借鉴已有经典群体评价在复杂性方面的拓展成果，建立相应的群体评价方法和共识达成模型。

1）针对决策群体中成员异质且被评价对象能够表达自己意见的主客体协作式群决策问题，提出基于赋权策略选取的主客体协作式群决策方法。

2）针对被评价对象无法给出自身意见的主客体协作式群决策问题，提出基于话语赋权的主客体协作式群决策方法。

3）针对群体 AHP 共识达成问题，提出了采用 AHP 方法和 Markov 过程的基于“个体-个体”视角的群体 AHP 共识达成方法。

4）针对专家的“非共识”观点问题，提出一种基于双重反馈机制的语言型动态群体评价方法。

5）在大规模群体评价背景下，针对专家极端观点难以避免、全局共识难以达成的问题，提出了潜在共识达成的概念，并将观点动力学模型及社会网络分析法应用于共识达成过程中提出面向潜在共识达成的群体偏好演化分析模型来解决大群体环境下的共识提高问题。

6）针对大规模群体决策中社会网络的更新以及共识达成中存在的“分歧”，分别提出了基于个体网络结构的相似度和个体观点距离的社会网络演化规则，同时考虑个体和局域世界观点的共识达成模型，并对模型进行仿真验证。

通过回顾和分析现国内外与群体评价有关的文献，可知当前学界关于群体评价理论与方法的研究已经从现实需求中提炼出了群体评价问题，明确了群体评价的研究范式。本书的研究工作主要存在以下主要局限，这些局限同时也可作为后续研究工作的切入点：

1）由于实际条件和环境的限制，本书中并没有使用提出的方法解决现实决策问题，只是通过数值算例对所提出的方法进行了验证。

2）在第4章中，决策参与者表达意见的方式是对权重的判定。现实决策问题中，决策者偏好的表达方式可能更多样化。

3）在第5章中，本书采用的是前人研究中的算例，由于决策机理和路径不同，比较不同方法得到的结果意义不大。

4）在第6章中，专家所给的语言信息决策矩阵是同一粒度的。实际决策问题中，专家给出的有可能是不同粒度的语言信息，需要将这些信息转换为同一粒度。

5）在第7章中，专家对自身偏好的坚持程度简化为定值 p，但在实际问题中，不同专家的坚持程度可能有所不同。当每位专家对自身观点坚持程度不同时，不同角色专家 p 值升高对群体偏好演化过程会有怎样的影响是个具有研究价值的问题。

6）本书提出的方法中，较多参数是基于经验确定，没有进行实际数据分析与应用。使用者在实践中需要根据实际决策环境自行定夺相应的参数。

9.2 研究展望

本书对复杂决策环境下基于群体共识的群体评价问题进行了初步探讨。在这些方向上仍有许多有价值的问题有待研究。

随着互联网模式以及社交媒体的升级和发展，人们传播和获取信息越来越依赖社交媒体。围绕现实生活中某些热点、焦点问题的有较强影响力、倾向性的言论和观点通过社交媒体得到广泛传播。在社交媒体的广泛传播下，信息来源冗杂，信息质量参差不齐且信息完整性被破坏。多数人被动或者主动地接受信息，对热点事件的观点会跟随大流改变，形成了网络舆情环境。网络舆情的动态演化代表着社交平台上动态交互决策者们群体观点形成的过程。决策者们与他人交互，并考虑自身和他人观点发生观点变化。近年来，网络舆情对政治生活秩序和社会稳定的影响与日俱增，网络舆情突发事件如果处理不当，极有可能诱发民众的不良情绪，导致的违规和过激行为，进而对社会稳定构成威胁。网络舆情预警和应对是在危机事件的征兆出现到危机造成可感知的损失这段时间内，对网络舆情尤其是负面舆情做到及时、妥善控制。研究大规模群体观点演化规律可以及早对可能产生的现实危机的走向、规模及判断，进行网络舆情预警，进行应急事件处理。

随着大数据时代的发展，网络舆情的数据获取、数据复杂程度和观点传播模式都发生了巨大变化。

1）传统的个体偏好表达主要是由群体成员按照格式标准主动提供，评价数据处理主要针对小规模数据。而随着大数据技术的发展，如何从海量数据中筛选并感知有价值的数据，对大规模评价数据进行数据结构分析和智能索引，并有效处理稀疏数据和缺失数据，是大数据环境下亟待解决的技术问题。

2）大数据时代信息技术的发展使得获取、存储并分析群体和个体的所有偏好数据成为可能，从而导致数据分析的对象由标准化、规范化的偏好数据转变为海量多源异构偏好数据。此外，大数据环境还提供了成员间的复杂关系数据和决策情景数据。传统的群体评价数据分析和处理方法大都建立在标准化的个体偏好输入的基础之上。而随着群体评价数据复杂化，如何从海量个体观点数据和关系数据中有效提取、处理和分析个体偏好，挖掘半结构化或非结构化数据中的隐性知识（主观经验、情景数据和情感信息等），并且建立相应的信息集结模型得到群体偏好，是复杂决策环境下亟待解决的问题。

3）大数据环境下的群体偏好演化难以预测。大数据环境下评价数据包含群体成员的偏好信息和个体间的关系数据，且上述数据都带有时序特征。因此，偏好数据和关系数据的动态演变，会使得群体偏好的演化过程更加复杂。现有的动态群体评价方法和复杂群体评价方法依然是建立在传统群体评价方法框架内的，难以应对超大规模群体、时序评价数据以及高速增长数据带来的挑战。因此，开发能够从具体情境、多源异构数据以及流式数据中挖掘隐藏知识的高效群体评价方法具有重要意义。

4）大数据环境下的群体偏好难以计算。大数据给计算带来了巨大的挑战。

首先存在着群体偏好能否计算的问题。而且，对于群体评价方法这种群体评价问题求解器来说，随着输入的增多，人们期待能够获得更多的输出。也就是说在感知到大规模评价数据之后，能否设计出“更好”的群体评价问题解决方案是又一个要解决的问题。

在这种背景下，如何有效管理大数据，分析群体偏好的形成以及动态演化机制，开发面向大数据的群体评价方法，成为当前群体评价理论与方法研究中亟待解决的关键科学问题。而考虑大数据情况下的计算复杂度，利用观点动力学经典模型和行为科学研究方法，来分析大规模群体内的偏好传播机理，建立面向大规模评价数据的群体偏好集结模型，探寻影响群体偏好演化的重要因素是必要的。综合运用主动参与式感知、被动式感知、混合式索引、张量分解和多视角学习等方法智能感知、组织和处理大规模群体评价数据，结合群体观点动力学和行为科学研究个体偏好传播规律和群体偏好形成机制，建立群体偏好动态演化预测模型，有助于开发具有情景感知、协同计算和在线计算能力的群体评价方法。构建面向大数据的群体评价新模型与新方法，能够进一步丰富和完善群体评价理论和方法体系，为企事业单位和政府针对现实复杂问题科学、高效地决策提供理论依据和方法支持。